KB117693

차이나는
클라스

불통^{不通}의 시대, 교양을 넘어 생존을 위한 질문을 던져라

차이나는 클라스

과 학 · 문 화 · 미 래 편

JTBC 〈차이나는 클라스〉 제작팀 지음

중앙books

소박한 공간에서 진심으로 주고받는 '진실'이 꾸준히 불타오르길

'차클'…. 〈차이나는 클라스〉를 줄여서 우리는 보통 그렇게 부른다. 그런데 나는 가끔씩 '차클'이라 할 때마다 '차콜'이 떠오르곤 한다. 영어 단어로 숯, 목탄을 말한다. 대개는 고기 굽는 데 쓰는 숯을 그리 부르던데, 그 장점은 역시 화력이 만만치 않으면서도 은근히 길게 간다는 것이다. 여럿이 모여 꽤 긴 시간 고기를 다 굽고 먹고… 설거지할 때가 됐는데도 여전히 뜨거운 불기운이 남아 있는 '차콜'.

비슷한 발음의 단어를 가지고 말장난하는 걸 결코 좋아하지 않지만, 이번만큼은 예외로 하고 좀 더 풀어보자면…. '차클'은 사실 처음 시작했을 때 반신반의의 대상이었다. 비슷한 강의 프로그램이 그동안 꽤 많이 명멸해 간데다가, 우리 식 표현으로 '독한' 내용이 아니면 시청자들 반응도 시원치 않았기 때문이었다. 그러니 제목으로 아무리 '차이가 난다'고 주장한들 시청자들에게 정말로 어필할 수 있을까가 미지수였던 것이다. 실제로 첫 회 유시민 작가의 출연으로 기세를 올린 후 한동안 자리를 잡나 했다가도 다시 좀 수그러들고 다시 또 일어나는 부침의 시기가 있었던 것으로 기억한다. 교양 강의 프로그램의 특성상 그 존폐 여부에 대해 안에서든 바깥에서든 커다란 관심을 가질 것도 아니었으므로, 아마 그 때 문을 닫기로 했다면 정말 닫았을지도 모를 일이었다.
그러나 '차클'은 점차 저력을 발휘하기 시작하더니 어느 사이 JTBC의 대표적인 교양 프로그램이 되었다. 언제부터인가 얘기가 들려오기 시작했는데 〈차이나는 클라스-질문 있습니다〉가 학생들의 논술 교재로 인기가 있다는 것이었다. 그럴듯했다. 교양에서 실용의 영역으로 넘어간 순간 텔레비전 프로그램은 또 다른 생명력을 갖는 셈이다. 작년 여름 출연진 중의 한 사람은 단기간 해외 체류를 해야 할 일이 있었으나 '차클'을 위해 포기했다. 또 다른 출연자 역시 다른 방송사의 프로그램을 마다하고 이 클래스에 남는 애정을 보여줬다. 이 모든 것들이 이젠 〈차이나는 클라스–질문 있습니다〉의 존재감을 반영한다. 다른 방송사에서 선보이는 화려하고 웅장한 강연 프로그램은 사실 하나도 부럽지 않다. 이토록 소박하면서도 성의가 오롯이 담긴 강연 프로그램이 또 어디 있겠는가. 그 소박한 공간 속에서 진심으로 주고받는 지식들은 여타의 화려함이 담아낼 수 없는 것이다. 그리고 우리 제작진들을 독자 여러분께 자랑하고 싶다. 그들은 확실히 강연 프로그램의 새 장을 개척했다. 특히 책임자인 신예리 보도제작국장의 헌신을 알려드리고 싶다. 강연자 섭외부터 제작 과정에까지 그의 손길이 안 미친 곳이 없다.

다시 '차클' 얘기로…(수미상관에 집착하는 것은 나의 버릇이다^^). '차클'에 들어가는 '차콜'은 생각해보니 계속 탈 수밖에 없다. 늘 새로운 지식들이 새로운 차콜이 되어 공급되므로…. 아, 좀 썰렁했어도 이해해주시길….

손석희 JTBC 대표이사 사장

질문과 대답이
자유롭게 오고 가는 시대를 꿈꾸며

JTBC 〈차이나는 클라스-질문 있습니다〉가 세상에 태어난 건 탄핵 심판 끝에 사상 최초로 대통령이 파면되던 바로 그즈음이다. 유례없이 비극적인 상황을 지켜보면서 "어쩌다 나라가 이 지경까지 됐을까"라는 물음을 우리 모두가 품게 됐던 무렵, 이 프로그램의 아이디어가 문득 머릿속에 떠오른 거다. 언젠가부터 학교 교실에서 질문이 사라지고, 질문이 사라진 교실이 질문을 꺼리는 사회를 만들고, 질문을 꺼리는 사회가 결국 불통의 정치까지 초래했다고 느꼈기 때문이다.

〈차이나는 클라스-질문 있습니다〉가 일방통행식 강연이 아닌 쌍방향 토론식 수업의 형식을 채택한 건 그래서다. TV 화면 속에서나마 질문과 대답이 자유롭게 오가는 모습을 보여줌으로써 소통이 꽉 막힌 우리 교실과 사회에 넌지시 변화의 메시지를 던지고 싶었다. 제작진의 부푼 기대와 달리 막상 초반엔 강연자 섭외 과정에서 애를 먹기도 했다. 내내 입 다물고 앉아 있는 학생들만 접해본 입장에선 시도 때도 없이 질문이 치고 들어오는 낯선 수업 방식이 부담스럽다며 고사하는 경우가 적지 않았다. 하지만 프로그램의 취지를 진심을 다해 설명해드리자 "지금 이 시점에 우리 사회에 꼭 필요한 프로그램"이라며 호응해주신 분들이 더 많았다. 이 자리를 빌려 마음을 활짝 열고 새로운 방식의 강연에 열정을 쏟아주신 모든 강연자들께 깊은 감사의 마음을 전한다.

〈차이나는 클라스-질문 있습니다〉는 형식뿐 아니라 내용 면에서도 도전적인 질문을 던지고자 했다. 누구나 궁금해하지만 어디서도 속 시원한 답변을 듣지 못했던 주제들을 우선적으로 다루기로 한 거다. 1·2회를 장식한 '민주주의란 무엇인가'를 비롯해 연이어진 '국가란 무엇인가' '정의란 무엇인가' 등의 주제는 그해 겨울 광장을 꽉 채웠던 시민 모두가 간절히 묻고 싶었던 질문이었다고 믿는다. 단 하나의 정답이 존재하는 질문들이 아닌 만큼 우리 프로그램의 취지에 걸맞게 강연자와 패널들이 서로의 의견을 툭 터놓고 얘기하며 시청자들께 나름의 생각거리를 던지는 방식으로 풀어가려 애썼다.

이렇듯 기존 강연 프로그램과는 여러모로 차이가 나는 〈차이나는 클라스-질문 있습니다〉에 많은 분들이 공감해주신 덕분에 벌써 2년 째 방송을 이어가고 있다. 시청률의 작은 등락에도 울고 웃는 방송업계의 생리를 고려할 때 이만큼 장수(?)하게 된 건 오로지 응원해주신 시청자들 덕분이라고 믿고 있다. 방송 1주년을 기념해 펴냈던 첫 번째 책과 100회 특집에 맞춘 두 번째 책에 이어 세 번째 책까지 선보이게 된 것도 이렇듯 고마운 분들과 좀 더 교감하기 위해서다. 그간 60분이라는 방송 편성시간의 한계 때문에 아깝게 편집됐던 내용까지 최대한 되살려서 전체 강연을 오롯이 전해드리고 싶었다. 이 책을 통해 훌륭한 강연자들, 그리고 재기 넘치는 패널들 간의 질문과 대답을 보다 생생하게 만나실 수 있길 바란다.

이번에 발간되는 3권엔 총 열 분의 강연을 담아냈다. 1장 '과학' 편에선 우리나라 고

인류학 박사 1호인 이상희 UC리버사이드 교수가 인류의 기원에 대한 흥미진진한 이야기를 들려준다. 또한 생화학자인 송기원 연세대 교수가 유전자 기술을 둘러싼 첨예한 논란을 소개하는가 하면, 분자생물학자인 이현숙 서울대 교수는 최신 과학이 밝혀낸 노화와 장수의 비밀을 알기 쉽게 풀어준다. 국내 최고의 바이러스 면역학 전문가인 신의철 KAIST 석좌교수가 면역을 '나와 남의 투쟁'에 빗댄 강의 내용도 유익하다.

2장 '문화' 편에선 양정무 한국예술종합학교 교수가 매혹적인 서양 미술사의 세계를 펼쳐 보이고, 신동흔 건국대 교수는 웹툰과 영화 소재로 각광 받는 옛날이야기의 힘을 역설한다. 피아니스트인 조은아 경희대 객원교수는 오케스트라를 중심으로 클래식 음악의 매력을 들려준다. 3장 '미래' 편에선 최재붕 성균관대 교수와 세계적인 로봇 전문가인 김상배 MIT 교수가 각각 스마트폰과 로봇이 바꿔갈 인류의 모습을 다각도로 보여준다. 또한 문화인류학자인 정병호 한양대 교수는 민족과 국민을 넘어서는 새로운 공동체 개념, 그리고 그 틀에서 우리가 나아갈 길을 제시한다.

한편 이번 책엔 시청자들이 홈페이지 게시판에 남긴 질문에 강연자들이 답한 내용도 함께 담아냈다. '시청자의 질문 있습니다!'로 명명된 이 코너 덕분에 앞선 두 권의 책보다 내용이 더욱 풍성해질 수 있었다.

부디 이 책을 통해 방송에서 느꼈던 공감과 감동을 두 배로 얻어 가신다면 더 바랄 나위가 없겠다. 〈차이나는 클라스-질문 있습니다〉의 제작진을 대표해 앞으로도 처음의 마음가짐을 잊지 않고 최선을 다해서 매 회 프로그램을 만들어나가겠다는 약속을 드린다. 우리 교실에서, 일터에서, 그리고 정치의 현장에서 격의 없는 소통이 이뤄지는 세상을 꿈꾸며 다시 한번 외쳐본다.

"질문 있습니다!"

신예리 JTBC 보도제작국장

차례

1장 과학

차이나는
클라스

차이나는
클라스

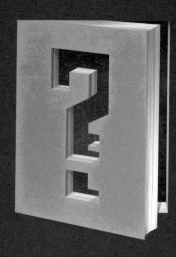

1장

과학

우리는 지금도 진화 중?

이상희

대한민국의 고인류학 박사 1호.
서울대학교 고고미술사학과 졸업, 미시간대학교 인류학과 석사 및 박사,
소고켄큐다이가쿠인대학교 박사 후 연구원을 거쳐
현재 UC리버사이드 캠퍼스 인류학과 정교수로 재직 중이다.
인류의 기원과 진화에 대해 꾸준히 연구해왔고, 많은 논문을 발표했다.

고인류학이란 무엇인가

고고학과 달리 고인류학에 꼭 필요한 화석은 천운이 따라야 발견합니다. 사람들이 살던 곳이라면 무엇이든 흔적이 발굴되긴 할 겁니다. 그런데 고인류학 연구에 필요한 화석은 그렇지가 않아요. 인간의 99퍼센트는 죽은 뒤 사라져버리죠. 거의 불가능에 가까운 확률로 화석으로 남으니까요. 정말 우연에 의지하는 경우가 많아요.

차클   고인류학은 정확히 어떤 것을 연구하는 학문인가요?

이   고고학이나 고인류학은 모두 땅속에 있는 것들을 파내 연구한다는 의미에서는 같습니다. 차이가 있다면 고고학은 인간이 남긴 흔적을 공부하는 것이고, 고인류학은 인간 그 자체, 즉 인간의 몸을 공부하는 것이라는 점입니다. 그런데 인간의 몸이 남아 있기가 쉽지 않죠. 죽은 다음에는 다 썩어 없어지잖아요. 아주 극소수의 몸, 예를 들어 뼈와 치아가 남아서 화석이 되는 경우가 있습니다. 그런 것들을 통해 인류의 기원과 진화의 역사를 공부하는 게 고인류학입니다.

차클   실제로 도구를 이용해서 발굴 작업도 직접 하시나요?

이   네. 그런데 고고학과 달리 고인류학에 꼭 필요한 화석은 천운이 따라야 발견합니다. 사람들이 살던 곳이라면 무엇이든 흔적이 발굴되긴 할 겁니다. 그런데 고인류학 연구에 필요한 화석은 그렇지가 않아요. 인간의 99퍼센트는 죽은 뒤 사라져버리죠. 거의 불가능에 가까운 확률로 화석으로 남으니까요. 정말 우연에 의지하는 경우가 많아요.

차클 강연의 주제가 인류의 진화라고 하셨는데요. 구체적으로 어떤 이야기를 해주실 건가요?

이 제가 말씀드리고 싶은 주제는 세 가지인데요. 그중 첫 번째가 '인류의 기원'입니다. 본격적인 강연에 들어가기 전에 여러분이 생각하는 최초의 인류에 대한 이미지를 한번 떠올려볼까요. 일단 지구상에 살고 있는 사람들을 인류라고 부르겠죠. 우리의 부모님도 인류, 그 부모님의 부모님도 인류, 그 이전의 조상도 인류입니다. 그렇게 기원을 찾아 올라가다 보면 아메바까지 갈 수도 있을 겁니다. 그러니까 어딘가에서 끊어야겠죠. 그럼 인류하고 가장 가까운 계통의 생물은 뭘까요?

차클 침팬지가 아닐까요?

이 네, 침팬지가 인류와 가장 유사하다고 할 수 있죠. 계속 거슬러 올라가

차이나는
클라스

다 보면 인류 계통과 침팬지 계통이 합쳐진 공통 조상이 나오지 않겠습니까? 두 계통이 갈라지기 시작한 시점부터 인류라고 부릅니다.

차클   그럼 공통의 조상으로부터 인류와 침팬지가 언제 갈라진 것인가요?

이   원래는 약 1000만 년 전이라고 생각했어요. 그런데 1960년대에 이르러서 그 시점이 500만 년밖에 안 되었다는 것이 밝혀졌습니다.

차클   분화 시점이 500만 년 전이란 건 어떻게 알게 되었나요?

이   고인류학 연구에선 대개 화석의 연대를 측정하여 몇백만 년 전의 화석인지 몇십만 년 전의 화석인지를 밝혀냅니다. 그런데 1960년대에 조사를 할 때는 살아 있는 유인원들에게서 혈청을 뽑아서 조사를 했어요. 그때 우리가 생각한 인류 계통의 기원이 예상과 많이 다르다는 것을 발견했어요.

차클   인류의 기원에 해당하는 조상이 새롭게 밝혀진 건가요?

이   한번 생각해보세요. 500만 년밖에 안 된 계통의 최초 조상은 과연 누구일까요? 보통 사람들은 최초의 인류라고 하면 등이 굽고 털이 많이

나고 이마가 뒤로 납작하게 붙은 이미지를 많이 떠올려요. 시간이 더 흐르고 난 뒤에야 직립보행을 하고 도구를 사용하게 되었다고 학교에서도 가르쳤죠.

차클 그동안 우리가 알고 있던 것처럼 인류의 조상이 진화해서 지금의 인류가 된 게 아니라는 얘긴가요?

이 네, 침팬지가 점차 인간의 모습으로 변하는 것은 인류의 진화를 설명할 때 예로 많이 드는 그림입니다. 그런데 이건 틀린 그림입니다. 인류가 진화를 한 것은 맞지만 이런 식으로 점층적인 진화를 하지 않았다는 것이죠. 예를 들어 구부정했던 허리가 펴지고 까만 털이 없어지면서 하얀 피부로 바뀐 게 아니라 다양한 모습과 과정을 거치면서 현재의 모습으로 이어졌다는 겁니다.

차클 설명을 들을수록 인류의 조상이 누구인지 더 궁금해집니다.

이 네, 지금부터 그 질문에 대한 답을 찾아보도록 하죠.

차이나는
클라스

인간이 되기 위한 조건은 무엇인가

찰스 다윈이 내세운 인간의 조건은 '큰 머리' '도구 사용' '두 발 걷기' '작은 치아'였습니다. 다윈이 명확하게 말한 것은 아니지만 고인류학계에서는 이러한 인간다움이 모두 사냥과 함께 일어난 변화라고 생각했습니다. 인류가 인간다워지게 된 가장 큰 이유가 사냥이라고 보는 입장을 '사냥 가설'이라고 말합니다.

차클	인류의 조상이 누구인지 알려면 다른 동물과 인간을 구분하는 기준이 뭔지 알아봐야 할 것 같아요.
이	그렇습니다. 최초의 인류를 찾으려면 인간만이 가지고 있는 특징을 찾아내서 그런 특징에 부합하는 화석을 찾아야 합니다. 여러분은 어떤 특징이 인간을 다른 동물과 구분한다고 생각하시나요?
차클	도구를 사용하는 것이나 두 발로 걷는 것 아닐까요?
이	맞아요, 그 두 가지를 포함해 찰스 다윈이 주장한 인간의 조건 네 가지는 학계에 큰 영향을 미쳤습니다. 찰스 다윈이 내세운 인간의 조건은 '큰 머리' '도구 사용' '두 발 걷기' '작은 치아'였습니다. 다윈이 명확하게 말한 것은 아니지만 고인류학계에서는 이러한 인간다움이 모두 사냥과 함께 일어난 변화라고 생각했습니다. 인류가 인간다워지게 된 가

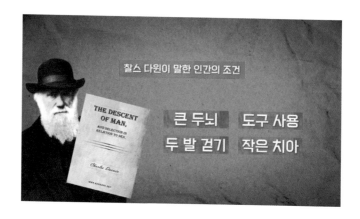

찰스 다윈이 말한 인간의 조건

큰 두뇌 도구 사용
두 발 걷기 작은 치아

	장 큰 이유가 사냥이라고 보는 입장을 '사냥 가설'이라고 말합니다.
차클	인간이 사냥에 최적화되기 위해서 끊임없이 진화한 결과가 사냥 가설에 등장하는 네 가지 조건이라는 건가요?
이	네, 다윈은 그렇게 생각한 거예요.
차클	다윈이 말한 인간의 조건을 충족시키는 최초의 인류가 있나요?
이	그동안 고인류학계에서 발견한 몇몇 후보들이 있습니다. 첫 번째 후보는 1912년 영국에서 발견된 필트다운인(Piltdown Man)입니다. 종명은 이오안드로푸스 도소니(Eoanthropus dawsoni)입니다. '이오'는 여명, '안드로푸스'는 인류란 뜻이에요. 즉, 인류의 여명이라는 뜻입니다. 도소니는 화석을 발견한 찰스 더슨이라는 사람의 이름을 딴 겁니다. 사실 자기가 발견한 화석에 자기 이름을 넣는 것은 흔치 않은 경우인데요. 한동안 이 필트다운인이 인류 최초의 조상이라고 여겨졌습니다.
차클	학계에서도 인정했나요?
이	화석의 그림을 보시면 머리도 크고, 보통 우리가 생각하는 사람같이 생겼죠. 그런데 1953년에 필트다운인 화석이 사기극이었다는 게 밝

차이나는
클라스

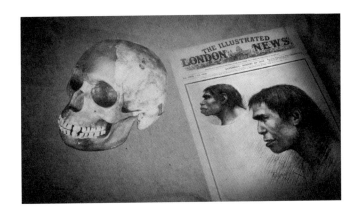

혀집니다. 1912년도에 발견되어서 1953년도에 가짜라고 판명되기까지 40년이 걸린 거죠.

차클   사기극이었다니 놀랍네요. 어떻게 밝혀낸 건가요?

이   우선 이 필트다운인의 화석은 누군가 중세인의 머리뼈, 유인원의 턱뼈와 치아를 함께 붙여서 땅에 묻어놓았던 것이라는 게 드러났습니다. 그럼 어떻게 가짜 화석인지를 증명했는지 알려드리죠. 결정적 단서는 불소입니다. 불소는 평생 생물의 신체 안에서 일정 수위를 유지하다가 개체가 죽고 난 다음부터 쌓이기 시작합니다. 오래전에 죽으면 더 많이 쌓이고 최근에 죽으면 조금 쌓이죠. 그런데 필트다운인의 화석을 연대 측정해보니 머리뼈와 턱뼈에 함유된 불소의 양이 달랐던 것입니다. 머리뼈가 죽은 시기와 턱뼈가 죽은 시기가 달랐다는 뜻입니다. 그래서 같은 개체의 뼈가 아닌 게 밝혀진 겁니다. 그러니까 우리가 필트다운인을 인간과 비슷하다고 생각했던 이유는 인류의 조상이어서가 아니라 정말 인간이었기 때문인 것입니다.

차클   더슨은 왜 거짓말을 한 것인가요?

이	유명해지기 위해서 그랬을 수 있죠. 그런데 처음에는 화석을 발견한 더슨을 범인으로 많이 의심하다가 나중엔 다른 몇몇 사람들도 지목했는데 거기엔 〈셜록 홈즈〉 시리즈로 유명한 소설가 코난 도일도 포함되어 있습니다.
차클	코난 도일이 범인이라고요? 왜 그런 의심을 품게 된 것인가요?
이	글쎄요. 아직도 범인이 밝혀지질 않았기 때문에 정확히 알 순 없습니다. 다만 사람들이 왜 필트다운인 화석을 발견하고 좋아했는지는 알 수 있습니다. 바로 우리의 종명인 호모 사피엔스(Homo sapiens)와 관련이 있어요.
차클	호모 사피엔스, 슬기로운 사람이라는 뜻이지요?
이	맞습니다. 인간을 슬기롭게 만드는 곳은 바로 머리라고 생각들 하죠. 그러니까 큰 머리를 가지고 있는 조상의 화석이 발견된 걸 굉장히 좋아했던 겁니다. 거기다 당시로선 세계의 중심이었던 영국, 그것도 수도인 런던의 인근에서 화석이 발견되자 사람들이 열광하고 좋아할 수밖에 없었던 것이죠.
차클	최초의 인류로 꼽혔던 두 번째 후보는 어떤 화석인가요?
이	혹시 비틀스가 부른 '루시 인 더 스카이 위드 다이아몬드(Lucy in the Sky with Diamonds)'라는 노래를 알고 계신가요? 그 노래와 두 번째 후보가 연관이 있습니다.
차클	그러고 보니 루시라는 화석을 들어본 적이 있는 것 같아요.
이	1974년에 도널드 요한슨이라는 사람이 에티오피아에서 화석을 하나 발견하게 됩니다. 당시 요한슨의 나이가 20대였어요. 이 사람은 아까 말씀드린 천운이 따르는 인류학자 중 하나였죠. 보통 화석을 발굴하는 현장에서는 낮에 발굴을 하고 밤에 뼈를 맞춰보거든요. 그때 라디

오를 틀어놓고 있었는데, 비틀스의 이 노래가 흘러나왔다고 해요. 그래서 자신이 발견한 화석에 루시라는 이름을 붙여준 겁니다. 이 루시라는 인류가 바로 오스트랄로피테쿠스 아파렌시스(Australopithecus afarensis)였어요. '오스트랄로'는 남쪽, '피테쿠스'는 유인원이라는 뜻입니다. 즉, 남쪽의 유인원이라는 말이죠.

<table>
<tr><td>차클</td><td>루시는 얼마나 오래전에 살았던 화석으로 밝혀졌나요?</td></tr>
</table>

차클　루시는 얼마나 오래전에 살았던 화석으로 밝혀졌나요?

이　약 320만 년 전입니다. 아까 얘기한 500만 년에 많이 가깝죠? 그런데 루시의 머리가 실제 루시 자신의 머리는 아닙니다. 루시 화석은 머리가 없는 상태로 발견되었거든요. 그래서 다른 오스트랄로피테쿠스 아파렌시스 종의 화석에서 복원한 두개골을 함께 놓아뒀습니다. 루시 친구나 애인의 것일 수도 있어요. 그런데 루시를 보면 턱뼈만 있고 그 위로는 없죠? 팔 뼈가 있고 그다음으로 골반이 있어요.

차클　저 정도로 뼈가 남아 있는 것도 잘 보존된 편이 아닌가요?

이　그렇죠. 그런데 루시가 발견되었을 당시에는 별로 관심을 받지 못했어

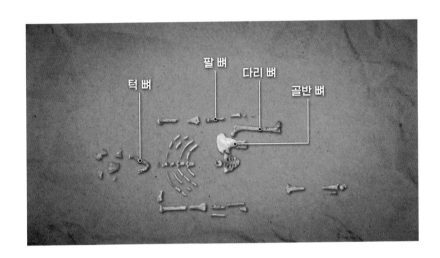

요. 왜냐하면 큰 머리를 중시했기 때문에 머리가 함께 발견되지 않은 화석은 별로 관심거리가 아니었을 거예요.

차클 그럼 인간의 조건에 부합되는 큰 머리의 기준은 어느 정도인가요?

이 오스트랄로피테쿠스 아파렌시스 같은 경우에는 머리의 부피가 420밀리리터 정도였습니다. 침팬지 정도로 작았죠. 키 1미터 정도에, 몸무게도 45킬로그램 정도로 작고 다부진 체형이었습니다. 도구를 사용하지도 않았어요. 인간의 조건에 부합되는 특징이 별로 없었죠.

차클 직립보행을 하면 인간의 조건을 갖춘 것 아닌가요?

이 네, 바로 그 특징만 있는 겁니다.

차클 루시가 직립보행을 했다는 것은 어떻게 증명할 수 있나요?

이 인간의 직립보행은 뼈에 중요한 특징을 남깁니다. 다른 동물들과 비교해볼까요? 두 발로 걷는 동물들이라면 펭귄도 있고, 고릴라도 있죠. 조류 중에 타조도 두 발로 걷죠. 그런데 이들의 두 발 걷기와 인간의 두 발 걷기엔 많은 차이가 있습니다. 펭귄은 두 발로 걷지만, 엄청난 거리를 헤엄칠 수 있죠. 조류는 하늘을 날 수가 있고요. 그런데 사람은 두 발로 걷는 것 외에는 다른 것을 할 수 없어요. 이건 엄청나게 신기한 상태입니다. 학계에서는 의무적 직립보행이라고 불러요.

차클 의무적 직립보행이라니 무슨 뜻인지 확 와닿지 않네요.

이 다른 것은 할 수 없게끔 우리 몸이 보행에 최적화된 상태임을 뜻합니다. 우리 손을 한번 볼까요. 엄지손가락이 옆으로 갈라져 나와 있고 작아요. 발도 한번 보세요. 손가락보다 짧고 엄지발가락이 다른 발가락에 비해 큽니다. 그리고 엄지발가락이 다른 네 발가락과 같은 방향으로 있습니다. 우리가 걸을 때 엄지발가락을 마지막으로 딛으며 다음 발걸음을 내딛잖아요. 이런 동작은 거의 발레리나 같은 거예요. 이처

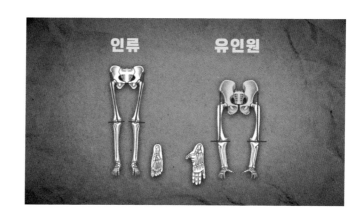

럼 우리의 뼈는 안정성을 추구하는 쪽으로 바뀌었어요.

차클 　루시에게서도 이 같은 의무적 직립보행의 흔적이 발견됐다는 거죠?

이　　네, 그렇습니다. 유인원의 경우에는 다리가 일자로 곧고 엄지발가락이 다른 발가락들과 달리 옆으로 벌어져 있어요. 골반도 펑퍼짐하게 생겼죠. 그런데 인류는 골반 모양이 동그랗게 돌아서 왕관처럼 되어 있습니다. 옆으로 왔다 갔다 하지 않고 균형을 잘 잡아주도록 되어 있어요.

차클 　루시 외에도 직립보행을 짐작하게 하는 화석이 발견된 것이 있나요?

이　　1978년 탄자니아 라에톨리(Laetoli)에서 발자국 화석이 발견됐습니다. 화산이 폭발하고 화산재가 쌓인 곳을 고인류 두세 명이 걸어간 발자국이 화석이 된 것이죠. 그런데 엄지발가락의 방향이 다른 나머지 발가락과 같은 방향이었습니다.

차클 　저 발자국의 주인이 루시와 같은 부류일까요?

이　　네, 화산재를 연대 측정했더니 루시의 연대와 비슷했습니다.

차클 　그렇다면 루시가 최초의 인류 조상이라고 볼 수 있는 건가요?

이　　글쎄요. 루시의 경우에는 직립보행의 증거를 가지고 있지만 그 밖의 조건들은 아무것도 갖고 있지 않아요. 머리도 작고 도구도 사용하지 않았고 치아도 꽤 컸죠. '사냥 가설'에 들어맞질 않는 거예요. 그래서 학계에서는 그냥 두 발로 걷는 유인원이라고 정리를 합니다.

차클 왠지 실망스럽네요. 그럼 다른 후보 화석들이 또 있었나요?

이 네, 이제 세 번째 후보에 대해서 말씀을 드리겠습니다. 바로 아르디피테쿠스 라미두스(Ardipithecus ramidus)입니다. '아르디'는 지역 이름이고요. '라미두스'는 그 지역 말로 뿌리라는 뜻입니다.

차클 언제 살았던 걸로 추정되나요?

이 440만 년 전이니까 루시보다 100만 년이나 앞섭니다. 아까 최초의 인류 발생 시점으로 얘기했던 500만 년에 굉장히 가깝죠. 그런데 아르디는 머리도 작고 몸도 작아요. 특히 발에 주목해야 합니다.

차클 발이 어떻게 생겼었나요?

이 엄지발가락이 마치 손가락처럼 벌어져 있었어요. 인류보다는 유인원의 발에 가까웠죠. 그래서 나무도 탈 수 있고 나뭇가지를 엄지로 감쌀 수도 있었습니다.

차클 그럼 아르디도 최초의 인류로 보기 힘든 건가요?

이 아르디는 500만 년 전에서 가장 가까운 440만 년 전에 등장했어요. 그래서 나무 타기와 직립보행을 병행한 인류 최초의 조상이라고 추정됩니다.

차클 아르디 외에 같은 부류의 다른 화석이 발견된 건 없나요?

이 일단은 하나의 화석만 발견되었습니다. 다른 과학 분야도 마찬가지만 고인류학에서도 가설이 제시된 다음에 자료를 통해서 계속 검증해나가는 과정을 필요로 하기 때문에 앞으로의 연구가 기대됩니다. 우리가 500만 년 전에 인류 계통이 시작됐다고 말하지만 그것 또한 추정

차이나는
클라스

입니다.

차클   그렇다면 새로운 증거가 나오면 그 추정이 뒤집힐 수도 있겠네요.

이   네, 만약 아르디가 인류가 아니라면 인류와 침팬지의 공통 조상일 가
능성도 있습니다. 그럴 경우 인류 계통은 400만 년도 안 되는 일천한
역사를 갖게 되는 겁니다. 결국 고인류학이란 정답을 찾기보다는 어떤
것이 아닌지를 찾아서 제외해나가는 과정이라고 할 수 있습니다. 마
지막 답이 무엇인지도 중요하지만 그 답으로 가는 과정 자체를 굉장히
중요하게 생각해야 합니다. 그렇기 때문에 학자들은 모든 가설 중에
가장 믿고 따르는 가설이 있어서는 안 됩니다. 언제든지 이별할 준비
가 되어 있어야 해요. 설사 그것이 이론적으로 완벽해 보인다고 해도
언제든 뒤집어질 수 있다는 것을 인정해야 하죠.

지금의 우리는 언제 등장했는가

인류의 기원은 인류의 시작입니다. 인류와 침팬지 계통이 갈라진 사건을 의미해요. 그래서 오스트랄로피테쿠스가 등장하고 아르디피테쿠스가 등장했었죠. 그런데 현생 인류, 지금 우리의 기원이라고 하면 호모 사피엔스를 주로 이야기합니다.

이	이제 진화에 관한 두 번째 주제로 넘어가보겠습니다. 첫 번째 주제는 인류의 기원이었죠. 다음 주제는 '현생 인류의 기원'입니다.
차클	이번에도 기원이네요. 최초 인류의 기원과 현생 인류의 기원을 찾는 것 사이에 차이가 있나요?
이	인류의 기원은 인류의 시작입니다. 인류와 침팬지 계통이 갈라진 사건을 의미해요. 그래서 오스트랄로피테쿠스가 등장하고 아르디피테쿠스가 등장했었죠. 그런데 현생 인류, 지금 우리의 기원이라고 하면 호모 사피엔스를 주로 이야기합니다.
차클	그렇군요. 호모 사피엔스는 언제 등장했나요?
이	학창 시절 호모 하빌리스(Homo habilis), 호모 에렉투스(Homo erectus)에 대해 들어보셨을 겁니다. 이 같은 호모 속(屬)이 등장하는 게 200만

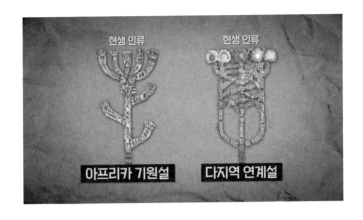

년 전입니다. 호모 에렉투스는 호모 속에 속해 있는 다양한 종(種) 중 하나이고요. 이런 내용이 이미 20세기에 학계에선 정리가 됐는데, 아직도 우리 교과서엔 인류의 진화가 계단식으로 이루어졌다고 실려 있어요. 유인원처럼 구부정한 자세였던 고인류가 점차 직립보행을 하게 되고, 시커멓던 개체들의 피부가 차차 하얘진 것처럼 말이죠. 하지만 초창기 인류는 나뭇가지처럼 다양한 종류로 나뉘어 있었다는 게 학계의 입장입니다. 아프리카 기원설과 다지역 연계설이 그런 차원에서 등장하게 됩니다. 자, 아프리카 기원설과 다지역 연계설이 흡사 나뭇가지처럼 표현된 그림을 한번 보시죠. 둘 사이의 차이점이 뭘까요?

차클 아프리카 기원설은 가운데 있는 가지가 하나에서 뻗어나갔고, 다지역 연계설은 여러 가지가 왔다 갔다 하면서 교류하고 있는데요?

이 가장 위에 위치한 봉우리들을 현재의 인류라고 봤을 때 아프리카 기원설에서는 그 이전의 인류와 연결이 안 된다는 점이 문제로 지적됩니다. 현생 인류 출현 직전에 있는 유일한 집단은 네안데르탈인(Neanderthal)이에요.

차클	네안데르탈인은 주로 어느 지역에서 발견되었나요?
이	유럽에서만 발견이 됐습니다. 아프리카에서 출현한 현생 인류인 호모 사피엔스가 네안데르탈인을 정복하고 멸종시킨 뒤 전 세계로 뻗어나 갔다고 보기엔 무리가 있죠. 그런데 현생 인류의 기원에 대한 많은 연구들이 실제론 유럽인의 기원에 대한 연구라는 걸 염두에 둘 필요가 있습니다. 학자들 가운데 대부분이 유럽인 또는 유럽계 미국인이기 때문이죠. 그래서 네안데르탈인과 유럽인의 관계가 현생 인류의 기원 연구에서 가장 큰 화두를 차지합니다.
차클	그렇군요. 그런데 네안데르탈인과 현생 인류 사이에는 어떤 연결 고리가 있나요?
이	고인류 화석들을 보면 네안데르탈인이라고 불리는 화석들과 현생 인류라고 불리는 화석들 사이에 비슷한 점이 많습니다. 몇몇 고인류학자들이 현생 인류와 네안데르탈인 사이에 겹치는 형질에 주목하고 '당연히 둘은 섞였다, 같은 종이다'라고 주장하기도 했지만 인기를 끌진 못했어요. 사회가 좋아하고 받아들일 수 있는 주장은 아니었습니다.
차클	사회가 좋아하는 특징이 있어야 되는 건가요?
이	그렇죠. 자기가 원하는 조상의 모습이 있기 때문이죠. 아까 이야기한 필트다운인처럼 우리들이 원하는 자랑스러운 조상의 모습이 있는 거예요. 참고로 여기서 '우리'는 유럽인들인 거죠. 그래서 영어에는 네안데르탈인을 응용한 욕설도 있다고 합니다.
차클	어쨌든 호모 사피엔스가 인기가 많아서 현생 인류의 후보로 무게가 실렸다는 것이죠?
이	네, 호모 사피엔스를 유럽인하고 동일시한 거죠.
차클	네안데르탈인은 호모 사피엔스와 어떤 점이 달랐나요?

차이나는 클라스

이 1930년대에 시카고의 필드박물관에서 네안데르탈인을 복원해서 전시한 적이 있습니다. 박물관에서 전시한 거니까 학계의 검증을 거쳤겠죠. 그런데 실제로 보시면 아시겠지만, 전혀 멋지게 보이지 않아요. 약간 덜 떨어져 보이고 털로 뒤덮여 있고 자세는 구부정하고 턱도 없고 입도 벌어져 있어요. 뭔가 두려움에 떨면서 뒤를 돌아보는 모습으로 그려져 있었죠.

차클 유럽 사람들이 보면 자신들의 조상이라고 생각하기 싫었겠네요.

이 영국이나 프랑스가 전 세계를 식민지로 만들 당시에 그 지역에서 살고 있던 원주민들을 묘사하는 방식과 네안데르탈인을 묘사하는 방식이 비슷합니다. 네안데르탈인이 정말 저렇게 생겼을 거라는 증거는 없어요. 그들이 원했던 네안데르탈인의 모습을 상상으로 복원해놓은 것이죠. 유럽인들은 자신들이 우월하다고 믿고 식민지 사람들을 대하고 있었어요. 그러니까 식민지 원주민들처럼 생긴 사람이 내 조상이라고 생각하기 싫었던 것이죠. 유럽인들의 네안데르탈인에 대한 반감은 그만큼 깊어요.

차클	어떤 책에서 호모 사피엔스가 굉장히 잔인한 측면이 있어서 평화를 사랑하는 네안데르탈인을 모조리 멸종시킨 다음에 지구의 지배자가 됐다는 글을 본 적 있는데, 그것도 가설에 불과한 것인가요?
이	네, 가설이죠. 모든 가설들에 조금씩 문제점들이 있어요. 그런 가설의 기본 전제는 네안데르탈인이 멸종을 했다는 것인데요. 그럼 왜 네안데르탈인이 멸종을 한 것인지 따져봐야겠죠. 만약 네안데르탈인이 멸종하지 않았다면, 계속 이어져 오고 있다면 어떻게 되었을까 라는 것도 생각해봐야 합니다.
차클	그렇다면 네안데르탈인이 현생 인류로 이어졌을 가능성도 있나요?
이	그 문제는 호모 사피엔스와 네안데르탈인 사이에 후손이 나타났느냐 안 나타났느냐, 그 둘의 유전자가 섞인 자손들이 있었느냐 없었느냐로 귀결됩니다.
차클	둘 사이의 자손이라… 매우 흥미롭네요.
이	아프리카 기원설이 기세를 부리던 시절에는 '왜 네안데르탈인이 멸종했을까'를 설명한 여러 가설 중에 현대인의 시각이 반영된 것들도 있었어요. '현생 인류가 너무 우월하고 뛰어난데 못생긴 네안데르탈인과 과연 짝짓기를 할 수 있었을까?'라고 생각한 것이죠. 또 호모 사피엔스는 언어 능력을 갖고 있어서 언어가 통하지 않는 네안데르탈인과는 짝짓기를 하지 않았을 것이라는 가설도 있었고요.
차클	그럼 결과적으로 현생 인류는 네안데르탈인과는 관계를 맺지 않았다는 건가요?
이	1987년도에 발표된 역사적인 논문 얘기부터 해보죠. 여러분, 혹시 미토콘드리아 DNA가 뭔지 알고 계신가요?
차클	미토콘드리아는 우리 몸속 세포 안에 있는 또 다른 세포 아닌가요?

이	그렇죠. 핵의 바깥에 있는데 각자 DNA를 엄마한테서만 물려받아요. 그런데 전 세계 사람들의 미토콘드리아 DNA를 쫙 훑어봤더니 생각보다 서로 다르지 않더랍니다. 그 얘기는 역사가 짧다는 것을 의미하기도 하죠. 그래서 현생 인류의 기원이 생각보다 짧다는 것을 알게 됩니다.
차클	그래도 그중에 가장 많은 차이가 있는 부류는 누구였나요?
이	가장 다른 DNA를 가진 사람들의 기원이 가장 오래됐다고 생각할 수 있는데요. 그게 바로 아프리카 사람들이었던 거예요. 그래서 아프리카 기원설이 탄생합니다. 아프리카에서 현생 인류가 등장했다는 것이죠.
차클	현생 인류가 등장한 시점은 언제쯤인가요?
이	20만 년 전입니다. 그때쯤 현생 인류가 나타났다는 거예요. 만약에 기원점이 한 20만 년 전이라면 네안데르탈인하고는 상관이 없다는 결론이 나옵니다. 이를 검증하기 위해 10년 뒤인 1997년에 처음으로 네안데르탈인 화석에서 DNA를 추출해요. 그런데 현생 인류와 접점이 없는 거예요. 다시 염기서열 100만 개를 살펴봤어요. 역시나 인간과 네안데르탈인은 아무런 상관이 없었어요.

차클	그래서 한때 호모 사피엔스가 어떻게 네안데르탈인을 멸종시켰느냐가 이슈가 되었던 것이군요.
이	정말 큰 이슈였죠. 그런데 약 30억 쌍에 달하는 인간 게놈의 염기 서열 분석이 끝난 뒤 2010년에 네안데르탈인의 게놈 분석까지 마치게 되자 새로운 사실이 발견됩니다. 유럽인의 유전자 안에 네안데르탈인의 유전자가 4퍼센트 정도 포함된 걸로 나타난 겁니다. 이를 계기로 다양한 인류들이 다양한 시점에서 계속 유전자를 서로 교환하면서 현생 인류에 다다랐다는 다지역 연계설이 다시 지지를 받기 시작합니다.

차이나는
클라스

다른 진화의 증거는 없는가

호모 사피엔스에게만 허락되던 장례 행위를 침팬지보다 조금 더 큰 뇌 용량을 가진 호모 날레디에게서 찾았던 것은 충격적인 대반전이었습니다. 호모 사피엔스뿐만 아니라 다른 호모 종도 추상적 사고를 했을 가능성을 열어줬다는 의미에서 날레디는 엄청난 발견의 가능성을 열어준 것이죠.

이   이제부터 얼마나 다양한 인간 종류가 있었는지를 보여주는 화석들을 보여드리려고 합니다. 여러분, 영화 속에 등장하는 호빗이 실제로 존재했다면 믿으시겠어요?

차클   네? 그런 종족이 실존했다고요?

이   네, 하나는 인도네시아에서 발견된 호모 플로레시엔시스(Homo flore-siensis), 또 하나는 남아프리카공화국에서 발견된 호모 날레디(Homo naledi)입니다. 특히 2003년에 인도네시아의 플로레스 섬에서 발견된 인류 화석은 충격적이었어요. 전설 속의 존재와 비슷한 종족이 실제로 발견된 거니까요. 작은 머리를 갖고 있고, 발은 털로 뒤덮여 있었죠.

차클   호모 플로레시엔시스의 발견이 큰 혼란을 일으켰나요?

이   플로레스 섬에서 화석을 발견한 뒤 호모 플로레시엔시스라는 종명을

붙였지만 과연 실제로 호모 속에 속하는 종인지 확신할 수 없었습니다. 뇌의 용량이 400밀리리터에 불과하고 키도 1미터 남짓밖에 안 됐기 때문이죠. 320만 년 전에 등장한 루시와 비슷한 종이 오랜 세월이 흐른 뒤 6만 년 전 시점에 인도네시아에서 다시 등장한 것이니까요.

차클 어린아이의 화석이었던 건 아닐까요?

이 사람들이 그런 가능성을 두고 10년 동안 격렬한 논쟁을 했어요. 예외적인 케이스일 수 있으니까요. 병리적인 경우를 생각해볼 수도 있고요. 무슨 병에 걸렸던 것은 아닌지에 대해 많은 논문이 쏟아졌죠. 그런데 화석이 하나만 더 발견되었어도 증명할 수 있을 텐데, 딱 하나만 발견됐어요.

차클 아쉽네요. 그런데 다른 지역에선 비슷한 화석이 발견되지 않았나요?

이 다른 지역에서도 비슷하게 작은 몸집을 한 다른 화석들이 발견됐어요. 그래서 호모 플로레시엔시스는 실존한 것으로 인정받게 됐죠. 그런데 호모 플로레시엔시스의 발견으로 인해 학계에서 굉장히 흥분한 사람들이 있습니다. 다름 아니라 그동안 학계에서 조금 무시를 당했던 아시아 기원설파입니다.

차클   아시아 기원설파가 왜 무시를 당했었나요?

이   그동안 호모 에렉투스가 아시아에서 기원했다고 주장하는 사람들이 몇 명 있었어요. 그런데 전혀 인정을 받지 못했죠. 왜냐하면 가장 이른 시기의 호모 에렉투스가 아프리카에서 나타났으니까요. 아시아에서 호모 에렉투스가 나타났다고 주장하려면 증거가 있어야 하잖아요. 그런데 호모 플로레시엔시스가 등장하면서 가능성이 열린 것이죠. 호모 플로레시엔시스가 에렉투스의 조상이란 얘기는 아닙니다. 그렇지만 생각보다 다양한 종들이 전 세계에 있었던 게 증명된 만큼 아프리카에만 인류의 기원이 되는 종이 있었던 건 아니라는 사실이 점점 밝혀지고 있는 것입니다.

차클   그럼 호모 플로레시엔시스도 결국에는 호모 사피엔스와 섞여서 우리 안에 유전자로 남아 있을 수도 있겠네요.

이   그렇죠. 그리고 인류 진화설을 뒤흔든 또 다른 주인공, 바로 남아프리카공화국에서 발견된 호모 날레디 얘기도 해보죠. 이들은 지금으로부터 약 20만 년 전 사람들입니다. 두개골 용량이 600밀리리터 정도 돼요. 그런데 두개골 용량보다도 이들이 발견된 위치가 더 충격적입니다.

차클   왜 발견된 장소가 중요한가요?

이   이들은 지표로부터 5미터를 들어가야 하는 동굴 깊숙한 곳에서 발견되었습니다. 그런데 그곳으로 가려면 30센티미터 정도 높이의 슈퍼맨스 크롤(Superman's Crawl)이란 데를 지나가야 돼요. 여길 5미터 정도를 기어가서 드래곤스 백(Dragon's Back)이라는 곳을 통과하고 나면 수직 낙하를 해야 합니다. 그곳에서 화석을 발견한 겁니다. 그래서 이 화석들을 발견할 때에도 작고 날렵한 젊은 여자 학자들이 목숨을 걸고

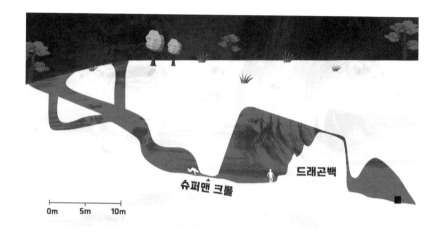

슈퍼맨 크롤   드래곤백

0m   5m   10m

|차클| 동굴 안으로 들어갔습니다. 거기에 신기하게 화석들이 쌓여 있었어요. 사람들이 살긴 어려운 곳이었다는 얘기죠? 혹시 야생동물이 사냥해서 가져다 놓았던 건 아닐까요?

|이| 동물의 이빨 자국 같은 것은 없었어요. 아직 저곳이 발견된 게 얼마 되지 않아서 한창 연구가 진행 중이에요. 그런데 한두 개의 화석이 아니라 여러 개의 화석이 쌓여 있던 걸로 미뤄 볼 때 혹시 무덤일지도 모른다는 의심을 품게 됩니다. 만약 이것이 지하 무덤이라면 이것은 기존의 가설을 뒤흔드는 발견입니다. 누가 죽었다는 것을 인식하고 주검을 매장한다는 것은 죽음과 주검을 인식한다는 말이거든요. 뇌 용량 1400밀리리터의 호모 사피엔스에게만 허락되던 장례 행위를 침팬지보다 조금 더 큰 수준의 뇌 용량 600밀리리터를 가진 호모 날레디에게서 찾을 수 있다면 그건 엄청난 대반전이죠. 호모 사피엔스뿐만 아니라 다른 호모 종들도 어떤 식의 추상적 사고를 했을 가능성을 열어 줬다는 의미에서 날레디는 엄청난 발견인 겁니다.

차이나는 클라스

인간은 언제부터 똑똑해졌나

큰 뇌를 가지고 태어난 종의 후손인 우리들의 뇌 발달에 고기가 직접적으로 도움이 되는 것은 아니지만, 좀 더 먼 옛날의 인류에게는 큰 영향을 주었습니다. 당시의 인류는 400밀리리터의 뇌 용량과 털로 뒤덮인 신체를 가졌을 것이라 추정합니다.

이 21세기 고인류학에서는 나뭇가지 모델이 아니라 좀 더 다양한 사람들, 다양성이 포함되어 있는 새로운 모델을 지향하고 있어요. 브래드 피트가 주연했던 영화 〈흐르는 강물처럼(A River Runs through It)〉의 제목을 딴 논문이 발표되기도 했습니다. 마치 흐르는 강물처럼 서로 갈라졌다 합쳐지고, 합쳐졌다 갈라지면서 새로운 혼종이 일어나는 모델이 필요한 시점이 된 겁니다.

차클 그럼 인류의 조상이 지금의 인류와 같은 모습을 갖게 된 것은 언제부터인가요?

이 그것을 알려면 인간이 생존하는 데 필요한 조건을 먼저 알아야 합니다. 우선 인간은 자외선으로부터 몸을 보호해야 살아갈 수 있습니다. 자외선으로부터 우리 몸을 보호해주는 역할을 하는 것이 무엇일까요?

차클	글쎄요, 털일까요?
이	우리가 동물들처럼 온몸이 털로 뒤덮여 있는 것은 아니잖아요. 그럼 털이 아닌 다른 무엇을 통해 자외선으로부터 보호를 받을까요?
차클	햇빛과 닿는 부분이면 피부인가요?
이	네, 맞습니다. 멜라닌 색소가 포함된 검은 피부입니다. 그럼 다음 질문! 인간을 똑똑하게 만들어준 음식은 무엇일까요?
차클	아무래도 채식보다는 육식을 하면서부터 지능이 발달한 게 아닐까요? 생선이나 고기 같은 것들이요.
이	네, 비슷해요. 사실 큰 뇌를 가지고 태어난 종의 후손인 우리들의 뇌 발달에 고기가 직접적으로 도움이 되는 것은 아니지만, 좀 더 먼 옛날의 인류에게는 큰 영향을 주었습니다. 당시의 인류는 400밀리리터의 뇌 용량과 털로 뒤덮인 신체를 가졌을 것이라 추정합니다.
차클	어떻게 털로 뒤덮였을 것이라고 가정할 수 있나요?
이	그 추측이 순리에 맞기 때문입니다. 인간과 침팬지의 공통 조상은 털이 없거나 털이 있거나 둘 중 하나일 테죠. 그런데 털이 없는 조상에서 털을 만드는 방향으로 침팬지가 진화했다는 것보다 털로 덮인 조상에서 인간 쪽의 털이 없어졌다고 생각하는 게 좀 더 자연스럽지요.
차클	그럼 왜 인간의 털이 사라지게 되었을까요?
이	털이 사라진 이야기는 육식과 밀접한 연관이 있습니다.
차클	아, 혹시 육식을 하면 털이 없어지는 것인가요?
이	네, 인류는 한 200만 년 전부터 엄청난 양의 고기를 먹었습니다. 그것을 어떻게 알게 되었냐 하면, 케냐의 쿠비포라에서 발견된 호모 에렉투스의 화석을 통해서입니다. 다리뼈의 절단면에서 염증으로 인해 뼈가 두꺼워졌다는 증거를 발견하게 됩니다. 저렇게 뼈가 두꺼워지는 것

차이나는 클라스

은 비타민A 과다증에 의한 염증일 경우가 많거든요. 비타민A가 그 정도로 많이 들어 있는 음식은 당근도 아니고 시금치도 아니고 바로 동물의 간, 내장입니다.

차클   육식을 하려면 인간도 다른 동물들과 먹이 경쟁을 하지 않았을까요?

이   동물을 먹을 때 간이나 내장이 제일 맛있지만 웬만해선 먹을 수가 없습니다. 〈동물의 왕국〉 같은 프로그램을 보면 맹수들이 가장 먼저 먹기 시작하는 것이 내장이잖아요. 그다음에 독수리나 하이에나들이 와서 뼈에 붙은 근육을 먹죠. 그런데 호모 하빌리스는 키가 1미터 정도밖에 되지 않았죠. 겨우 두 발로 걸어다니고 뛰어다니는 종이 무슨 수로 동물을 잡겠어요. 그러니까 맹수들이 한 차례 동물들을 잡아먹고서 하이에나들이 남은 고기들을 먹어치운 다음에야 남은 뼈를 깨서 그 안의 골수와 머리 안에 있는 뇌를 먹었을 거라고 생각하는 거죠.

차클   마치 시체 청소부 같네요. 그러면 인간이 내장을 먹기 시작한 호모 에렉투스 이후부터 뇌 용량이 폭발적으로 증가하게 된 건가요?

이   그렇죠. 초기 인류인 오스트랄로피테쿠스에서 호모 하빌리스까지 가는데 뇌 용량이 250밀리리터 정도가 늘어나요. 키는 비슷합니다. 그런데 호모 하빌리스에서 호모 에렉투스로 넘어가면서 뇌용량이 250밀리리터가 늘어나는 데 비해 키가 엄청나게 커집니다. 그래서 대체로 학계에서는 호모 하빌리스는 시체 청소부였고 호모 에렉투스부터 도구를 가지고 사냥을 했다고 추측합니다.

차클   경쟁자인 맹수들을 제치고 인간이 어떻게 사냥을 했나요?

이   인간은 쉽게 사냥을 할 수가 없어요. 기본적으로 경쟁자에 비해 신체가 약하죠. 그런데 대개 낮에는 덥기 때문에 맹수들은 낮잠을 자고 해질 무렵에 활동을 합니다. 털을 뒤집어쓰고 있으니까요. 그런데 인간

오스트랄로피테쿠스 아파렌시스		호모 하빌리스		호모 에렉투스	
350만-300만 년 전		250만-170만 년 전		200만-20만 년 전	
뇌 용량	420cc	뇌 용량	750cc	뇌 용량	1000cc
키	100cm	키	100cm	키	170cm

에게는 땀이라는 독특한 체온 조절 방식이 있어요. 몸에서 나온 땀이 기체로 바뀌면서 시원해지잖아요. 물론 땀에 계속 젖어 있으면 하나도 시원하지 않겠죠. 체온 조절이 되질 않으니깐요. 그래서 털이 없는 대신 땀을 활용해 맹수들이 활동하지 않는 시간에 활동할 수 있는 경쟁력을 얻게 됩니다.

차클 그런데 털이 없으면 아까 자외선으로부터 보호를 받을 수 없다고 하셨잖아요.

이 맞습니다. 털이 빠진 피부는 자외선에 그대로 노출이 됩니다. 특히 자외선은 임신을 했을 때 태아에게 영향을 주기도 해요. 태아가 제대로 태어나지 않을 가능성도 높아져서 진화적으로 문제가 있을 수 있습니다. 그래서 자외선을 차단하는 게 중요해요. 그런데 다행스럽게도 우리에게는 자연적인 자외선 차단제가 있죠. 바로 멜라닌입니다. 털이 없어지기 시작하면서 멜라닌이 활성화된 피부, 즉 검은 피부가 나타나기 시작했을 거라고 생각합니다. 우리가 호모 에렉투스를 큰 키, 검은 피부, 털 없는 사냥꾼이라고 상상하는 것도 그런 이유 때문이죠.

우리를 인간답게
만드는 것은 무엇인가

인간이 출산을 할 때는 누군가 대신 아기를 받아줘야 합니다. 반면 동물들은 출산이 임박해오면 혼자서 조용한 곳으로 갑니다. 어떤 방해도 받지 않는 곳에서 조용히 혼자서 출산을 하죠. 그런데 인간 여자는 출산이 임박해오면 누군가의 도움을 꼭 받아야 해요. 혼자 있으면 스트레스도 더 받아요.

이   이제 진화에 관한 마지막 주제인 '인간다움'에 대해 얘기해보겠습니다. 인간을 인간답게 만드는 것이 과연 무엇일까요? 첫 번째로는 사회적 출산입니다.

차클   사회적 출산이라니 무슨 뜻인가요?

이   풀어서 설명하자면 큰 머리를 가진 아기를 낳는 행위에 따르는 사회적 활동을 의미합니다. 여러분들 중에서 출산을 경험하신 분들이라면 굉장히 강렬한 기억을 갖고 계실 겁니다. 사실 출산이 괴로워선 안 되겠죠. 생물로서 살아가는 일의 기본인데, 괴로우면 안 돼요. 실제로 원숭이나 다른 유인원들을 보면 산도(産道)에 비해 아기의 머리 크기가 달걀 프라이의 흰자와 노른자 정도로 작은 편입니다.

차클   그럼 사람의 출산보다 훨씬 수월하겠군요?

이	그렇죠. 그냥 나오면 됩니다. 인간 같은 경우에는 머리가 더 커요. 그래서 출산을 할 때 온몸이 짜개진다는 표현을 많이 하죠. 골반도 벌어져야 되고 관절까지 다 벌어져야 됩니다. 관절이 벌어지도록 관절을 부드럽게 만드는 호르몬이 온몸에 분비됩니다. 그러면 기본적으로 모든 관절들이 물렁물렁해져요.
차클	그렇게 뼈와 관절이 물렁물렁해지는데도 출산할 때 왜 그리 고통스러운 거죠?
이	아기가 나오려면 머리가 거꾸로 서야 합니다. 원숭이 같은 경우에는 아기가 엄마의 배꼽을 바라보고 있어서 산도를 거쳐 나오면 엄마의 얼굴을 마주 보게 됩니다. 그럼 엄마 혼자서 아기를 받으면 돼요. 그런데 인간의 아기는 산도보다 머리가 크니까 두 번 뒤틀려서 나오게 됩니다. 시작은 원숭이와 똑같지만 한 번 틀고 또 한 번 틀어서 나오는데, 그러면 아기의 머리가 엄마 얼굴과 반대 방향으로 향하게 됩니다. 그런 상태에서 엄마가 아기를 받아내면 어떻게 될까요?
차클	아기의 목이 꺾일 것 같아요.
이	그렇죠? 그래서 인간이 출산을 할 때는 누군가 대신 아기를 받아줘야 합니다. 반면 동물들은 출산이 임박해오면 혼자서 조용한 곳으로 갑니다. 어떤 방해도 받지 않는 곳에서 조용히 혼자서 출산을 하죠. 그런데 인간 여자는 출산이 임박해오면 누군가의 도움을 꼭 받아야 해요. 혼자 있으면 스트레스도 더 받아요.
차클	출산의 순간부터 사회적인 관계가 있어야만 무사히 태어날 수 있다는 말씀이시군요?
이	네, 맞습니다. 주변에서 누가 아기를 받아주고, 엄마한테 아기를 넘겨주고, 태반도 받아서 탯줄을 잘라줘야 해요. 인간의 태반은 엄청 크거

차이나는
클라스

든요. 그렇게 인간은 태어나는 순간부터 다른 사람의 도움이 필요한 개체입니다.

차클   사회적인 출산은 언제부터 시작된 건가요?

이   네안데르탈인의 골반 화석과 어린 네안데르탈인의 두개골 화석을 대비해서 살펴보면 네안데르탈인도 아기가 태어날 때 두 번 틀어서 나올 수밖에 없었다는 결론이 나옵니다. 네안데르탈인도 사회적 출산과 연결되는 것이죠. 특히 주목할 만한 네안데르탈인 화석이 있습니다. 바로 라샤펠오생(La Chapelle-aux-saints), 라샤펠의 늙은이라고 불리는 화석입니다.

차클   왜 늙은이라고 불렸나요?

이   화석을 보시면 아시겠지만, 이빨이 없어요. 그리고 팔과 다리의 뼈에서 퇴행성 관절염과 관련된 여러 가지 특징이 나타납니다. 라샤펠의 늙은이 같은 경우에는 이빨이 하나도 없는 상태로 상당한 기간을 살았을 걸로 생각됩니다.

차클   그럼 누군가 돌봐주었다는 말인가요?

이   그렇죠. 누군가 챙겨주고 도와준 것이죠. 물론 어떤 식으로 도움을 주었는지는 알 수 없지만 다른 사람의 도움으로 상당 기간 살아남은 것으로 추정할 수 있습니다.

차클   공동체로 살았기 때문에 출산 때와 마찬가지로 노인들에게도 자연스럽게 도움을 준 것이 아닐까요?

이   동정심이었을 수도 있고, 자연스러운 마음에서 그랬었을 수도 있고, 아니면 필요에 의한 행위일 수도 있습니다. 우리가 확실히 알고 있는 것은 어느 시점부터 화석에서 노년층이 늘어났다는 것입니다. 대략 3만 년 전의 유럽에서 노년층이 늘어난 것으로 파악됩니다. 그런데 3만 년 전이라는 시간이 공교롭게도 유럽에서 동굴 벽화, 장신구 등 이전과는 다른 문화 행위가 나타나는 시기이기도 합니다. 동굴 벽화나 장신구 등은 당시 인류가 갖고 있던 정보의 집약이라고 볼 수 있거든요. 정보의 전달이란 관점에서 보자면 어려운 시기에 살아남았던, 생존의 비법을 알고 있는 사람들이 중요해졌을 수도 있습니다.

차클 생존에 필요한 지식이나 노하우를 전달해주는 역할을 노년층이 했을 수도 있겠네요.

이 우리가 지금은 컴퓨터와 같은 정보의 보고를 사용하고 있지만 당시에는 많은 지식을 가진 노년층이 정보의 보고로서 어떤 역할을 담당했을 거라고 생각할 수 있겠죠.

차클 지식의 전달이 정말 큰 역할을 한 것이군요.

이 인류의 진화를 생각하면 그동안 굉장히 중요한 일들이 있었습니다. 모든 사건들이 인류의 진화 역사에 중요한 기여를 했습니다. 하지만 중요한 변화들은 항상 대가가 따랐어요. 예를 들면 직립보행을 하게 되자 두 손이 자유로워지게 됐죠. 그 결과 도구를 사용하게 되어 문화와 문명을 만들게 된 반면, 요통과 심장질환이라는 대가를 치러야 했습니다. 또 큰 머리를 갖게 된 덕분에 지능이 좋아져서 문명과 문화를 향유하게 됐지만 출산의 고통을 감수해야 했습니다. 진화를 한다는 것은 그때그때 환경에 맞춰서 변화하는 것일 뿐, 우열의 문제가 아닙니다. 또 우리는 계속 진화하고 진화할 때마다 항상 대가와 이익이 같이 따른다는 것을 기억해주셨으면 좋겠습니다. 수백만 년 동안 계속 되어온 인류의 진화 역사는 직선이 아닌 꼬불꼬불한 발자취라는 말로 강의를 마치겠습니다.

이응식   루시에 대해 궁금한 점이 있습니다. 루시의 경우 남자와 여자의 몸무게가 각각 30킬로그램과 45킬로그램으로 차이가 나는데 남자는 사냥을 하고 여자는 집에서 일만 했기 때문인가요? 원시시대에는 남자와 여자 모두가 사냥을 하지 않나요?

이   오스트랄로피테쿠스 아파렌시스, 즉 루시의 남녀 몸무게가 왜 그렇게 많은 차이를 보이는지에 대해서는 여러 학설이 제시되었습니다. 그중 하나로 성별 분업(남자와 여자가 하는 일을 구분함)일 가능성을 제시한 사람도 있지만 별로 신빙성은 없습니다. 말씀하신 대로 원시시대에는 성별 분업이 없었을 가능성도 충분하기 때문입니다. 화석을 통해 발견된 원시시대의 남성과 여성의 신체 크기는 다르지만 이런 차이가 남녀 간의 차이 때문인지는 아직도 여러 가설이 분분합니다.

유전자 혁명, 축복인가 재앙인가

송기원

연세대학교 생화학과를 졸업하고
코넬대학교에서 생화학 및 분자유전학 박사 학위를 받았다.
밴더빌트대학교 의과대학에서 박사 학위를 받은 후 연구원을 거쳐
현재 연세대학교 생명시스템대학 생화학과 교수로 재직하고 있다.
생명과학에 관련된 사회문제에 관심을 갖고 연세대학교에서
'과학기술과 사회' 포럼을 만들어 활동했고,
연세대학교 언더우드 국제대학 내 과학기술정책전공을 개설해 겸직교수를 맡고 있다.

유전과 유전자란 무엇인가

우리 몸은 100조 개 정도의 세포로 이루어져 있고, 각 세포는 모두 유전 정보를 가지고 있어요. 각 세포 안에는 핵이 있고, 그 핵 안에 염색체가 털실 뭉치처럼 들어 있습니다. 염색체를 풀면 긴 DNA 이중나선으로 구성되어 있습니다. DNA 중에서 특별히 단백질들에 대한 정보를 제공하는 부분을 유전자라고 하는데요. 모든 생명체는 DNA 정보를 사용해 단백질을 만들어서 생명 현상을 유지시킵니다.

차클　유전자라고 하면 유전이 먼저 떠올라요. 부모와 닮은 행동을 하거나 성격이 비슷하다고 할 때도 흔히 유전이라고 하잖아요. 그게 유전자와 관련이 있는 건가요?

송　사람의 성격이나 행동은 단순히 유전자를 통해 결정되는 것이 아니라 복합적인 유전자의 작용으로 나타나는 현상입니다. 특정 환경에 따라 유전자가 어떻게 발현되는지에 달려 있다고 볼 수 있어요. 오히려 부모의 어떤 행동을 자녀가 똑같이 하는 건 어렸을 때부터 보았던 부모의 행동이 자신도 모르게 습관화가 돼 따라 하는 걸로 봐야 합니다.

차클　특정 질병 같은 경우에는 가족력이라는 이름으로 유전되는 경우도 있잖아요.

송　보통 유전병이라고 하면 특정한 한두 개의 유전자가 잘못된 것이 원인이 되어 확실한 증상으로 나타나는 경우를 말합니다. 유전병이 우성이라면, 부부 양쪽의 유전자가 정상일 경우 자식에겐 문제가 나타나지 않습니다. 유전병이 열성이라면 4분의 1의 확률로 부모 모두가 보인자(保因者)를 가지고 있는 경우에 자녀에게서 나타날 수 있습니다. 혹시 아빠 쪽이 열성 유전자를 주었다고 해도 엄마가 정상 유전자라면 문제가 되지 않아요.

차클   그런데 최근 유전자 연구에 대한 기사가 많이 나오더라고요. 어느 정도까지 진행되었나요?

송   최근의 연구는 인간의 유전자 정보를 편집해서 맞춤형 아기를 만드는 단계까지 발전했습니다. 2018년 11월 말쯤에 중국의 과학자가 유전 정보를 부분적으로 교정한 인간 수정란을 착상시켜서 여아 쌍둥이가 태어났다고 발표하며 큰 충격을 던졌죠.

차클   그럼 아기를 낳기 전에 키를 늘이거나 머리색을 바꾸는 것도 가능한 것인가요?

송   말 그대로 키나 머리색까지 디자인할 수 있는 것은 아니에요. 하지만 기술적으로 인간이 인간을 포함한 모든 생명체의 유전 정보에 조작을 가해서 우리가 원하는 대로 변형시킬 수 있는 기술을 가졌다고 볼 수 있죠.

차클   영화 〈가타카〉에서 그리고 있는 미래의 모습이 가능하다는 말씀이신가요?

송   〈가타카〉는 유전자 정보를 편집한 인간이 태어나고 그가 가진 유전자 정보에 따라서 사회적 지위가 결정될 가능성을 이야기한 영화였죠. 디스토피아적인 미래를 그리고 있어요. 그 영화 속 기술이 단지 영화에만 머물고 있진 않다고 봅니다.

**차이나는
클라스**

영화 〈가타카〉

차클	영화에서는 유전자 기술이 나쁘게 활용되는 것처럼 그렸지만 선천적인 질병을 치료하는 데 쓰게 된다면 바람직한 것 아닌가요?
송	물론 실제로도 좋은 일에 쓰이는 사례들이 많이 보고되고 있어요. 혹시 〈마이 시스터즈 키퍼〉라는 영화를 보신 적이 있나요? 동명의 소설로도 나온 작품입니다. 특히 자녀가 있는 부모들이라면 꼭 한 번 보세요. 극 중에서는 한 아이가 골수 이식을 필요로 하는 설정이 등장해요. 그런데 두 사람의 골수가 똑같이 일치하기는 정말 힘들거든요. 그래서 그 아이의 부모는 자신의 딸에게 골수를 이식할 수 있도록 유전 정보를 읽어내서 골수 이식이 가능한 유전 정보를 가진 또 다른 딸을 시험관 시술로 낳아요.
차클	너무 가슴 아픈 얘기네요. 그럼 둘째는 첫째 딸을 위해 희생되나요?
송	둘째로 태어난 아이는 언니를 위해서 뭔가를 계속 제공해야 하는 처지예요. 심지어 열 살이 되었을 때에는 신장을 이식해줘야 하는 상황에도 처하게 됩니다. 그때 엄마가 첫째를 살리기 위해 둘째를 설득하는 장면이 나와요. 그런데 언니 입장에서는 동생에게서 신체의 일부를 받

는 게 괴로운 거예요. 그래서 동생에게 변호사를 고용해서 부모와 자신을 고소하라고 시켜요.

차클   언니 입장에선 그럴 수 있을 것 같아요. 어느 한쪽 편만 들기가 참 힘든 상황이네요.

송   그렇죠. 유전자 기술에 대해 이야기할 때 옳고 그름을 판별하기 어려운 애매한 경우가 대부분입니다. 이런 식의 유전자 기술 활용이 옳은지 그른지, 우리가 거기에 찬성하는지 반대하는지를 논하기에 앞서서 유전자 기술이 우리에게 어떤 가능성을 열어주는지, 어떤 문제를 일으키는지를 함께 생각해보죠. 자, 그럼 우선 유전자에 대한 얘기부터 해볼까요?

차클   좋아요.

송   조금 전에 〈가타카〉라는 영화를 얘기했는데요. 영어 제목으로는 'GATTACA'예요. DNA 염기서열의 네 가지 염기 종류인 아데닌(A), 구아닌(G), 시토신(C), 티민(T)으로 이루어진 단어죠. 20세기에 생명과학 분야에서 풀고 싶었던 질문은 생명의 정보가 과연 어떤 물질로 이루어져 있는지에 관한 것이었습니다. 이제는 그 물질이 DNA라는 것을 알게 됐죠.

차클   DNA와 염기서열이라니 어렵게 들리네요. 더 자세한 설명 부탁드려요.

송   우리 몸은 100조 개 정도의 세포로 되어 있어요. 각 세포는 모두 유전정보를 가지고 있죠. 각 세포 안에는 핵이 있고, 핵 안에 염색체가 털실 뭉치처럼 들어 있고, 염색체를 풀면 긴 DNA 이중나선으로 구성되어 있습니다. DNA는 네 가지 종류의 염기인 아데닌, 구아닌, 시토신, 티민이 무작위로 배열된 두 줄이 마주 보고 있는 이중나선 구조의 화학물질입니다. 흥미롭게도 아데닌은 티민하고만, 구아닌은 시토신하고만 짝이 돼요. 그러니까 한 줄을 알면 짝을 이루고 있는 나머지 다른 줄의 배열을 저절로 알 수가 있는 거죠.

차클   DNA가 곧 유전자인 건가요?

송   그건 아닙니다. DNA 중에서 특별히 단백질들에 대한 정보를 제공하는 부분만 유전자라고 해요. 그리고 모든 생명체는 DNA 중 유전자 정보를 사용해 단백질을 만들어서 생명 현상을 유지시킵니다.

차클   아직 알쏭달쏭하네요. DNA 얘기를 좀 더 해주세요.

송   많은 학자들이 DNA가 어떻게 구성됐는지 그 비밀을 풀기 위해 노력했어요. 그중 프랜시스 크릭(Francis Crick)과 제임스 왓슨(James Watson)이 DNA가 이중나선 구조라는 것을 밝혀내죠. 그 공로로 노벨상도 받았어요.

차클   눈에 보이지도 않는 물질을 어떻게 발견하게 되었나요?

송   사연이 꽤 길어요. 크릭은 영국, 왓슨은 미국의 분자생물학자예요. 왓슨이 생명현상의 본질인 DNA가 어떻게 정보로서 기능을 하는가를 연구하기 위해 영국의 케임브리지대학교로 건너가서 크릭과 함께 연구를 시작합니다. 그곳에서 물리학을 기초로 DNA의 구조를 연구하고 있던 로절린드 프랭클린(Rosalind Franklin)이라는 여성 과학자도 만나게 됩니다. 그때 마침 프랭클린이 DNA 결정을 X-레이로 투시해 그 구조가 이중나선일 것으로 예측되는 결과를 얻었고 다른 동료 과학자 윌킨스에게 보여줬어요. 그런데 그 자료를 기초로 연구한 결과 크릭과 왓슨 그리고 윌킨스만 노벨상을 받았습니다. 이 이야기는 과학계에서 여성 과학자의 지위, 동료 집단이 여성 과학자를 대하는 태도에 대한 문제를 제기할 때 자주 등장하곤 하죠.

인간 게놈 프로젝트란 무엇인가

과학자들이 인간의 유전체 정보를 밝혀냈다고 해서 그 의미를 모두 다 알고 있는 것은 아닙니다. 이론적으로는 한글을 깨우치면 모든 책을 다 읽을 수 있어도 실제로는 글자는 읽지만 의미는 모르는 것처럼요. 글자를 읽는다는 것과 그것에 숨겨져 있는 의미를 안다는 것은 다른 문제이니까요.

송 DNA가 유전물질이라는 걸 알게 된 과학자들은 새로운 도전을 시작합니다. 바로 인간 게놈 프로젝트입니다.

차클 인간 게놈 프로젝트가 무엇인가요?

송 DNA 안에 유전자에 대한 정보가 있다는 것을 알게 되면서 우리는 유전자 DNA의 염기서열을 읽을 수 있게 되었습니다. 그러자 특정 유전자와, 유전자에 어떤 변이가 생기면 어떤 문제가 발생하는지를 아는 수준을 넘어서 인간이 가진 유전 정보 전체, 즉 유전체의 염기서열을 읽고 싶다는 열망을 갖게 됩니다. 유전체의 정보를 다 읽어내면 생명체가 어떻게 작동하는지 알 수 있을 것으로 예상한 것이지요. 한 개체의 유전 정보 전체를 영어로는 '게놈(Genom)'이라고 해요. 1990년에 미국을 중심으로 해서 인간 게놈을 읽는 프로젝트에 돌입했습니다.

30억 달러라는, 당시로선 어마어마한 자금을 투입한 장대한 프로젝트 였죠.

차클 　인간 게놈 프로젝트가 거둔 가장 큰 성과는 무엇인가요?

송 　인간 게놈 프로젝트는 2003년에 끝났는데, 밝혀낸 정보의 양이 어마 어마했습니다. 과학자들은 인간의 게놈이 32억 개의 염기쌍으로 이루 어져 있다는 것을 밝혀냈어요. 이 연구 결과를 누구나 언제든지 볼 수 있도록 홈페이지에 공개했죠. 물론 과학자들이 인간의 유전체 정보를 밝혀냈다고 해서 그 의미를 모두 다 알고 있는 것은 아닙니다. 이론적 으로는 한글을 깨우치면 모든 책을 다 읽을 수 있어도 실제로는 글자 는 읽지만 의미는 모르는 것처럼요. 글자를 읽는다는 것과 그것에 숨 겨져 있는 의미를 안다는 것은 다른 문제이니까요.

차클 　32억 개의 염기쌍이라니 엄청나네요. 그게 어느 정도의 양인가요?

송 　A4 용지에 네 가지 염기를 뜻하는 ATGC를 한가득 쓴다고 가정한다 면, 그 종이를 90미터 정도 되는 높이로 쌓아야 하는 정보양입니다. 그 정도로 엄청나게 많은 양입니다. 자, 이쯤에서 퀴즈를 하나 내보죠. 아까 DNA 중에서 단백질을 만들 수 있는 정보가 바로 인간의 유전자 라고 했었죠? 그러면 한 사람의 유전자는 과연 몇 개나 될까요? 힌트 를 드리자면 지렁이의 유전자가 2만 개쯤 됩니다.

차클 　지렁이가 2만 개라면 인간은 30만 개는 되지 않을까요?

송 　과학자들도 인간 게놈 프로젝트를 진행하면서 수없이 논쟁을 했어요. 인간의 몸은 복잡하니까 유전자가 적어도 10만 개는 될 것이다, 아니 다 50만 개는 될 것이다, 심지어 100만 개일 거라고 예측하기도 했어 요. 그런데 실제로 유전체를 읽고 나서 굉장히 놀랐습니다. 유전자가 2만 3000개 정도밖에 안 되는 거예요.

차클	지렁이보다 엄청나게 많은 것도 아니네요?
송	네. 인간의 전체 염기서열 중에서 유전자가 차지하는 부분은 1퍼센트 정도밖에 안 되는 걸로 나타났습니다.
차클	그럼 유전자를 제외한 나머지 염기서열들은 어떤 역할을 하나요?
송	지금 그 궁금증을 풀어가는 연구가 진행되고 있어요. 현재까지 나온 결과에 따르면 한 80퍼센트 이상은 스위치라고 생각하고 있어요. 여러분들 각자 집에서 불을 켜기 위해 사용하는 스위치를 생각하면 됩니다. 그런데 스위치가 굉장히 복잡한 것이지요. 어떤 스위치는 밝기를 조절하고, 어떤 스위치는 특정 등에만 작동하고… 이런 식으로 여러 가지 조절을 할 수 있듯이 사람의 유전체도 그렇게 작동한다고 생각하면 됩니다. 유전자의 개수는 상대적으로 많지 않지만 작동 방식이 굉장히 정교하다고 이해를 하면 될 것 같습니다.
차클	인간 게놈 프로젝트를 통해서 32억 개 염기쌍의 정보가 모두 공개됐다고 하셨잖아요. 그럼 누구나 원하면 유전자 검사, 게놈 검사를 받을 수 있는 건가요?
송	그렇죠. 과학자들이 유전체 정보를 모두 읽어내는 게놈 프로젝트를 진행할 당시에는 30억 달러가 들었다고 했었죠. 그런데 프로젝트를 마칠 즈음엔 그 비용이 1000만 달러 정도로 떨어져요. 그리고 기술이 점점 발전하면서 요즘은 1000달러 정도까지 떨어졌습니다. 그러니까 누구나 100만 원 정도만 있으면 자기 유전 정보를 읽을 수 있는 시대가 된 것이죠.
차클	드라마나 영화에서는 타액을 채취해서 연구소에 보냈더니 탈모인자, 카페인 민감성, 비타민 수용성 같은 건강 관련 정보를 알려주는 장면이 나오던데요. 그런 것들도 가능한 일인가요?

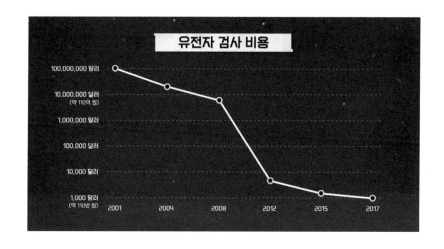

유전자 검사 비용

	2001	2004	2008	2012	2015	2017

100,000,000 달러

10,000,000 달러
(약 110억 원)

1,000,000 달러

100,000 달러

10,000 달러

1,000 달러
(약 110만 원)

송　　　특정한 질환과 유전자가 연관되는 경우에는 많은 도움을 받을 수가 있
　　　　습니다. 할리우드 배우 안젤리나 졸리가 아주 좋은 사례죠. 졸리에게
　　　　는 유방암 발생 빈도가 높은 브라카 유전자 변이가 가족력으로 있었다
　　　　고 해요. 그래서 브라카 유전자 검사를 통해서 암이 생기기 전에 미리
　　　　절제 수술을 받았죠. 요즘은 자신의 유전체 정보를 읽을 수 있는 검사
　　　　를 저렴한 가격으로 받을 수 있는 시대가 되었습니다. 또 각 개인의 유
　　　　전 정보에 따라서 약을 처방하거나 치료법을 개발하는 것도 가능해졌
　　　　습니다. 이러한 분야를 정밀의학이라고 합니다.

차클　　좋은 의도로만 사용하진 않을 것 같아요. 예를 들어 보험사가 타인들
　　　　의 유전자 정보를 입수한 뒤 유방암 발병 가능 유전자를 갖고 있는 사
　　　　람은 보험을 들지 못하게 하는 수단으로 악용하진 않을까요?

송　　　예리한 지적입니다. 유전 정보라는 것이 우리에게 굉장히 도움을 줄
　　　　수도 있지만, 각자의 프라이버시와 관련된 중요한 정보라서 피해를 입
　　　　힐 가능성도 있죠. 예를 들어 어떤 회사에 취직을 하고 싶은데 회사에

서 구직자의 특정 질병 유발 가능성이 높은 유전 정보를 확보하고 취직에 불이익을 줄 수도 있는 거예요. 이처럼 굉장히 중요한 개인 정보 침해 문제로도 이어질 수 있습니다.

차클 　굳이 몰라도 될 걸 알게 돼 괜한 걱정을 하는 경우도 있을 것 같아요.

송 　정확하게 반반일 가능성이 높아요. 아는 게 힘이 될 수도 있지만, 때로는 모르는 게 약일 수도 있잖아요? 그럼 혹시 인류 가운데 자신의 개인 유전 정보를 가장 먼저 읽은 사람은 누구인지 아시나요?

차클 　DNA를 연구한 프랜시스 크릭이나 제임스 왓슨이 아닐까요?

송 　네, 제임스 왓슨입니다. 아까 말씀드렸듯 DNA 구조를 처음 밝히고 인간 게놈 프로젝트라는 것을 시작하는 데 굉장히 중요한 공헌을 한 과학자죠. 그래서 주변의 과학자들이 상징적으로 왓슨의 개인 유전 정보를 읽어보자고 제안을 했습니다. 2008년에 왓슨의 유전 정보를 읽기로 했는데, 사전에 그가 한 가지 요청을 했다고 합니다. 가족 중에 치매 환자가 있고 치매에 대한 가족력이 있기 때문에 치매에 관련된 정보는 알고 싶지 않다고요. 괜히 몰라도 될 걸 알아서 걱정을 하는 경우가 있다고 한 것처럼 왓슨도 그런 부분을 우려한 것입니다. 더구나 현재까지 치매를 완벽하게 치료할 수 있는 방법이 없잖아요. 그러니 언제 닥칠지 모를 치매의 위험을 굳이 알고 싶지 않은 것이 인간의 마음이겠죠.

합성생물학이란 무엇인가

사실 합성생물학이란 용어 자체도 굉장히 거북스러울 수 있어요. 하지만 인류에 도움되는 일들도 많이 이룬 것이 사실입니다. 인류가 직면하고 있는 여러 가지 문제들을 합성생물학을 통해 해결하려고 많은 학자들이 노력했어요.

차클 유전자에 대한 정보를 많이 알게 됐으니까 이제 인간이 유전자를 조작할 수도 있을 것 같아요.

송 맞아요. 과학자들은 생명체의 유전자에 대한 정보들을 많이 얻었으니 이제 우리가 한번 생명체를 만들어보면 어떨지 생각했어요. 유전자를 우리가 원하는 대로 조합해서 새로 만든 유전체가 작동하는지 보고 싶다는 생각을 하게 된 것입니다. 이제 인간 게놈을 읽는 시대에서 인간 게놈을 쓰는 시대로 넘어가게 되는 것이죠.

차클 유전체를 만들 수 있는 능력을 갖게 되면 자연스럽게 이런저런 욕심이 생길 것 같아요. 우사인 볼트의 다리, 아인슈타인의 뇌를 얻고 싶은 것처럼요.

송 하하, 아직 그런 단계까지 발전하지는 않았습니다.

차클	지금 우리 시대에 현실화될 가능성은 없는 건가요?
송	물론 장담할 수는 없어요. 사실 제가 이 분야의 공부를 시작했을 때 이렇게 빨리 모든 것이 현실화될 거라고 예측하지 못했으니까요. 실제로 유전체를 만들어서 어떻게 작동하는지를 보는 연구 분야를 합성생물학이라고 하는데요. 기존 생명체를 모방하거나 자연에 존재하지 않는 인공 생명체를 만드는 것을 연구하는 학문이에요.
차클	GMO(유전자 변형 생물체) 식품들도 합성생물학의 결과물인가요?
송	GMO는 합성생물학의 전 단계인 유전자 재조합 기술을 통해 만들어진 것입니다. 이 기술은 1970년대 중반 이후부터 등장했는데요. 한국에서는 쉽게 유전공학이라고 부르죠. 무르지 않는 토마토나 제초제에 강한 콩을 생산하는 것처럼 그 생물체가 가지고 있지 않은 다른 생명체의 유전자를 직접 생물체에 집어넣어 생명체의 특징을 바꾸어 상품의 가치를 높이는 경우를 말해요.
차클	GMO 식품들이 가격도 싸고 맛도 좋아서 요즘 많이 찾게 되는 것 같습니다. 그런데 GMO 식품이 불안하다고 안 드시는 분들도 많아요. 정말 문제가 있는 식품인가요?
송	아마 자급자족하지 않는 이상 GMO 식품에서 완전히 벗어나서 살 수는 없을 겁니다. 우리가 집밥만 먹고 사는 건 아니니까 어디서 어떻게 섭취하게 될지 모르죠. GMO는 실제로 많은 논란거리를 안고 있는 분야라 이야기를 시작하면 굉장히 길어집니다. 제 생각엔 유전자가 단백질을 만드는 것이고, 우리 몸과 우리가 먹는 것도 대부분 단백질이니까 사람에 따라서는 알레르기 반응이 있을 수 있어요. 그렇지만 그 외에 특별히 몸에 해로울 이유는 없다고 봅니다. 다만, 환경과 생태에 관련된 문제는 아직 결과를 알 수 있는 단계가 아니라고 생각합니다.

차클	어떤 환경 문제가 있다는 것인가요?
송	예를 들어서 경제적인 효과만 생각해서 돈이 되는 식물만 계속 심게 되면 환경적으로 균형이 흔들릴 수 있어요. 또 제초제에 강한 유전자를 가진 식물을 많이 심다 보면 다른 식물이 밀려나는 일이 벌어질 수도 있을 겁니다.
차클	그렇군요. 그럼 유전자 연구가 인간에게 구체적으로 도움을 준 경우는 어떤 게 있나요?
송	합성생물학 이전에도 이미 유전자 분자 생물학을 통해서 유전자가 어떤 단백질을 만들어서 어떤 기능을 하는지를 연구해 인류에게 도움이 되는 일을 많이 했습니다. 대표적인 것이 인슐린 같은 약들이죠. 당뇨병 환자들이 매일 인슐린 주사를 맞는 건 알고 계시죠? 그런데 옛날에는 인슐린 주사 1회분을 만들려면 소나 돼지의 피 20리터가 필요했어요.
차클	왜 그렇게 많은 양의 피가 필요한가요?
송	인슐린이 호르몬이기 때문이에요. 굉장히 미량으로 존재하니까 분리하기 어려웠고 값이 비쌀 수밖에 없었죠. 그런데 인슐린 유전자를 분리해서 세균에서 발현을 시키면 세균이 증식해 금방 대량으로 만들 수 있거든요. 그래서 어마어마하게 싼 가격으로 대량의 인슐린을 얻을 수 있게 된 것이죠. 인슐린 외에도 인터페론이나 성장호르몬 같은 의약품을 쉽게 대량 생산해서 보급하게 됐습니다.
차클	합성생물학 이전에도 이미 놀라운 성과가 있었군요.
송	네. GMO 식품이 유전자 한두 개를 집어넣어서 뭔가를 만들어내는 수준이라면, 합성생물학은 우리가 원하는 유전자들을 조합해서 새로운 기능을 갖는 유전체를 만들어내거나, 새로운 유전체를 디자인하는 것

입니다.

차클	생명체를 만들어내는 게 가능하다는 얘기인가요?

송   인간 게놈 프로젝트를 진행할 때 크레이그 벤터(J. Craig Venter)라는 과학자가 이런 말을 자주 했다고 해요. 유전자 정보를 다 읽고 나면 자신이 생명을 만들어보겠다고요. 실제로 그는 2010년에 최초로 인공 생명체를 만들었다고 발표를 했어요. 먼저 장에서 사는 미코박테리아라는 아주 단순한 세균의 유전 정보를 읽고 이 유전 정보를 단순하게 재설계하여 합성한 유전체를 만들었습니다. 그리고 원래 세균에 있던 유전체를 빼내고 새로운 합성 유전체를 넣었는데요. 이후 아무 문제없이 작동하고 생명을 유지하는 모습이 관찰됐다고 해요.

차클   세균이라곤 하지만 인공 생명체를 만들었다니 신기하네요.

송   그렇죠. 흥미로운 부분은 크레이그 벤터가 유전체 안에 이런 글귀를 새겨넣었다고 해요. '창조할 수 없다면 이해한 게 아니다'라고요. 그리고 자신의 자서전에도 '나는 진정한 인공 생명을 창조해서 우리가 생명의 소프트웨어를 이해하고 있다는 것을 보여주려 한다'고 썼습니다. 우리가 매일 컴퓨터를 쓰지만 어떻게 작동하는지는 사실 잘 모르잖아요. 그런데 부품을 사와서 직접 조립을 해보면 컴퓨터가 어떻게 작동하는지 샅샅이 알게 되겠죠. 생명체도 마찬가지예요. 유전자를 부품이라고 생각해서 조합하고 만들어 작동시킬 수 있다면 생명의 신비를 풀 수 있을 거라고 생각했던 겁니다.

차클   조금 무섭기도 하네요. 여자와 남자가 만나 생명이 탄생하는 자연의 질서를 따르는 대신 과학적으로 생명체를 만들어서 작동시킨다고 하니 말이죠.

송   그런 거부감이 들 수 있죠. 사실 합성생물학이란 용어 자체도 굉장히

	거북스러울 수 있어요. 하지만 인류에 도움되는 일들도 많이 이룬 것이 사실입니다. 인류가 직면하고 있는 여러 가지 문제들을 합성생물학을 통해 해결하려고 많은 학자들이 노력하고 있어요.
차클	합성생물학을 우리 실생활에 응용한 대표적인 케이스는 무엇인가요?
송	먼저 환경오염을 극복하기 위해 세균을 활용한 경우입니다. 간혹 바다에서 유조선이 좌초돼 기름이 유출되는 사건들이 발생하곤 합니다. 걸프만에서도 그랬고, 우리나라 서해안에서도 그런 일들이 벌어졌어요. 기름이 바다에 유출되면 제거하기가 굉장히 어려워요. 이때 기름을 먹을 수 있는 새로운 유전자 회로를 세균에 주입합니다. 그리고 바다에 뿌리면 이 세균들이 유출된 기름들을 먹어치워서 바다를 정화하는 것이죠.
차클	지금 당장 실현할 수 있는 기술들인가요?
송	기름 먹는 효과를 내는 자생적인 박테리아를 활용한 경우가 있고요. 현재 과학자들이 이들 박테리아의 유전자를 분석해서 기름 분해 효과를 높이는 연구를 진행하고 있습니다.
차클	또 다른 케이스는 또 없나요?
송	합성생물학은 질병을 치료할 수 있는 여러 가지 방법도 제공했어요. 대표적인 예가 말라리아 치료제입니다. 말라리아에 걸리는 사람이 전 세계적으로 몇백만 명이고, 1년에 60만 명쯤 죽는다고 합니다. 그런데 말라리아는 모기에 기생하는 열원충이라는 세균 때문에 생겨요. 혹시 말라리아 예방주사를 맞아보신 분이 있나요?
차클	아뇨. 아직 백신이 없는 걸로 알고 있는데 사실인가요?
송	그렇습니다. 말라리아는 아직 백신도 개발되지 않았고, 사실 효과가 좋은 치료약도 개발되지 않고 있어요. 그런데 중국의 약리학자이자 식

물학자인 투유유(屠呦呦)라는 분이 2015년에 개똥쑥이라는 한약재에서 분리해낸 아르테미시닌(artemisinin)이라는 성분이 말라리아 치료제로 굉장히 유용하게 작용한다는 것을 밝혀내 노벨상을 받았습니다.

차클　그럼 이제 대량 생산을 해 말라리아를 치료하면 되겠네요?

송　문제는 개똥쑥이 그리 많지가 않아요. 그래서 약으로 개발하는 데 어려움을 겪고 있었어요. 그런데 UC버클리의 화학공학과 바이오공학 교수이자 합성생물학을 연구하는 제이 키슬링(Jay Keasling)이 개똥쑥에 있는 아르테미시닌을 만드는 유전자 회로 전체를 만들어냈습니다. 그후 세균이나 이스트에 유전자 회로를 집어넣어서 굉장히 싼 가격에 대량으로 생산할 수 있게 됐어요. 그 덕분에 말라리아 치료제가 아주 싸게 보급되기 시작했습니다.

차클　정말 반가운 얘기네요. 다른 사례도 더 듣고 싶습니다.

송　혹시 스페인 독감 바이러스라고 들어보셨나요? 1918년에 나타나서 당시 제1차 세계 대전 때 죽은 사람보다 더 많은 사람들이 스페인 독감에 걸려서 죽었습니다. 그 뒤에 스페인 독감 바이러스는 사라졌습니다.

차클　혹시 누군가 다시 바이러스를 살려내지는 않았나요?

송　네, 2005년쯤인가로 기억하는데요. 미국의 질병통제예방센터에서 스페인 독감에 걸려서 죽은 여자의 허파에서 스페인 독감 바이러스의 정보를 읽어냈습니다. 그리고 합성생물학적 방법으로 재생했죠. 유전체의 정보대로 똑같은 유전체를 만들어서 세포 안에 넣어준 거예요. 그렇게 똑같은 바이러스를 만든 겁니다.

차클　좀 무섭네요…. 어떤 목적으로 살려낸 것인가요?

송　이렇게 위험한 바이러스를 다시 복원시킨 이유는 그렇게 많은 사람들

차이나는 클라스

	을 사망에 이르게 한 것과 유사한 바이러스가 새롭게 등장했을 때를 대비하기 위해섭니다.
차클	하지만 그런 조작 과정에서 돌연변이가 일어나서 더 위험한 바이러스로 발전할 수도 있는 것 아닌가요?
송	그 또한 가능한 일입니다. 그래서 합성생물학이라는 연구 자체가 위험성이 따릅니다. 나쁜 목적을 가지고 연구를 하면 누구나 바이오 테러 무기를 만들 수도 있는 학문입니다. 그만큼 연구를 하는 사람들 입장에서는 윤리적인 부분을 생각하지 않을 수 없는 것이죠.
차클	양면성이 있는 학문이라고 하셨는데, 만약 일반인들도 합성생물학에 접근하기 쉽다면 더욱 위험하지 않을까요?
송	그런 위험성에 대해 더욱 관심을 갖게 하는 추세가 지금 전 세계적으로 진행되고 있습니다. 이른바 'DIY 바이오' 때문입니다. DIY(Do It Yourself)라고 하면 흔히 가구를 직접 조립해서 만든다고 할 때 많이 쓰이는 말이죠. 그런 식으로 합성생물학을 대중화하고 싶은 사람들이 모여서 커뮤니티 랩(Community Lab)을 만들었어요.
차클	커뮤니티 랩이라니, 커뮤니티 센터처럼 주민들이 누구나 참여할 수 있는 실험실이라는 뜻인가요?
송	비슷합니다. 보통 과학 연구를 하려면 기본적인 기기들이 필요하잖아요. 그런데 개인이 모든 장비를 마련하긴 어렵죠. 합성생물학 연구를 해보고 싶은 사람들을 위해 마을의 공동 체육 시설처럼 실험실을 마련해둔 것입니다.
차클	우리나라에도 그런 커뮤니티 랩이 있나요?
송	아직까지 한국에는 규제 때문에 만들지 못하고 있습니다.
차클	그래도 다른 나라에는 있다니까 혹시라도 그런 커뮤니티 랩에서 개인

이 나쁜 목적으로 몰래 연구를 한 결과물이 세상에 풀려 나오면 어떡하죠? 생각만 해도 아찔하네요.

송 물론 있을 수 있는 일입니다. 아직까진 커뮤니티 랩에서 대부분의 사람들은 수제 맥주를 만드는 데 필요한 효모의 유전체를 조금 변형시켜서 자신들이 원하는 맛을 내는 맥주를 만들겠다는 정도의 귀여운 연구들을 하고 있어요. 그런데 지난여름에 캐나다 대학생들 몇 명이 인터넷으로 주문할 수 있는 DNA 염기 조각들을 구입해서 이미 사라졌던 천연두 바이러스를 만들었다는 보고를 한 경우도 있습니다. 다행히 그 친구들은 자신들이 바이러스를 만들어냈다고 공개하고 논문까지 냈어요. 그렇지만 만약 정말로 나쁜 의도를 가지고 연구를 하는 사람이 있다면 그걸 규제할 방법은 없는 것이 현실입니다.

차클 테러리스트들이 그런 기술들을 활용하면 안 되잖아요. 이를 규제할 수 있는 국제적인 관리기구는 없나요?

송 세계보건기구(WHO)에 있는 로렌스 고스틴(Lawrence Gostin) 박사는 '지금 수많은 인류를 죽거나 다치게 할 수 있는 기술이 두 가지가 있다. 하나는 핵 기술이고, 다른 하나는 합성생물학 기술이다. 그런데 핵은 전 세계적으로 엄청나게 규제하고 치밀하게 감시하면서 합성생물학에 대해서는 거의 아무런 제재도 하지 않고 무방비 상태로 두는 것을 도저히 이해할 수 없다'고 했습니다. 그만큼 합성생물학 기술이 양면성을 가지고 있다는 말이죠. 어떻게 적용하느냐에 따라서 유용할 수 있고 위험할 수 있는 특징을 모두 가지고 있어요.

유전자 기술에 윤리적인 문제는 없는가

유전자를 하나씩 편집하기 시작하면 끝이 없겠죠. 부모가 자식을 어디까지 어떻게 디자인해야 되는 걸까요. 또 만약 유전적으로 이상이 있는 아이를 출산하면 모든 책임이 부모에게 있는 걸까요. 물론 이미 알려진 심각한 유전적 질병을 골라낼 수 있는 기술이 갖춰져 있지만, 새 생명을 선물로 받아들이고 그 이외의 것들은 그냥 받아들이고 살아가야 하는 것이 아닐까요. 인생이 완벽한 것은 아니거든요.

차클   유전자 기술을 발전시키려는 궁극적인 목적은 인간이나 동물을 원하는 대로 디자인하는 것인가요?

송   가장 중요한 목적은 유전자로 인한 질환을 예방 또는 치료하기 위해서예요. 유전 정보를 자기가 원하는 대로 갖고 태어나는 사람이 있나요? 우리는 모두 주어진 대로 타고나는 것이죠. 그러다 보니 잘못된 유전 정보로 인해서 병을 안고 태어나는 경우도 많아요. 과학자들은 우리가 가진 기술을 더욱 발전시키면 유전자의 잘못으로 인해 얻게 되는 유전병을 치료할 수 있을 것이란 꿈을 꾸게 되었습니다. 이런 목적으로 유전자 기술을 계속 발달시키던 가운데 획기적인 일이 일어나요. 그게 바로 유전자 가위의 발견입니다.

차클   유전자 가위란 무엇을 하는 도구인가요?

송	유전자를 우리가 원하는 대로 조작하려면 어떤 도구가 있어야겠죠? 유전자를 잘라서 붙일 수 있는 도구, 즉 가위가 있어야 합니다. 물론 여기서 말하는 가위는 여러분들이 사용하는 일반적인 가위가 아닙니다. DNA를 자를 수 있는 단백질을 말해요. DNA의 이중나선 구조를 자르는 눈에 보이지 않는 단백질 가위입니다. 유전자 기술의 역사는 바로 이 유전자 가위의 역사와도 같다고 말할 수 있습니다.
차클	눈에 보이지도 않는 가위로 DNA를 자른다고요?
송	제가 아까 유전자 재조합 기술을 말씀드렸죠? 인슐린이나 GMO 식품을 만들 수 있었던 것도 '제한효소'라는 가위를 발견했기 때문에 가능했습니다. 이 가위를 갖게 되면서부터 우리가 원하는 유전자를 분리해내고 다른 세포에 집어넣는 실험을 할 수 있었던 것이죠.
차클	아직 잘 이해가 안 가네요. 좀 더 자세히 설명해주시죠.
송	제한효소 가위는 염기서열을 4개에서 8개 정도 인식하고 자르는 가위입니다. 예컨대 염기서열 4개를 인식한다고 해봅시다. 염기서열 4개가 정확하게 일치할 확률은 염기가 4종(A, T, G, C)이므로 4의 4제곱 분의 1, 즉 256분의 1입니다. 256개 염기쌍마다 이 염기서열이 나올 수 있다는 거예요. 그럼 이 가위를 우리 유전체 DNA에 적용했다고 가정을 해보죠. 256개마다 계속 잘라 나가다 보면 우리가 원하는 걸 자르기 전에 유전체의 다른 부분이 전부 조각나버릴 겁니다.
차클	그럼 연구자가 원하는 DNA만을 정교하게 자르는 가위 기술이 개발되었나요?
송	유전체에 실제로 적용하기 위해서는 더 좋은 가위가 필요했겠죠. 그래서 지난 20년간 더 좋은 가위를 찾기 위해 많은 노력을 기울였습니다. 그러다가 2010년에 '탈렌'이라는 가위를 찾아냈습니다. 이 가위

차이나는
클라스

는 염기서열을 10개에서 12개 정도 인식합니다. 이 가위를 쌍으로 디자인해 쓰면 20~24개를 인식하지요. 그럼 어떻게 되겠어요? 아무 데나 자를 확률이 훨씬 줄어들고 원하는 부분만 자를 수 있게 되죠. 그래서 이 가위를 찾아냈을 때 드디어 우리 유전체에 적용할 수 있는 가위가 생겼다고 굉장히 기뻐했습니다.

차클　이 유전자 가위를 활용한 연구 사례로 무엇이 있을까요?

송　서울대학교 김진수 교수와 연변대학이 공동 연구를 통해 슈퍼 근육질 돼지를 만든 케이스가 있어요. 아마도 영화 〈옥자〉도 이 연구에서 모티브를 얻은 게 아닌가 싶습니다. 원리는 아주 간단합니다. 돼지가 가지고 있는 유전 정보 전체 중에서 유전자 하나를 잘라내는 겁니다.

차클　어떤 유전자를 잘라낸 것인가요?

송　우리 몸은 근육을 만드는 유전자도 있고 근육을 없애는 유전자도 있어요. 그중 근육을 없애는 유전자를 잘라낸 거예요. 그럼 보통 돼지들보다 훨씬 근육이 많은 근육질 돼지가 태어납니다. 대신 커서 출산을 하기 어려웠다고 해요. 또 소에도 적용한 케이스가 있습니다. 소를 키우는 목장에선 소를 한꺼번에 많이 키우기 때문에 뿔이 있으면 위험하다고 해요. 목장을 관리하는 사람을 다치게 할 수도 있고, 소들끼리도 싸워서 위험할 수 있으니까요. 그래서 소뿔을 자르는데, 이때 소들이 엄청 괴로워한다고 합니다. 그래서 미국의 한 대학에서 유전자 가위를 이용해 소뿔을 만드는 유전자를 잘라내서 뿔 없는 소를 만들었다고 보고하기도 했어요.

차클　정말 신기하네요. '탈렌' 이후로 유전자 가위 기술은 얼마나 더 발전되었나요?

송　2012년 '크리스퍼- 캐스9(CRISPR-Cas9)'이라는 가위를 발견하게 되고 2013년부터는 광범위하게 적용되기 시작합니다. 이 가위는 세균이 가지고 있는 크리스퍼-캐스9라는 유전자예요. 유럽의 다니스코(Danisco)라는 요거트 회사에서 그 기능을 처음으로 찾아냈다고 합니다. 요거트 회사 연구원들이 바이러스로부터 살아남은 유산균을 살펴보다가 유산균 속 '크리스퍼'라는 유전자에 바이러스의 유전 정보가 포함되어 있고 크리스퍼 유전자가 많이 발현된 걸 발견했어요. 발현된 크리스퍼 유전자는 침입한 바이러스의 유전 정보에 결합해 이를 파괴할 수 있었습니다. 마치 병원균의 침입을 기억했다가 재침입하면 항체로 부숴버리는 우리의 면역 기능처럼 세균에 크리스퍼라는 중요한 면역 시스템이 작동한다는 걸 알게 된 것이죠.

차클   크리스퍼-캐스9의 작동 원리를 좀 더 설명해주세요.

송   세균은 바이러스가 침입하면 침입한 바이러스의 염기서열을 21개 정도 잘라서 자신의 크리스퍼 유전자 사이에 저장해둬. 이후 똑같은 유전 정보를 갖는 바이러스가 다시 침입해 들어오면 바이러스의 염기서열을 포함하고 있는 크리스퍼 유전자를 발현시키는 것이죠. 이때 캐스9이라는 가위를 만드는 유전자도 함께 발현되어서 같은 유전 정보를 가진 바이러스의 염기서열에 붙어서 자르는 원리예요. 바이러스의 염기서열을 자르면 바이러스가 제 기능을 못하게 되므로 바이러스 침입으로부터 자신을 지킬 수 있게 되죠.

차클   크리스퍼-캐스9이 바이러스 유전자 외에 실제로 다른 유전체에서도 작동하나요?

송   2012년쯤 제니퍼 다우드나(Jennifer Anne Doudna)와 에마뉘엘 샤르팡티에(Emmanuelle Charpentier)라는 두 여성 과학자가 바이러스가 아닌 염기서열을 임의로 넣었을 때도 작동하는지 실험했는데, 실제로 작

동한다는 결과를 얻어냈습니다. 곧이어 MIT의 펑장이라는 과학자도 인간 세포와 쥐 세포에 넣어 작동시켰을 때 잘 적용된다는 결론을 얻었습니다. 불과 몇 년 전의 일들입니다. 크리스퍼-캐스9은 제한효소나 탈렌보다 더 효율적으로 21개의 염기서열을 인식합니다. 아까 유전자 가위를 설명했던 계산법을 적용시켜보면 4의 21제곱분의 1의 확률이 나오죠. 그 정도면 이론적으로는 우리가 원하는 부분 이외의 다른 부분을 자를 확률이 거의 없을 정도로 정교하다는 결론이 나옵니다.

차클   그럼 유전자 가위를 실제로 우리 몸에 넣어 원하는 유전체를 자를 수도 있는 것인가요?

송   우리 몸이 다 만들어진 다음에 집어넣는 것은 엄청나게 힘듭니다. 거의 불가능하죠. 100조 개의 세포 중에서 어떤 것에 집어넣겠어요? 제일 좋은 방법은 세포 하나인 수정란이나 세포 개수가 아주 적은 초기 배아 상태일 때 집어넣는 것입니다. 그러면 대부분 세포들이 바뀌어서 나오게 될 겁니다. 슈퍼 돼지도 모두 그 시기에 적용을 한 것이고요.

차클   인간에게 실질적으로 도움을 줄 수 있는 사례도 있나요?

송	크리스퍼 기술을 활용해서 장기 이식용 돼지를 만들어낼 수도 있어요. 인간의 수명이 길어지면서 장기 이식을 필요로 하는 환자들이 갈수록 늘고 있잖아요. 그런데 실제 이식이 가능한 장기는 굉장히 부족한 상태죠. 그래서 다른 종의 장기를 이식해서 인간의 장기를 대신하도록 만드는 시도들이 계속 연구돼 왔는데 가장 유력한 후보가 돼지입니다. 돼지의 장기 크기가 인간의 장기 크기와 가장 비슷하거든요.
차클	실제로 돼지의 장기를 이식하는 게 가능한가요?
송	아직 가능하지 않지만 곧 가능해질 수도 있습니다. 이종 간에 장기를 이식하는 게 위험할 수 있다는 문제가 남아 있습니다. 돼지한테는 문제가 없는 돼지 유전체 속 바이러스가 인간의 몸으로 옮겨오게 되면 어떤 치명적인 문제를 일으킬지 아직까지 정확하게 알 수 없어요. 그래서 돼지가 갖고 있는 바이러스를 유전자 가위로 전부 다 잘라낸 장기 이식용 돼지를 만드는 연구가 진행 중입니다.
차클	동물의 장기를 이식한다는 것이 무섭게 느껴지기도 하지만, 절박한 상황에 있는 분들에게는 꼭 필요한 기술일 수도 있겠네요. 유전자 가위가 인간에게 적용될 수 있다는 가능성을 깨닫게 된 것도 최근의 일인가요?
송	2013년부터 이 기술이 적용되기 시작했는데, 단 2년이 지난 2015년에 중국의 한 과학자가 인간 배아에 이 기술을 적용했다는 발표를 했습니다. 그때 세상이 발칵 뒤집혔습니다. 설마 2년 안에 인간 배아에까지 적용할 수 있으리라고는 생각을 못 했던 것이죠. 그런데 그 과학자는 정상적이지 않은 배아를 가지고 실험을 했습니다. 이 기술이 배아에 적용될 수 있는지 여부만을 확인한 것이죠. 그럼에도 불구하고 인간 배아에 처음 적용한 실험이기 때문에 전 세계적으로 논란이 일었

차이나는
클라스

습니다.

차클   인간의 배아로 실험을 하다니, 이에 대한 윤리적인 기준이 마련되어 있나요?

송   여전히 찬반 논란이 일고 있습니다. 이 발표 이후에 크리스퍼-캐스9을 연구하는 과학자들이 모두 모여서 회의를 했습니다. 미국 하버드대 의학대학원 교수인 조지 처치를 필두로 하는 찬성파는 '공식적으로 허가해주지 않으면 누군가 몰래 실험을 해서 더 위험한 일이 벌어질 수 있으니 차라리 허가를 해주는 것이 맞다'고 주장했어요. 반면 반대하는 쪽에서는 '그럼에도 불구하고 인간 배아에는 절대로 적용해서는 안된다'고 주장했어요. 하지만 어떤 결론을 내릴 수가 없었죠. 그래서 당시에 배아에 적용하는 연구는 계속하되, 착상은 하지 말자고 합의를 했죠.

차클   연구는 중단하지 않는데 착상 실험은 하지 말자는 건 너무 애매한 기준 아닌가요?

송   실제로 많은 연구팀이 착상 전 단계까지만 연구를 했습니다. 2017년에는 서울대학교의 김진수 교수와 미국 오리건 대학의 공동 연구팀이 인간 수정란에 이 기술을 적용해서 심장 기능 저하가 우려되는 유전자를 고치는 데 성공했다고 발표했습니다. 착상하기 이전 단계까지 유전자 발현을 고치는 데 아무런 문제가 없었다고 해요.

차클 그래도 착상까지 실험을 한 과학자가 등장했을 것 같은데요. 실제로 그런 연구는 없었나요?

송 2018년 유전체를 연구하는 학자들이 모인 학술대회에서 남방과기대 허젠쿠이(賀建奎) 부교수가 착상을 통해 쌍둥이 여자아이를 탄생시켰다고 발표해 전 세계에 충격을 던졌습니다. 이 과학자는 HIV에 감염된, 즉 에이즈를 유발하는 바이러스 보균자인 아버지와 정상 어머니 사이에서 태어날 아이를 대상으로 실험을 한 것이었습니다. 에이즈 바이러스가 면역세포의 수용체를 통해서 들어가는데, 이 수용체에 해당하는 CCR5라는 유전자를 없애는 유전자 편집을 한 거죠.

차클 학계에서 금지하기로 한 착상을 했으니 파장이 엄청났겠네요.

송 과학자들 사이에서 인간 배아에 적용하기 전에는 반드시 공개를 하고 허가를 받아서 실험을 하기로 약속을 했는데 그 절차를 지키지 않았다는 게 큰 문제죠. 또한 그 기술을 적용하는 게 꼭 필요했는지도 의문입니다. 사실 에이즈에 감염된 부모 사이에서 아이를 낳을 때에도 인공 수정을 하면 CCR5라는 유전자를 제거하지 않아도 에이즈에 감염되지 않은 태아를 낳을 수 있거든요.

차클 만약 교수님이라면 법적으로 허용이 되는 범위에서 유전자 조작을 통해서 아이를 낳으실 생각이 있으신가요?

송 사실 다른 방법이 없는 게 아니에요. 우리는 이미 여러 특정 유전병의 경우 어떤 유전자에 이상이 생긴 것인지 알고 있어요. 인공 수정을 할 때 초기 태아의 세포를 꺼내서 착상하기 전에 아이의 유전체 정보를 읽을 수도 있고요. 그 배아 중에 문제가 되는 유전자 조합을 갖고 있지 않은 아이를 착상시키면 정상적인 아기를 낳을 수가 있어요.

차클 그 방법을 쓸 수 없는 경우를 가정해서 교수님이라면 어떻게 하실지 다시 한번 여쭤봐도 될까요.

송 저도 사실 고민이 많이 되는 문제입니다. 저 또한 어떤 것이 옳은지 답을 몰라요. 하지만, 저라면 그냥 아이를 낳을 거 같아요. 유전자를 하나씩 편집하기 시작하면 끝이 없겠죠. 부모가 자식을 어디까지 어떻게 디자인해야 되는 걸까요. 또 만약 유전적으로 이상이 있는 아이를 출산하면 모든 책임이 부모에게 있는 걸까요. 물론 이미 알려진 심각한 유전적 질병을 골라낼 수 있는 기술이 갖춰져 있지만, 새 생명을 선물로 받아들이고 그 이외의 것들은 그냥 받아들이고 살아가야 하는 것이 아닐까요. 인생이 완벽한 것은 아니거든요. 어쩌면 약간씩 모자라는 부분들이 있어서 우리가 열심히 살아가도록 만드는 이유가 된다고 생각해요.

사실 저는 RH-형이에요. 제가 어렸을 때는 RH-형이라고 하면 굉장히 이상한 사람인 것처럼 쳐다봤어요. 또 제가 과학을 그렇게 썩 좋아하는 학생은 아니었어요. 그런데 지금은 과학자가 되었죠. 그런 식으로 어떤 부족한 점이 있을 때 그 점을 극복하기 위해서 노력을 하는 게 인간이 갖고 있는 특징이 아닌가 하는 생각이 들어요. 저의 경우에는 유전학을 선택한 것이 그런 노력 중 하나가 되겠네요. 그래서 무엇이든 완벽한 것을 미리 만들려고 하기보다 어느 정도 위험을 배제한 수준에서는 각자에게 주어진 인생을 살아가게 하는 게 맞지 않나, 라는 생각을 합니다.

차클   공감이 되네요. 그렇다면 일반인들은 어떤 마음을 가지고 유전자 기술을 바라보라고 조언하시겠어요?

송   과학은 삶의 질과 문화와 사회를 결정하는 굉장히 중요한 요소예요. 똑같은 생명과학 기술인데도 누가 어떤 의도로 사용하느냐에 따라서 인간에게 도움이 될 수도 있고 위험할 수도 있는 양면성을 가진 기술이죠. 여러분들이 이런 논의에 더욱 적극적으로 개입할 필요가 있다고 생각해요. 그저 전문가 몇 명한테만 맡겨놓고, 아니면 특정 이익집단한테만 맡겨놓고 무관심하게 바라보다가 그냥 그 결정에 따라가지 않았으면 좋겠습니다. 이런 기술에 대해서 공부를 하고 지금처럼 이렇게 논쟁을 하는 과정을 통해서 사회적 합의를 만들어가는 것이 정말 중요해진 시대인 것 같습니다.

시청자의
질문 있습니다!

jyjun100   크리스퍼-캐스9은 DNA 서열 21개를 인식하여 유전자 가위로 유전자를 자른다고 하셨는데요. 21개의 DNA 염기서열이 내가 유전자를 변형시키고자 하는 유전자에 없으면 어떻게 하나요? 인간의 유전자 크기보다 확률상으로 더 수치가 많아서 없을 수도 있을 것 같은데요.

송   크리스퍼-캐스9은 유전자인지 유전자가 아닌 다른 부분인지에 상관없이 유전체 중 자르고 싶은 염기서열 근처의 21개의 염기서열을 지정하여 자를 수 있는 기술입니다. 내가 자르기를 원하는 부분의 21개 염기서열에 해당하는 부분을 크리스퍼 유전자 사이에 넣어 캐스9과 함께 세포 내에서 발현시키면 집어넣어준 세포의 유전체 내 동일 서열을 찾아가 자를 수 있습니다. 그러니 유전체 내에 존재하는 가능한 서열을 임의로 지정하면 됩니다. 물론 지정할 때 특이성을 높이기 위해 유전체 내에 다른 유사한 염기서열이 있는지 확인해야 하겠지요.

jyjun100   제일 처음으로 크리스퍼-캐스9을 만든 사람은 이 유전자 단백질을 누구나 사용할 수 있도록 해줬나요? 이런 기술을 먼저 발명했다면 돈을 많이 벌 수 있을 것 같은데요.

송   연구용으로는 모든 연구자가 사용할 수 있도록 해주었습니다. 그러나 말씀하신 대로 큰돈을 버는 데 응용할 수 있는 기술이므로 처음 이 기술을 발견한 과학자가 속했던, 처음 특허를 냈던 UC버클리와 이 기술을 인간을 비롯한 포유동물 세포에 이용할 수 있음을 처음 선보였던 연구자가 속한 MIT 간에 세기의 특허 전쟁이 지금도 진행 중입니다.

노화도
치료가 되나요

이현숙

서울대학교 생명과학부 교수로, 생노병사의 비밀을 연구하는 세포생물학자.
영국 캠브리지 대학교 MRC-LMB에서 분자생물학으로 박사 학위를 받고
미국 하버드 의과대학 세포생물학과와 워싱턴 주립대학교 생화학과에서
웰컴트러스트 펠로우로 성체 줄기세포에 대해 연구하였다.
서울대학교에서 암의 발생 원리를 밝히는 연구팀을 이끌고 있다.

우리는 왜 늙는가

나이가 들면 척추가 굽죠. 만성질환도 생기고요. 과학자들은 이런 각기 다른 현상들에서 어떤 질서를 찾아내고자 합니다. 오래전부터 노화에 대해 연구를 하던 과학자들은 분자의 메커니즘을 발견했습니다. 그것이 바로 노화 시계, 즉 '세포의 노화'라는 것입니다.

차클	분자생물학자가 노화도 연구하나요?
이	생물학은 원래 생로병사의 근원을 공부하는 학문입니다. 생명현상을 분자 수준에서 연구하는 학문이고 노화의 원리 역시 중요한 생물학의 주제입니다. 먼저 강연 주제인 노화와 가장 밀접한 관계가 있는 수명에 대해 살펴보도록 하죠. 여러분은 인류의 평균 수명이 얼마나 된다고 생각하시나요?
차클	'100세 시대'라는 말을 하는데 아직 100세엔 못 미치지 않나요?
이	네, 현재 경제협력개발기구(OECD) 국가들의 평균 기대 수명이 81세 정도 된다고 해요. 한국인의 기대 수명은 82세 정도고요. OECD 평균보다 약간 더 높은 편이죠. 여러분들이 생각하는 것보다는 낮지 않나요?
차클	그래도 평균 40세 이상만 살아도 장수했다고 하는 조선 시대에 비하

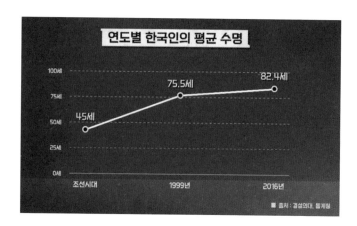

면 엄청나게 늘어난 수치잖아요.

이   그렇습니다. 사실 200년 전에 비하면 기대 수명이 두 배 늘어난 것이
       죠. 저와 같은 실험 과학자의 입장에서 보면 거의 기적에 가까운 증가
       예요.

차클   앞으로는 수명이 더 늘어나겠죠?

이   122세까지 사신 할머니도 계셨죠. 지난 200년 동안 수명이 점점 늘
       어났으니까 앞으로 지금보다도 훨씬 더 많이 늘어날 거라는 기대를 할
       수 있죠.

차클   2015년에 〈타임〉의 표지에 등장한 아이가 142세까지 살 수 있다는
       기사가 있던데 어떤 근거에서 나온 말인가요?

이   앞서 얘기한 OECD나 우리나라의 기대 수명 통계와는 차원이 다른 얘
       기예요. 〈타임〉 표지에 실린 아이는 2015년에 태어났는데 당시에 기
       대 수명과 관련된 과학적인 비밀들이 많이 밝혀졌어요. 그래서 그해
       태어난 아이라면 기대 수명이 142세가 될 수 있다고 예측한 것이죠.

차클   단순히 오래 사는 것보다 삶의 질이 더 중요하다고 생각해요. 80세까

2015년 2월
타임지 표지

지금 태어난 이 아이는
142세까지
살 수도 있습니다

지 살지 않아도 좋으니 건강하기만 하면 좋겠어요. 말 그대로 무병장수(無病長壽)를 하려면 어떻게 해야 할까요?

이   제 관심도 비슷합니다. 아까 그 아이가 142세까지 산다면 몇 세까지 건강하게 살 것인지를 알고 싶거든요. 여러분은 절대적 수명이 긴 것보다 건강 수명이 길기를 바라지 않나요? 현재 많은 사람들이 적어도 85세까지는 아주 활기차고 건강하게 살고, 이후 질병을 앓는 시기는 가능한 한 아주 짧아지기를 바라죠. 건강과 장수는 곧 하나로 연결돼 있습니다.

차클   건강한 상태로 장수하는 기간을 계속 연장하다 보면 영원히 살 수도 있는 것 아닌가요?

이   네, 그렇게 생각할 수 있어요. 실제로 그런 프로젝트가 진행되고 있습니다. 오라클이라는 회사를 아시나요? 글로벌 기업 오라클의 창업자인 래리 엘리슨(Larry Ellison)은 우리 돈으로 3000억 원 이상을 투자해서 노화를 방지하는 프로젝트를 가동하겠다고 선언했어요. 구글의 창업자 세르게이 브린(Sergey Brin)도 마찬가지로 노화를 극복하는 프로젝트를 진행하겠다고 말했죠. 한마디로 영생 프로젝트입니다.

차클   영생이 실제로 가능한 이야기인가요?

이   노화도 극복할 수 있는 질병이라고 생각하는 사람들이 있어요. 이런 분들의 투자와 과학자들의 연구 덕분에 어쩌면 500세까지는 아니어도 어느 정도까진 수명이 늘어나는 혜택을 우리 모두 누릴 수 있을지도 모릅니다. 그럼에도 도깨비처럼 영생하는 것은 불가능하다고 생각하고 있습니다. 노화를 극복하려고 할 뿐이죠. 그럼 본격적으로 노화에 대해 이야기를 해보도록 하죠. 여러분은 노화라고 하면 어떤 증상이 나타난다고 생각하세요?

차클   일단 몸의 근육이 처지는 것 같습니다. 피부에 주름도 많이 생기고요.

이   노화라고 하면, 주로 기억력이 감퇴하고 키가 줄어들고 주름이 많아지고 면역력이 줄어드는 현상에 대해 이야기를 하죠. 나이가 들면 척추가 굽죠. 만성질환도 생기고요. 과학자들은 이런 각기 다른 현상들에서 어떤 질서를 찾아내고자 합니다. 그 결과로, 노화에 대해 연구를 하던 과학자들은 분자의 메커니즘을 발견했습니다. 바로 노화 시계, 즉

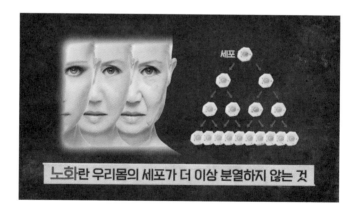

'세포의 노화'라는 것입니다.

차클   우리가 늙는 것이 세포가 늙기 때문이라는 건가요?

이   네, 세포가 노화되는 게 바로 우리가 늙는 것입니다. 우리의 몸은 6조
       에서 10조 개 정도의 세포로 구성돼 있어요. 세포는 생명의 한 단위
       죠. 세포 안에는 유전자도 있고, DNA도 있습니다. 처음에 난자와 정
       자가 만나서 수정란이 되면 그게 하나의 세포거든요. 그렇게 만들어진
       세포가 엄청난 세포 분열을 거치면서 모든 기관과 조직으로 분화되죠.
       그런데 하나의 세포 단위로 생각해보면, 세포가 분열을 계속하다가 어
       느 순간 더 이상 분열하지 않는 때가 찾아와요. 더 활동을 하지 않는
       것이죠. 그때가 바로 세포가 늙는 시점입니다.

영생의 물질,
텔로미어의 비밀은 무엇인가

보통 세포 분열을 하면 텔로미어가 신발 끈 끝이 닳는 것처럼 짧아지는 경우가 있어요. 텔로머레이즈 효소는 짧아진 텔로미어에 TTAGGG의 텔로미어 반복 서열 DNA를 붙여주는 효소입니다. 모든 사람들이 궁금해하는 영생의 물질이 바로 텔로머레이즈예요.

차클　세포의 노화가 곧 우리가 늙는 거라니 신기하네요.

이　　1961년 미국의 생물학자 레너드 헤이플릭(Leonard Hayflick)이 세포 노화에 대한 연구 결과를 발표합니다. 그는 영양 배지(식물이나 세균, 배양 세포 따위를 기르는 데 필요한 영양소가 들어 있는 액체)에 세포를 놓고 몇 번 분열하는지 지켜보기로 했어요. 처음에는 온갖 영양분을 공급해주면 세포가 계속 분열할 거라고 생각했습니다. 그런데 사람의 세포가 60~70번 정도 분열을 한 다음부터는 더 이상 분열하지 않는 것을 발견합니다. 그래서 헤이플릭은 세포의 분열이 마치 메트로놈이나 오르골처럼 한 번 감아놓은 한계만큼만 분열을 할 수 있다고 생각했어요. 그것을 '헤이플릭 분열한계(Hayflick limit)'라고 일컬었는데요. 우리의 수명과 세포 분열에 한계가 있는 현상 사이에 밀접한 관련이 있다는 걸 깨닫게 된 겁니다.

차클   세포 분열이 어느 순간이 되면 멈추는 원인은 무엇인가요?

이   X자 모양의 사람 염색체는 유전자인 DNA가 단백질에 쌓여서 만들어져요. DNA가 생명현상을 지배하는 모든 정보를 담고 있는 물질이라는 건 아실 거고요. 인간과 포유동물의 DNA는 선형(linear)으로 이루어져 있어서 복제를 한 번 할 때마다 염색체의 가장 끝부분이 짧아질 수밖에 없어요. 박테리아는 그렇지 않죠. 원형(circular) DNA를 갖기 때문이에요. 그렇게 선형 DNA의 끝이 계속 짧아지다 보면 유전자를 잃어버리게 될 위험에 처하게 되죠. 만일 끝이 보호되지 않는다면요.

차클   복제를 계속해도 유전자를 잃어버리지 않도록 할 순 없을까요?

이   있습니다. 우리가 신는 신발의 끈을 보면 끝에 플라스틱으로 캡핑 처리가 되어 있죠? 실이 풀리지 말라고 보호해놓은 건데요. DNA가 담긴 염색체 끝부분에도 그와 유사한 캡핑 처리가 되어 있습니다. 그런 구조를 바로 텔로미어(telomere)라고 합니다.

차클   다행이네요. 그런데 운동화를 오래 신다 보면 신발 끈의 플라스틱 캡

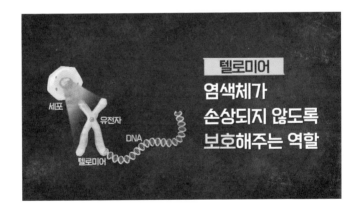

핑이 닳아 없어지기도 하잖아요. 염색체의 텔로미어는 계속 유지가 되나요?

이   물론 텔로미어도 닳게 됩니다. 과학자들은 텔로미어가 점점 짧아지면서 세포가 노화되고 더 이상 분열하지 않는다는 걸 알게 되었습니다. 이렇게 염색체 끝부분의 캡핑인 텔로미어가 모두 닳으면 더 이상 세포가 기능하지 못하게 됩니다. 그러면 텔로미어를 길게 만들거나 오래 유지할 수 있다면 인간의 수명도 늘어날까요? 과학자들은 아슈케나지 유대인(Ashkenazi Jews) 집단을 대상으로 한 유전자 검사 및 연구에서 그 증거를 찾았습니다.

차클   왜 하필 특정 유대인 집단을 대상으로 검사했나요?

이   최대한 단일 민족에 가까운 집단을 살펴봐야 했어요. 유전자의 배경이 비슷한 사람 중에서 오래 산 사람들의 가족과 후손을 비교하기 위해서였죠. 그렇게 이 집단을 연구한 결과 오래 산 사람들의 텔로미어가 다른 사람들에 비해 더 길었다는 것이 밝혀졌습니다. 장수하는 집안의 비결은 바로 텔로미어였던 겁니다.

차클   그럼 텔로미어의 길이만 길면 장수할 확률이 높은 것인가요?

이   그렇다고 볼 수 있죠. 미국에서 진행한 또 다른 연구 결과도 이를 뒷받침합니다. 텍사스에 거주하고 있는 80세 이상의 고령 노인들을 건강한 사람들과 아픈 사람들로 나누고 텔로미어를 비교해봤어요. 그 결과, 같은 나이의 사람들 중에서 건강한 사람들의 텔로미어가 아픈 사람들보다 더 길다는 연구 결과가 나왔어요. 지금까지의 몇몇 연구 결과를 종합해보면 텔로미어의 길이와 인간의 수명 사이에 밀접한 관련이 있다고 추정할 수 있죠.

차클   점점 더 나의 텔로미어 길이가 어떤지 무척 궁금해지네요. 일반인들도 각자의 텔로미어 길이를 재볼 수가 있나요?

이 외국의 경우 일부 사설 업체에 의뢰하면 텔로미어를 재볼 수 있어요. 그런데 대학과 연구소 실험실에서 측정하는 수준의 정확도에는 미치지 못합니다. 그런데 한 가지 염두에 둬야 하는 점은 텔로미어의 절대적 길이만 봐선 안 된다는 거예요. 텔로미어를 측정하는 단위는 킬로베이스(kb·핵산을 구성하는 염기의 연결 길이 단위로 1000염기는 1킬로베이스)인데요. 사람의 텔로미어는 범위가 대략 15~30킬로베이스 정도 됩니다. 반면 쥐는 텔로미어 길이가 100~200킬로베이스로 사람에 비해 0이 하나 더 붙어 있는데도 수명은 2년밖에 안 돼요.

차클 정말요? 쥐의 텔로미어 길이가 사람보다 열 배나 더 길면 더 오래 살아야 하는 것 아닌가요?

이 그렇게 생각하기 쉽죠. 하지만 인간과 쥐만 비교해봐도 텔로미어의 절대적 길이가 수명에 영향을 주는 건 아니라는 걸 알 수 있어요. 그보단 텔로미어가 짧아져서 닳아 없어지는 것이 안 좋은 거예요. 텔로미어의 길이가 15킬로베이스에서 30킬로베이스에 이르기까지 평균 범위가 상당히 넓기 때문에 어느 한순간에 잰 텔로미어의 길이는 그렇게 큰 의미가 없습니다. 일정 기간에 걸쳐 텔로미어의 길이가 어떻게 변화하는지 추이를 보는 게 훨씬 더 중요합니다.

차클 그럼 건강검진처럼 1년에 한 번씩 측정하면 될까요?

이 1년까진 아니어도 3년에 한 번씩 주기적으로 측정을 한다면 의미가 있을 거예요. 요컨대 당장 실험실로 달려가서 텔로미어의 현재 길이를 쟀다고 지금 자신의 상태가 건강한지 아닌지를 알 수 있는 게 아니란 얘기입니다.

차클 텔로미어의 절대적 길이가 생각보다 중요하지 않다면, 노화 방지를 위해 정말 중요한 건 뭔가요?

이   텔로미어의 길이보다 그 구조를 유지하는 게 훨씬 더 중요합니다. 텔로미어는 동그랗게 원을 그리면서 안쪽으로 들어가서 루프(loop)를 만들어요. 예컨대 바느질할 때 실이 너무 짧으면 묶기가 힘들어요. 텔로미어 DNA도 끝이 손상돼서 너무 짧으면 묶을 수가 없어요. 또 길이가 짧아도 끝이 손상되지 않아 묶을 수 있는 정도면 괜찮습니다. 반대로 길이가 길어도 단백질이나 다른 영향으로 인해 문제가 생겨서 묶을 수 없게 되는 경우, 텔로미어가 손상을 당할 수도 있어요. 결국 절대적인 길이보다 텔로미어의 손상 정도가 노화에 영향을 주는 것입니다.

차클   텔로미어의 손상을 눈으로 확인할 수도 있나요?

이   제 학생이 실험 과정에서 찍은 화면을 한번 살펴보죠. 제일 끝에 보면 녹색으로 표시된 부분이 있죠. 그것이 바로 텔로미어입니다. 적색으로 표시된 부분은 텔로미어 DNA가 손상됐다는 것을 의미해요. 텔로미어의 길이에 변화를 주지 않으면서 티루프(T-loop)를 망가뜨릴 방법은 있어요. 바로 티루프를 만드는 효소를 없애는 것입니다. 이러한 조건

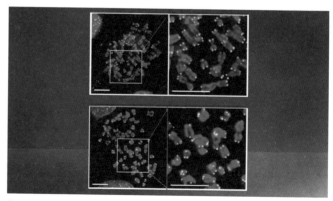

출처: 황광우, 이현숙. 서울대학교 생명과학부 암세포생물학 연구실

차이나는 클라스

도 실험을 통해 확인해봤습니다. 바로 밑에 있는 그림인데요. 온갖 텔로미어가 적색으로 표시된 것을 확인할 수 있죠. 세포가 노화되면 루프를 만들지 못하기 때문에 보호가 안 됩니다. 마치 신발 끈 끝이 닳아서 풀린 것처럼 손상이 되는 것이죠. 텔로미어가 계속 짧아지거나 텔로미어의 구조를 유지하지 못하면 나타나는 현상입니다.

차클 이 시점에서 제일 궁금한 건 텔로미어가 점점 닳는 현상을 막을 수 있는 방법이에요. 아니면 텔로미어의 길이를 늘이는 법도 좋고요.

이 있긴 한데 너무 상식적인 것들이라 어떻게 받아들이실지 모르겠어요. 술 마시지 말고 담배 피우지 말고 잘 자고 밥 잘 먹고 규칙적으로 운동하고요. 정말 간단하죠? 너무 뻔한 이야기라 실망스러울지 모르겠지만 또 한편으로는 안도하셨을 거라고 생각해요. 예를 들어 구글 창업자인 세르게이 브린만 텔로미어 보호법을 알고 있다면 나머지 사람들은 얼마나 억울하겠어요. 하지만 지금 제가 말한 방법은 누구나 다 할 수 있는 거잖아요. 우리가 이미 알고 있는 건강 유지 비결이 텔로미어를 보호하는 가장 좋은 방법입니다.

차클	그런데 술은 어느 정도 마시는 것이 건강에 도움이 되고 노화를 방지하는 효과도 있다고 하던데 사실인가요?
이	아주 비싸고 좋은 재료로 만든 술은 성분이 순수하겠지만, 대부분의 술엔 화합물이 많이 섞여 있습니다. 술의 알코올 성분이 산화하여 생기는 알데하이드(aldehyde)라는 물질은 DNA에 아주 안 좋은 화합물이에요. 텔로미어도 DNA의 일종이기 때문에 계속해서 공격을 가하게 되면 우리 몸은 어떻게든 지켜내기 위해서 세포 안에서 복구 작업이 엄청나게 이루어지거든요. 그러다 보면 감당을 못 하고 뻗어버리는 순간이 오죠.
차클	그런데 사실 노력도 중요하지만 건강은 타고나야 한다고들 하잖아요. 텔로미어도 마찬가지 아닐까요?
이	DNA를 연구하는 분자생물학자 입장에선 80퍼센트 정도는 유전자로 인해 이미 결정되어 있고, 20퍼센트 정도는 인간의 노력으로 극복할 수 있다고 봐요. 그런데 20퍼센트가 결코 작은 게 아니에요. 엄청난 변화를 만들어낼 만큼 큰 수치입니다.
차클	실제로 노력을 통해 텔로미어를 유지해서 오래 산 사람의 사례가 있나요?
이	네. 빌 앤드루스(Bill Andrews)라는 텔로미어 과학자의 사례가 있습니다. 그에겐 일란성 쌍둥이 형제가 있었어요. 두 사람의 유전자는 서로 같겠죠. 빌은 텔로미어 연구 결과에 대해 알고 있었습니다. 젊었을 때부터 마라톤을 많이 하고 식이조절도 하고 텔로미어에 좋다는 약도 먹으면서 관리를 했어요. 그런데 빌의 형제인 릭 앤드루스는 운동도 별로 좋아하지 않고, 빌만큼 식이조절을 하거나 약을 먹지 않았죠. 결과는 어땠을까요? 텔로미어 길이로나 외모로나 빌이 릭보다 훨씬 젊다는 결과가 나타났습니다.

차이나는 클라스

차클	그렇다면 남들보다 긴 텔로미어를 갖고 있다 해도, 잘 관리하지 않고 신경 쓰지 않으면 금방 짧아질 수 있다는 말인가요?
이	그렇죠. 텔로미어가 짧아지는 것을 누구나 늦출 방법은 분명히 있습니다. 80퍼센트의 유전자는 타고나는 것이지만, 20퍼센트를 차지하는 노력에 따라 결과는 많은 차이가 나게 됩니다.
차클	텔로미어를 계속 길게 유지시키는 데 도움을 주는 물질이 있을까요?
이	그런 마법 같은 물질이 실제로 있습니다. 진시황이 찾던 불로초와 같은 영생의 물질이 바로 우리 몸속 세포 안에 있는데 바로 텔로머레이즈(telomerase)입니다. 텔로미어와 이름이 비슷하죠. 생명과학 분야 용어 중 끝에 '에이즈(-ase)'가 붙으면 효소를 의미한다고 보시면 됩니다. 그러니까 텔로머레이즈는 텔로미어의 길이를 유지하게 만드는 단백질과 RNA의 복합체입니다.
차클	텔로머레이즈가 텔로미어의 길이를 유지하는 효소라고요?
이	그렇습니다. 보통 세포 분열을 하면 텔로미어가 신발 끈 끝이 닳는 것처럼 짧아지는 경우가 있어요. 텔로머레이즈 효소는 짧아진 텔로미어에

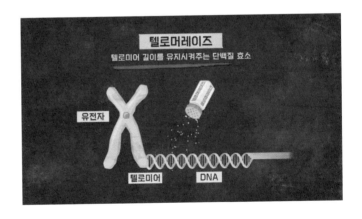

TTAGGG의 텔로미어 반복 서열 DNA를 붙여주는 효소입니다. 모든 사람들이 궁금해하는 영생의 물질이 바로 텔로머레이즈예요. 텔로머레이즈가 있다면 신발 끈 끝이 해어지는 것을 걱정하지 않아도 되는 거죠.

차클　그럼 텔로머레이즈는 구체적으로 우리 몸의 어느 부위에 있는 것인가요?

이　우리 몸에는 끊임없이 살아 있어야 하는, 오래 살아야 하는 세포가 있습니다. 바로 난자, 정자 같은 생식세포, 줄기세포 같은 세포들이죠. 가장 중요한 줄기세포는 수정란입니다. 정자와 난자가 결합한 하나의 수정란에서부터 모든 세포가 분열되어 나오고 분화를 하죠. 그 과정에 등장하는 최초의 원시세포가 바로 줄기세포입니다. 또 수정란처럼 모든 기관으로 분화하지 않지만 간, 근육, 혈액, 대장, 소장 등 각 기관에 분화의 원천이 되는 성체 줄기세포가 있습니다.

차클　줄기세포의 분열과 분화 작용을 이용하면 노화를 막을 수 있을까요?

이　성체 줄기세포는 분열을 자주 하진 않습니다. 필요할 때 한 번씩 천천히 분열한다고 생각하죠. 앞서 말씀드린 과학자 헤이플릭이 실험한 세포는 줄기세포가 아니고 분화된 섬유모세포(fibroblast)입니다. 영양배지에 놓고 키웠을 때 60~70번 분열하고 끝났었죠. 그런데 줄기세포가 그런 식으로 분열하고 끝나버리면 우리는 아마 며칠밖에 살지 못할 겁니다. 우리 몸은 대부분 분화된 세포로 이루어져 있어요. 상처를 입었을 때 분화되지 않은 원시세포가 세포 분열을 통해 피부로 분화할 세포를 만들어내야 해요. 이걸 재생이라고 합니다. 원시세포는 필요할 때만 분열을 하는 거죠. 그렇지 않고 24시간 만에 한 번씩만 분열한다고 해도 우리 수명은 지금보다 엄청나게 짧아질 거예요.

차클　줄기세포는 장수와 관계가 깊겠네요.

이　그렇죠. 줄기세포는 혈액·신경·뼈·상피조직·지방세포처럼 모든 세포를 만들어내는 역할을 해요. 어떻게 보면 텔로미어를 가장 보호해야 하는 세포가 바로 이 줄기세포들일 겁니다. 줄기세포가 좀 더 건강하게 오래 살 수 있다면 손상된 피부 조직이나 장기도 계속 만들어낼 수 있어요. 그만큼 줄기세포가 중요합니다.

차클 혹시 줄기세포 덕에 수명이 아주 길어진 사례를 소개해주실 수 있나요?

이 도마뱀의 꼬리를 잘라도 다시 꼬리가 자란다는 얘기를 들어보신 적 있을 겁니다. 혹시 히드라도 알고 계신가요? 진화의 과정을 보여주는 계통수(系統樹)에서 가장 밑에 있는 동물인데요. 히드라는 정확하게 언제까지 살 수 있는지를 모른다고 합니다. 몸체 대부분이 줄기세포로 이루어져 있고 분화된 세포는 별로 없기 때문이죠.

차클 바닷가재도 수명이 굉장히 길다고 들었습니다.

이 인간의 손에 잡히지만 않는다면, 바닷가재도 굉장히 오래 사는 동물입니다. 정확히 언제까지 살 수 있는지는 아무도 몰라요. 바닷가재 중에서 잡아먹히지 않고 살아남은 개체가 언제까지 사는지를 보려면 인간도 그만큼 오래 살아야 하잖아요. 물론 바닷가재도 죽기는 하는데, 껍질을 벗다가 찢겨서 죽는 건지, 수명이 다해서 죽는 건지는 잘 모른다고 해요.

노화와 암은 어떤 관계인가

세포가 오래 산다는 의미는 DNA가 계속해서 분열한다는 것이죠. DNA의 구조 때문에 필연적으로 돌연변이가 동반됩니다. 암세포는 유전자의 돌연변이 기능을 100만 배, 1000만 배 획득한 세포라고 정의합니다.

차클   텔로미어는 처음에 누가 발견했나요?

이   2009년에 UC샌프란시스코의 엘리자베스 블랙번(Elizabeth Black-burn), 하버드대학교의 잭 쇼스택(Jack Szostak), 존스홉킨스대학교의 캐럴 그레이더(Carol Greider)가 염색체를 보호하는 텔로미어의 존재와 구조, 서열 그리고 텔로머레이즈를 발견한 공로로 노벨 생리의학상을 받았어요.

차클   그 과학자들은 어떤 계기로 텔로미어를 발견하게 된 것인가요?

이   우선 엘리자베스 블랙번이 최초로 텔로미어 연구를 시작했어요. 1930년대부터 이미 유전자를 보호하는 어떤 구조가 우리 몸속에 있을 거라는 제안이 있었습니다. 블랙번은 그 질문을 이어받아 연구했습니다. 테트라하이메나(Tetrahymena)라는 원충류 세포 속 DNA의 끝에서 염기서열을 분석했는데, TTGGGG의 반복 서열을 발견하죠. 블랙번은 이 반복 서열이 염색체를 보호하는 구조라고 생각했어요. 그리고 자신의 연구 결과를 학회에서 발표했습니다. 그 학회장에 있던 잭 쇼스택이 블랙번의 연구 결과를 듣고는 함께 연구하자고 제안했어요. 쇼스택은 자신이 개발한 미니 염색체를 이용하여 블랙번의 반복 서열 DNA가 염색체를 보호하는 구조라는 것을 실험으로 입증했습니다. 그리고 이후 블랙번이 존스홉킨스에서 지도한 캐럴 그레이더라는 학생이 텔로미어를 계속 유지해주는 효소를 발견하게 된 겁니다. 그게 바로 텔로머레이즈죠. 그렇게 세 사람이 공동으로 연구를 한 끝에 노벨상을 받았습니다.

차클 텔로미어의 발견 이후 어떤 진전이 이뤄졌나요?

이 네, 지금부터 그 이야기를 해보겠습니다. 블랙번을 포함하여 많은 과학자들이 텔로미어와 텔로머레이즈 연구가 인류에게 어떤 혜택을 줄 수 있는지에 대해 고민했어요. 이렇게 위대한 발견을 했으니 어떻게 적용할지를 당연히 생각해봐야겠죠. 하버드 의대의 로널드 드피뇨(Ronald De Pinho)가 시도한 연구가 좋은 예가 될 겁니다. 드피뇨 박사는 실험용 생쥐를 이용해 텔로머레이즈를 발현시키는 연구를 했어요.

차클 어떻게 텔로머레이즈를 발현시켰나요?

이 실험용 생쥐에 텔로머레이즈 유전자를 조작하여 집어넣고 텔로머레이즈 유전자의 발현을 스위치처럼 켜고 끌 수 있도록 조작했어요.

차클 쥐에게서는 어떤 반응이 있었나요?

이 놀랍게도 유전자를 조작한 늙은 쥐가 젊어지기도 했어요. 텔로머레이즈가 켜져 있는 쥐는 수명이 약 20퍼센트 가까이 늘어났어요. 심지어 하얗게 세고 손상된 털의 색이 돌아오거나 건강해졌다고 해요.

늙은 쥐에서 젊은 쥐로!

텔로머레이즈를 통해 노화시계를 되돌리다

하버드 의대 로널드 드피뇨 박사 연구

차클   쥐의 나이로 치면 몇 살이나 젊어진 것인가요?

이   쥐의 수명이 2년인데 5개월 더 살았으니 20퍼센트 정도 수명이 늘어난 것이고 훨씬 더 젊어졌어요. 최소한 앞서 얘기했던 빌 앤드루스와 릭 앤드루스의 차이보다 훨씬 크다고 볼 수 있습니다.

차클   그렇다면 인간에게도 적용할 수 있을까요?

이   자연히 인간에게 적용할 수 있는지를 생각할 수 있죠. 그러려면 인간의 유전자를 조작해야 하잖아요? 그런데 문명사회에서는 건강한 사람의 몸에 있는 유전자를 함부로 조작하는 것을 허락하지 않아요.

차클   부작용에 대한 우려 때문인가요?

이   네, 맞습니다. 적중력이 좋다는 제3세대 유전자 가위인 크리스퍼를 이용한다 해도, 현재 IRB 등의 생명윤리위원회는 건강한 사람의 몸에 외부 유전자를 삽입하는 것을 허락하지 않습니다. 어쩌면 부작용이 생길 수 있고 그 폐해가 생각보다 클 수도 있어요. 유전자 조작을 했을 때 얻을 수 있는 이득이 생각보다 크지 않은데 부작용은 돌이킬 수 없을 수 있죠. 당연히 저부터도 불허할 것입니다.

차클	그래도 몰래 유전자를 조작하는 사람도 있을 것 같아요. 그럴 바에는 차라리 빨리 연구를 더 많이 해서 안전성을 검증하는 게 낫지 않나요?
이	그렇죠. 그런 검증된 방법 중에서 가장 널리 알려진 게 약을 먹는 것입니다.
차클	약으로 텔로머레이즈를 발현시킨다고요?
이	텔로머레이즈는 원래 우리 몸에 있는 것이라고 했었죠. 그런데 활동을 하지 않고 있는 텔로머레이즈의 스위치를 켤 수 있는 약이 있다면 유전자 조작을 하지 않아도 되니 얼마나 좋겠어요. 그래서 제약업계에서도 비타민처럼 먹어서 텔로머레이즈를 활성화할 수 있는 약을 개발해 보자는 생각을 했습니다. 지금도 많은 제약회사들이 시도하고 있어요.
차클	교수님은 그런 약들이 상용화되는 시기가 멀지 않다고 보시나요?
이	곧 좋은 소식이 있을지도 모르죠. 지금 일부에서 판매를 하는 것도 있지만 사람들에게 얼마나 효과가 있는지는 보장이 안 됐어요. 위험 부담이 있을 수도 있어요. 우리에게 영생을 보장해줄 수 있을지 몰라도 어쩌면 우리가 원하지 않는 부작용이 있을 수도 있습니다.
차클	예를 들면 어떤 부작용이 있을까요?
이	MIT 화이트헤드 연구소 생물의학 교수 로버트 와인버그(Robert Weinberg)는 암 생물학의 거두라고 할 수 있습니다. 그가 이런 말을 했습니다. '우리 모두는 살면서 언젠가는 암에 걸리게 되어 있다'라고요. 사람들이 가장 두려워하는 질병이 암이죠. 참고로 저도 원래 정상 세포가 어떻게 암세포가 되는지를 연구하다가 텔로미어도 연구하게 됐습니다. 암세포의 가장 중요한 특징을 조금 과장해서 말하자면 암세포는 영원히 산다고 말할 수 있습니다.
차클	암세포가 영원히 죽지 않는다고요?

이　　물론 암이라는 게 처음부터 혼자서 영원히 사는 건 아니에요. 자손을 끊임없이 만들어낸다는 의미에서 죽지 않는다고 한 겁니다. 아까 소개한 '헤이플릭 분열한계'라는 개념에 따르면 암세포도 어느 순간 분열을 마치고 활동을 멈춰야 하잖아요. 그런데 암세포는 텔로머레이즈가 발현되어 있어서 계속 분열을 하는 겁니다. 물론 환경에 적응하지 못하는 세포들은 죽어요. 그런데 자손 세포가 엄청나게 많이 만들어졌잖아요. 그중 환경에 맞게 적응된 돌연변이를 획득한 세포는 살아남습니다. 그리고 끊임없이 환경에 적응하면서 면역계의 공격도 피해가고 다른 기관으로 전이도 하고 침입도 하면서 우리 몸을 파괴하는 거죠. 다윈의 진화론이 가장 잘 작용되는 게 어쩌면 암세포의 발생과 발달 과정이에요.

차클　무섭네요. 암세포가 처음에 어떻게 만들어지는 것인지부터 자세히 설명해주세요.

이　　세포가 오래 산다는 의미는 DNA가 계속해서 분열한다는 것이죠. DNA의 구조 때문에 필연적으로 돌연변이가 동반됩니다. 암세포는 유

차이나는 클라스

전자의 돌연변이 기능을 100만 배, 1000만 배 획득한 세포라고 정의합니다. 저처럼 정상 세포가 어떻게 암세포가 되는지를 연구하는 사람들은 텔로머레이즈가 활성화되어 있지 않은 세포에 텔로머레이즈를 집어넣으면 어떻게 되는지를 가장 궁금해해요. 그래서 실제로 실험을 해보니 정상 세포가 오래 살면서 돌연변이를 획득하는 걸 관찰할 수 있었습니다. 이렇게 돌연변이를 획득한 세포는 계속 변신을 거듭하면서 세포가 보내는 신호를 받지 않아도 계속 자손 세포들을 만들고 변화하며 점점 암으로 자리를 잡아가요.

차클   그럼 오래 살면 무조건 암에 걸린다는 말이 사실인가요?

이   와인버그 박사의 말이 바로 그것입니다. 그래서 텔로머레이즈의 발현과 암의 발생은 양날의 검과 같아요. 크리스퍼로 텔로머레이즈의 스위치를 켜서 오래 살 것인지, 그래서 암의 위험을 감수할 것인지 선택해야 한다는 얘기죠.

차클   그래서 생명 윤리적인 관점에서 실험을 허락하지 않는 것이군요?

이   그렇죠. 암의 발생이 우려되는 실험을 허락할 수 없죠. 우리가 만약 텔로머레이즈를 활성화해서 젊음을 되찾고 싶다면 줄기세포를 유지할 수 있도록 하거나, 아니면 암을 유발하기 전까지만 텔로머레이즈를 발현시킬 수 있는 약을 먹어야 할 겁니다. 그런데 암이 되기 전까지의 최소 수치를 알고 그 수준을 계속 유지한다는 것이 말처럼 쉬운 일은 아닙니다. 정말 많은 사람들에게 실험을 해봐야 해요. 그런데 그 실험 단계에서 많은 사람들에게 암을 유발할 수도 있으니까 위험한 일이죠. 해서는 안 될 실험입니다.

차클   그럼 언제 암에 걸리는지는 예측할 수 없나요?

이   암은 하루아침에 걸리는 질병이 아닙니다. 정상 세포가 암세포가 되는

것이기 때문에 최초의 돌연변이가 있던 시기부터 20년에서 40년 정도 걸려요. 그러니까 암세포가 되려면 오래 살아남아야겠죠. 아무튼 텔로머레이즈가 켜진 세포들이 암까지 발전할 가능성이 높습니다.

차클   암에 대한 연구는 어떻게 발전하게 되었나요?

이   여러분은 미국 존스홉킨스 의대가 어떻게 암 연구로 유명해졌는지 알고 계신가요? 존스홉킨스대학이 있는 볼티모어 지역은 예전부터 우범 지역으로 알려져 있었어요. 그러다 보니 다쳐서 병원에 오는 사람도 많고 연고지를 찾을 수 없는 사람들도 많았죠. 물론 지금은 그럴 수 없지만, 과거에는 그런 사람들을 수술할 기회도 많고 학생들이 교육용으로 해부할 수 있는 기회도 많았습니다. 그런데 분명 서로 다른 이유로 병원에 들어온 사람들 가운데 연령이 높을수록 암에 걸린 사람이 많다는 것을 발견해요. 환자 본인도 모르는 사이에 자연적으로 암이 발생했다는 데이터를 얻게 된 것이죠.

차클   텔로미어를 이용하여 암을 치료하는 획기적인 연구도 이뤄졌나요?

이   그건 지금까지도 우리의 숙제입니다. 텔로미어를 유지하면서 암에도 걸리지 않는 방법을 찾아야 하겠죠.

차클 암세포의 텔로머레이즈를 발현시키지 않으면서 정상 세포만 텔로머레이즈를 발현시키는 방법은 없는 것인가요? 아니면 암세포의 텔로머레이즈만 끄거나요?

이 네, 정말 좋은 질문입니다. 텔로머레이즈의 존재를 알게 된 이후에는 텔로머레이즈를 끄는 방식의 암 치료 방법이 대두되고 있습니다. 수없이 많은 실패를 거듭했지만 한두 가지는 성공을 거두었어요. 그런데 문제는 어떤 종류의 암은 텔로머레이즈가 없습니다. 텔로미어는 있는데 텔로머레이즈가 없는 암들에 대해 알기 시작한 거예요. 이렇게 하나의 비밀을 밝히면 새로운 열 가지 의문이 쏟아져 나오는 게 바로 암 생물학인 것 같습니다.

차클 폐암·위암 등의 모든 암이 각기 양상이 다르다는 얘긴 거죠?

이 네, 그러다 보니 사람들 사이에서 암은 다 똑같은 암이 아니라는 생각이 굳어지게 되었습니다. 우리가 감기에 걸려 감기약을 먹을 때도 약이 듣지 않는 경우가 있죠? 암도 마찬가지입니다. 누구에게나 다른 종류의 암이 존재할 수 있어요. 우리 부모님의 암을 치료했던 약이 다른 이에게는 작용하지 않을 수 있습니다.

차클 세포가 돌연변이를 하기 때문일까요?

이 우선 대부분의 항암 치료에 쓰이는 범용의 항암제는 유전자의 특성에 주목했다기보다 암세포의 특징인 무한한 세포 분열과 DNA 대사에 작용하는 것이라는 점을 말씀드립니다. 모든 세포에 작용하기 때문에 부작용도 큽니다. 줄기세포도 공격받으니 머리카락 빠짐, 구토, 고통스러운 여러 증상들이 동반되는 거죠. 그다음으로 표적 항암제에 대해 말씀드리겠습니다. 암 발생의 중요한 메커니즘에 작용하는 항암제를 표적 항암제라고 합니다. 암이란 게 돌연변이 확률이 높아지는 DNA 질병이기 때문에 암의 발생 과정에서 수많은 암세포가 탄생하고 그중에 환경에 적응한 암세포들만 계속 진화하는 겁니다. 그래서 결과적으로는 특정 메커니즘과 유전자 돌연변이가 주요하게 나타나는 거죠. 그래서 표적 항암제는 특정 암의 특징적인 메커니즘에 작용합니다. 그런데 '대부분'이라는 것입니다. 소수의 사람들은 대부분의 메커니즘과 다른 메커니즘, 또 다른 유전자 돌연변이를 통해서 생긴 암에 걸린 것일 수 있습니다. 이 경우 해당 표적 항암제는 작용하지 않습니다. 유전자 질병의 대부분이 그렇습니다. 이러한 개인별 질환의 특성과 유전자 변이 특성에 맞추어 치료하자는 개념이 바로 정밀의학입니다. '모든 사람에게 듣는 약이 아니라 나에게 듣는 약'이라는 개념으로 요약될 수 있습니다. 텔로머레이즈가 있는 암에는 텔로머레이즈 저해제를 쓰면 될지 모르지만 그마저도 일부에만 해당됩니다. 그러니까 어떤 질병이 발생했다면 어떤 메커니즘이 공격받은 것인지, 어떤 유전자 돌연변이가 주요한지를 파악해서 그것에 맞는 약을 쓰는 개인 맞춤형 의료를 제공하자는 것이 최근의 화두입니다.

차클 　반가운 얘기네요. 정밀의학을 활용해서 암 치료에 성공한 사례가 있나요?

이 　정밀의학을 최초로 시도한 사람이 있습니다. 애플의 공동 창업자이자 전 CEO인 스티브 잡스죠. 잡스는 2011년에 췌장암으로 세상을 떠났습니다. 당시에 그를 잃은 것도 뉴스였지만, 잡스가 시도했던 이른바 유전자 시퀀싱(DNA sequencing·DNA 염기서열 결정법) 시도가 과학계에선 엄청난 화제였습니다. 잡스가 자신의 췌장암을 처음으로 알게 된 것은 2003년이었다고 해요. 그가 갖고 있던 암은 췌장의 아일렛 세포

**차이나는
클라스**

신경 내분비계 종양이라는 희소한 암이었습니다. 수술을 통해 암을 극복했다고 알려졌다가 2008년에 재발했었죠.

차클   스티브 잡스가 시도했다는 유전자 시퀀싱이라는 게 무엇인가요?

이   유전자 전체의 염기서열을 결정한 다음에 어떤 돌연변이가 있는지를 찾아내는 것입니다. 그에 따라 자신에게 맞는 약을 찾는 과정이라고 보시면 됩니다. 아마도 잡스는 의사와 상의 후 간 이식을 받은 뒤에도 암이 재발하자 자신의 암이 희귀하다는 것, 그래서 기존 의학으로는 치료에 한계가 있다는 것을 알아차린 것 같습니다.

차클   자신의 질병을 굉장히 전문적으로 분석한 것 같네요.

이   그렇죠. 잡스는 당시에 유전자 시퀀싱을 했던 20명 중 1명이었어요. 소문에 의하면 당시 유전자 시퀀싱을 하는 데 1억 2000만 원이나 지불했다고 합니다. 과학자들은 잡스의 유전자를 시퀀싱해서 63개의 돌연변이를 찾았어요. 하지만 어떤 돌연변이를 표적화해서 어떤 약을 써야 하는지 밝혀내지를 못했어요. 그래서 많은 노력을 했음에도 불구하고 잡스는 세상을 떠나게 됩니다.

차클   그래도 그런 시도들이 훗날 의학계에 도움이 되지 않았나요?

이   안타까운 것은 만약 잡스가 3년만 더 살았으면 치료 약이 나왔을 거라는 말도 있다는 거예요. 그사이에 임상시험 중이던 약들이 이제 허가를 받기 시작하고 있거든요. 물론 치료 효과를 확실할 순 없지만요.

차클   그럼 이제는 유전자 맞춤 치료가 가능해진 건가요?

이   스티브 잡스 덕분에 많은 사람들이 병원 치료에 대한 생각을 다시 하게 되었죠. 그동안 병원에서 자신은 전혀 알 수 없는 약들을 너나 할 것 없이 처방받았다는 걸 알게 된 것입니다. 그리고 자신의 병과 자신의 유전자에 대해 잘 알면 치료의 길이 열릴 수 있다는 가능성을 본 것이죠.

바로 그러한 생각의 신호탄이 된 것이 유전자 시퀀싱이었어요.

차클 　　유전자 시퀀싱은 그사이에 얼마나 대중화가 되었나요?

이 　　스티브 잡스가 시퀀싱을 받을 당시에는 1억 원 넘게 썼다고 했는데, 지금은 한 번 시퀀싱에 100만 원 정도 듭니다. 요즘은 굉장히 많은 사람들이 유전자 시퀀싱을 받고 있어요. 이렇게 유전자 분석이 대중화되면서 소위 빅데이터 안에서 통계적으로 유의미한 발견을 할 수 있게 된 것이죠.

차이나는
클라스

과학이 인류를
행복하게 만들었는가

과학의 발견이라는 것이 그저 혼자만의 행복과 호기심을 충족하는 식이 돼선 안 되는 이유가 여기에 있습니다. '돈이 있는 만큼 치료받는 게 아니라 아픈 만큼 치료받는 것이다'라는 말에 저도 공감합니다.

차클 　　정밀의료가 발전하고 유전자 시퀀싱도 대중화됐다고 하는데, 이에 맞는 신약도 많이 등장했나요?

이 　　암 치료제를 연구하는 사람들이 드디어 사람마다 다른 유전자에 주목하게 됐어요. 암을 극복하는 가장 좋은 방법은 최대한 빨리 암을 발견해서 수술하는 거죠. 암세포를 제거하는 방법인데, 만약 전이되거나 제거할 수 없는 위치에 있다면 약으로 치료하는 수밖에 없어요. 그런데 지금까지의 암 치료제들은 어느 특정 유전자의 메커니즘을 알고 만든 건 아니었어요.

차클 　　특정 암에 대한 맞춤형 치료제가 없었다는 말인가요?

이 　　실험실에서 과학자들이 연구할 때는 많은 메커니즘을 염두에 두고 실험을 하지만, 병원 현장에서는 활용되기 어렵습니다. 원래 쓰는 약들을 평소처럼 사용하는 데 그치죠. 그러다가 1990년대에 최초로 만성 백혈병에 효과를 발휘하는 글리벡이라는 약이 등장했습니다. 만성 백혈병을 앓고 있는 사람의 특징은 22번과 9번 염색체 간 전이로 생성되는 BCR-ABL이라는 융합 유전자를 가지고 있습니다. 글리벡은 정상 세포에는 없고 혈액암 세포에만 있는 유전자를 표적으로 만들어진 경구용 항암제입니다. 당시에 그 약의 효과가 좋다는 소문을 들은 사람들이 클린턴 대통령 임기 당시 백악관에 편지를 보내서 임상시험을 빨리 허가해달라고 청원을 할 정도였어요.

차클　그렇게 좋은 약이면 많은 사람들이 혜택을 누릴 수 있게 해줘야 하지 않나요?

이　　보통 임상 허가를 받을 때까지 상당한 시간이 걸려요. 그런데 이 약은 1임상 때 허가를 해준 최초의 약이었습니다. 분자생물학자인 제 입장에서 보기엔 최초의 스마트 드러그(Smart Drug)입니다. 분자생물학의 쾌거가 인류에게 혜택을 선사한 최초의 사례가 된 것이죠.

차클　다른 질병에는 맞춤형 치료 사례가 없나요?

이	글리벡 이후에 그와 유사한 치료 약 개발 붐이 일어났어요. 폐암 치료제인 이레사가 대표적이에요. 폐암 환자도 굉장히 많기 때문에 처음 1임상을 할 때부터 주목을 받았는데 서양에서는 부작용이 발견되기도 해서 허가가 잘 나지 않았어요. 반면 일본에서 비흡연 여성들에게서 굉장히 효과가 있다는 논문이 나왔습니다. 그래서 우리나라 사람들이 너도나도 임상시험에 참여하고 싶다고 편지를 보냈어요.
차클	신기하네요. 실제로 우리나라 폐암 환자들에게 효과가 정말 있었나요?
이	당시에 동정적 임상시험이라는 취지로 무상으로 테스트를 했는데 효과가 너무 좋았다고 해요. 성장호르몬 수용체인 EGFR의 특정 돌연변이를 표적으로 하는 약이라서 유전자에서 해당 돌연변이가 나타난 사람이라면 이 약이 효과를 발휘했던 것이죠. 동양인의 폐암에 특효약이었던 거예요. 그래서 제약 의료계에서는 인종적 특성, 환경적 특성 등 유전자의 성질에 주목하게 되었습니다.
차클	어떤 질병인지보다 질병을 가진 사람의 유전자가 어떤지가 더 중요하다는 말씀이신 거죠?
이	그렇죠. 그래서 최초의 임상 때에는 폐암에만 허용했는데 이제는 다른 암에서도 EGFR의 특정 돌연변이가 있다면 허가를 받을 수 있게 된 것이죠.
차클	유전자 과학의 연구 결과가 실제로 의료 현장에 적용되기까지 어려움은 없나요?
이	사실 제가 오늘 한 이야기들은 과학자의 입장에서 말한 것들이에요. 오늘날 과학은 유전자를 해독하고 그를 통해 상당히 많은 정보를 축적하고 있습니다. 반면 병원의 임상 현장에서는 그 정도까지 따라오지는 못하고 있습니다. 오늘 저의 이야기를 들으시고 병원에 찾아가서 왜

유전자 검사를 하지 않냐고, 자신에게 딱 맞는 약을 찾아달라고 할 수 있겠죠. 그런데 실제 현장은 이보다 더 복잡한 문제들이 얽혀 있습니다. 비용 문제도 그렇지만, 과학자들이 알고 있는 정보들이 얼마나 체계적으로 정립되어 있느냐의 문제도 남아 있습니다. 효과적이면서 저비용인 유전자 테스트 방법의 확보 등 과학 기술적 문제뿐만 아니라 임상 프로토콜로 허락을 받았는지, 보험 적용의 문제는 없는지 등 의료 현장과 사회 시스템의 문제 말이죠. 그래서 현장에서 과학의 발전만큼 실질적인 의료 혜택을 받지 못하는 경우가 많아요.

차클 실험실과 임상 현장의 간극을 줄일 수 있는 방법은 없나요?

이 우리의 과학 수준이 이만큼 발전했는데, 임상 현장이 그만큼 따라오지 못하고 있는 것을 보면 참 안타깝습니다. 물론 그 격차가 점점 좁아지고 있습니다. 과학계에서 밝혀낸 비밀을 이용해 누군가는 약을 만들수도 있고 누군가는 치료에 쓸 수도 있겠죠. 그래서 저도 인류에 공헌하며 살고 있다는 생각을 해왔어요. 그러던 중 제가 얼마나 온실 속 화초처럼 살아왔는지를 깨닫게 해주는 사건이 있었습니다.

차클 어떤 사건이었나요?

이 아까 말씀드린 최초의 스마트 드러그라는 글리벡과 관련된 이야기예요. 2000년대 초반에 만성 백혈병을 앓았던 펀드 매니저가 있었어요. 마침 자신이 글리벡이 잘 듣는 환자군에 속한다는 것을 알게 되었죠. 그는 매일 글리벡을 복용하였는데, 그 가격이 무려 한 달에 500만 원이나 했다고 합니다. 물론 펀드 매니저라는 직업 때문에 돈을 꽤 버는 사람이어서 약을 먹는 데 무리는 없었지만, 일반 사람들에게는 감당하기 힘든 비용이었습니다. 그래서 그를 포함한 환자들이 시민운동을 조직해 국가가 제약업체와 직접 협상을 해서 건강보험 체계에 글리벡을 포

차이나는 클라스

함시켜 달라는 요구를 했습니다. 결과적으로 그런 분들과 국가의 노력 끝에 글리벡이 건강보험 대상으로 전환되었어요. 덕분에 많은 만성 백혈병 환자들이 혜택을 받게 되었고요.

차클   교수님이 그 사건을 보면서 충격을 받으신 이유는 뭔가요?

이   과학 연구를 통해 유전자의 비밀을 밝히면 모든 사람이 혜택을 받는 줄 알았거든요. 그런데 돈 많은 사람들은 정보에 쉽게 접근할 수 있어서 자신에게 듣는 약을 찾을 수도 있고 치료도 할 수 있지만, 상대적으로 돈이 없는 사람들은 정보에도 접근하기 힘들 뿐만 아니라 치료도 받을 수 없다는 사실을 알게 된 것입니다. 저는 그저 열심히 과학을 연구하면 인류에 공헌하는 줄 알았는데 내 연구의 결과들이 사실은 돈을 낼 수 있는 사람들에게만 공헌하고 나머지 사람들에게는 상대적 박탈감을 주고 있었다는 것을 알게 되었습니다. 물론 지식의 진보라는 측면에서는 공헌하고 있지만요. 그만큼 과학의 사회화가 중요하다는 사실을 깨닫게 된 거죠.

차클   그렇다고 연구를 멈출 수는 없는 것 아닌가요?

이   그렇죠. 그런 이유가 연구를 멈추게 하는 것은 아닙니다. 다만 연구의 동기와 방향성을 고민하는 계기가 되었죠. 모두에게 보편적인 지식, 보편적 복지를 가능하게 하는 과학에 대한 것입니다. 예를 들어보겠습니다. 자궁암은 인유두종바이러스(HPV) 때문에 생기는 아주 흔한 암입니다. 예전에는 많은 여성들의 목숨을 앗아 간 원인이었죠. 하지만 영국에서 스미어 테스트(smear test)라 불리는 아주 손쉽고 저렴한 자궁암 검사법이 나오고 나서부터는 이 암은 거의 정복이 되었습니다. 스미어 테스트는 자궁 조직을 살짝 긁어내어 조직의 면역 염색법으로 DNA 복제가 비정상적으로 활발히 일어나고 있는지를 테스트하는 방법입니다. 비정상적으로 활발하다면 종양이 생겼다고 진단하는 거죠. 20세 이상 여성들에게 자궁 조직 검사를 정기적으로 시행한 결과 조기 진단율을 획기적으로 높였고 적절한 치료가 이루어졌습니다. 이제는 아예 HPV에 대한 예방접종까지 등장해서 자궁암에 대한 우려는 상당수 사라졌습니다. 비싸지도 않고 거의 돈이 들지 않는 방법으로 암을 정복한 케이스입니다. 과학의 발전이 많은 사람한테 혜택을 주는 아주 좋은 예입니다. 텔로미어와 건강에 대해서도 지금보다 더 잘 알게 된다면, 또 텔로미어 건강도를 간단하면서도 아주 정확하게 검사할 수 있는 방법이 개발된다면 미래에는 텔로미어가 보내는 신호가 우리 건강에 대한 경각심을 줄 수 있지 않을까요? 국민의 세금으로 지원되는 과학의 발견이라는 것이 그저 혼자만의 행복과 호기심을 충족하는 데 그치면 안 되는 이유가 여기에 있습니다. '돈이 있는 만큼 치료받는 게 아니라 아픈 만큼 치료받는 것이다'라는 말에 저도 공감합니다. 우리 사회 전체를 생각하면 그게 훨씬 더 옳은 방향이겠지요.

시청자의
질문 있습니다!

khcby 세포가 노화되어 암세포가 된다면 연령이 젊은 사람들은 왜 암에 걸리는 걸까요? 연령에 상관없이 세포 노화 속도가 빨라져 암이 생기는 원인이 어떤 것인지 궁금합니다.

이 사실 정상 세포가 암세포가 되는 이유는 돌연변이가 쌓여서 그렇습니다. 정상 세포의 돌연변이율보다 암세포의 돌연변이율이 100만 배 높아져야 가능합니다. 이 경우 20~40년 걸리는 건데요. 그래서 노화와 암 발생은 직결되어 있다고 말씀드린 것입니다. 그렇지만 돌연변이율이 이보다 훨씬 빨라지는 경우 어린아이 또는 젊은이에게서도 암이 생깁니다. 그 원인은 유전정보를 유지하는 세포 기구를 구성하는 유전자들의 돌연변이나 DNA가 심하게 훼손될 수 있는 환경에 노출되는 상황 등이 있습니다. 제가 주로 연구하는 BRCA2 암 억제인자가 대표적입니다. BRCA2는 유전체 안정성을 유지하는 필수 유전자입니다. 만약 이 유전자에 문제가 있다면 암 발생에 주요한 유전자들이 돌연변이가 될 확률이 엄청나게 높아져 유방암의 경우 17세부터 진행될 수 있다는 보고가 나오고 있습니다. 어린아이들의 소아암에도 있고요. 젊은이들의 암은 노인들보다 진행이 빨라서 더욱 문제가 되고 있지요. 세포 분열 속도가 더 빠르기 때문입니다. 또 배우 안젤리나 졸리가 암에 걸리지도 않았는데 유방을 절개해서 큰 화제가 되었는데요. 졸리는 선대로부터 BRCA1 돌연변이 유전자를 물려받았다는 것을 검사를 통해 미리 알게 되었죠. 이 경우도 BRCA2와 비슷하게 암 발생률이 높기 때문에 졸리는 아예 암 발생 확률을 없애고자 유방 절개술을 택한 것입니다. BRCA1 돌연변이는 유방암, 난소암과 직결되어 있기 때문입니다.

면역,
나와 남의
투쟁

신의철

KAIST 의과학대학원 교수이자, KAIST 석좌교수.
국내 최고의 의과학자로, 의과대학을 졸업하고 의사 대신 연구자의 길을 선택했다.
인류를 괴롭히는 수많은 질병과 이에 맞서는 면역세포들의 치열한 전쟁을 연구해온
국내 최고의 바이러스 면역학 전문가.

면역이란 무엇인가

독립운동가인 단재 신채호 선생께서 '역사는 아(我)와 비아(非我)의 투쟁'이라는 말씀을 하신 적이 있어요. 그런데 면역에 대해 공부를 하다 보니 이 말이 면역 체계와 일맥상통하는 부분이 있더라고요. 바로 면역이 '나와 내가 아닌 것이 투쟁을 벌이는 현상'이기 때문입니다.

차클	면역학이나 바이러스학이 무엇인지 생소합니다. 기생충 연구로 유명한 서민 교수님과 면역을 연구하는 신의철 교수님, 두 분의 학문 간엔 어떤 차이가 있나요?
신	좋은 질문입니다. 실제로 의대에서 학생들이 배우는 과목 중에 기생충학도 있고 미생물학도 있어요. 크게 보면 우리 몸에 기생하면서 병을 일으키는 미생물 중 가장 작은 게 바이러스입니다. 바이러스 외에 세균과 곰팡이 같은 것들도 있죠. 기생충은 우리 몸에 기생하여 병을 일으키는 것들 중 가장 큰 고등동물인 셈입니다. 따라서 기생충에 대한 우리 몸의 반응도 면역학의 스펙트럼 중에 포함되어 있다고 보면 됩니다.
차클	면역이라는 말은 정확히 무슨 뜻인가요?
신	오늘 제가 강의할 면역이라는 분야를 잘 설명하는 말이 있습니다. 바

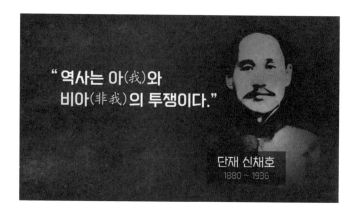

"역사는 아(我)와
비아(非我)의 투쟁이다."

단재 신채호
1880 ~ 1936

로 '나와 남의 투쟁'입니다. 사실 제가 만들어낸 말은 아니에요. 독립 운동가인 단재 신채호 선생께서 '역사는 아(我)와 비아(非我)의 투쟁'이라는 말씀을 하신 적이 있어요. 그런데 면역에 대해 공부를 하다 보니 이 말이 면역 체계와 일맥상통하는 부분이 있더라고요. 바로 면역이 '나와 내가 아닌 것이 투쟁을 벌이는 현상'이기 때문입니다.

차클   면역 현상은 누가 가장 먼저 발견했나요?

신   역사를 살펴보면 알 수 있습니다. 여러분들은 혹시 14세기에서 17세기 사이에 유럽에서 유행했던 '검은 죽음의 병'을 알고 있나요? 당시 수많은 사람들이 길거리에서 죽어가는 모습을 묘사한 그림으로도 남아 있죠.

차클   흑사병을 말씀하시는 건가요?

신   맞습니다. 흑사병 또는 페스트라고 불리는 병의 경우 우리가 직접 경험해보지 않았지만 당시 사람들에게는 굉장한 공포의 대상이었습니다. 뿐만 아니라 인류의 역사에 끊임없이 나타난 천연두(두창)란 병도 있었죠. 그리고 19세기에 전 세계적으로 다섯 차례에 걸쳐 유행을 했던 병이 있는데 바로 콜레라입니다. 콜레라는 의학의 발전에서 매우 중요한 역할을 합니다.

차클   질병의 유행과 의학의 발전 사이에 어떤 연관이 있나요?

신   콜레라와 관련해 아주 흥미로운 의학사적 에피소드가 있습니다. 19세기에 영국뿐만 아니라 전 세계적으로 콜레라가 크게 유행을 했는데요. 여러분은 혹시 미아즈마(miasma·부패물에서 나오는 나쁜 공기)라는 말, 들어보셨나요?

차클   아뇨. 그게 뭔가요? 그림을 보면 흡사 귀신처럼 보이네요.

신   그림 안에 귀신 같은 형상이 보이죠? 당시엔 세균의 존재를 몰랐지만 뭔가 질병의 원인이 있을 거란 의심은 했었어요. 콜레라 같은 질병이 특정 지역에서 더 많이 유행했는데 그런 지역들을 살펴보니 다른 곳에 비해 위생 상태가 불결한 것 같다고 느낀 거예요. 그러니까 그 지역에 질병을 일으키는 나쁜 독기 같은 게 있다고 여겼죠.

차클   의학적 지식보다는 주술적인 의미로 접근한 거네요?

신   네, 막연하게 생각한 거예요. 어떤 지역에는 독기가 있어서 콜레라 같

은 질병이 더 많이 유행을 한다고요.

차클 그럼 언제부터 의학적인 접근을 시도하게 되었나요?

신 의학사에서 질병의 예방이라는 접근을 처음으로 시도한 사람이 바로 존 스노(John Snow)입니다. 그런데 이분도 세균이 무엇인지는 몰랐어요. 당시는 세균이 발견되지도 않은 때였죠.

차클 그럼 어떻게 콜레라를 퇴치할 수 있었나요?

신 존 스노는 런던 시내에 콜레라 환자가 늘어나는 것을 보며 조사를 시작했어요. 환자들이 어떤 지역에서 많이 나오는지를 살펴본 거죠. 그러다가 특정 지역을 중심으로 콜레라 환자가 많이 나타나는 것을 발견합니다. 그 지역의 특징을 조사하던 스노는 마을에 있는 공동 펌프를 사용한 사람들이 콜레라에 많이 걸린다는 것을 발견하게 됩니다. 바로 브로드가(Borad Street)의 펌프였습니다. 그래서 그 펌프의 손잡이를 빼서 사람들이 물을 못 뜨게 만들었어요. 그랬더니 콜레라가 사라졌습니다. 굉장히 흥미로운 이야기죠?

차클 원인이 정확히 무엇인지는 몰랐지만, 합리적인 접근으로 원인을 제거하게 된 거군요?

신 그렇죠. 현대적인 시각에서 볼 때에는 콜레라를 퇴치하려면 원인이 되는 세균을 현미경으로 관찰해 알아낸 뒤 항생제를 주사해야 될 것 같죠. 그런데 당시에 그런 지식 없이도 문제를 해결한 거예요.

차클 그럼 세균을 발견하게 된 건 언제인가요?

신 의학과 과학이 만나는 시기와 비슷합니다. 독일의 의사이자 미생물학자인 로베르트 코흐(Robert Koch)가 처음으로 특정 세균이 특정 질병을 일으킨다는 걸 발견했습니다. 1876년에 이분이 탄저균이 탄저병을 일으킨다는 것을 알아냈죠.

차이나는 클라스

차클	면역학의 발전에 세균의 발견이 큰 영향을 미쳤을 것 같아요.
신	맞습니다. 면역이라는 분야는 세균을 알아야 더욱 발전할 수 있었어요. 그런데 코흐가 세균을 발견하기 전에도 이미 사람들은 오래전부터 면역 현상에 대해 눈치를 채고 있긴 했어요.
차클	신기하네요. 면역 현상을 알아차리게 된 계기가 있나요?
신	혹시 천연두라고 아세요? 다른 말로는 두창이라고도 합니다. 천연두도 세계사의 큰 줄기를 바꾼 질병 중 하나인데요. 그림에서 보는 것처럼 천연두에 걸린 사람의 피부에는 큰 물집 같은 것들이 많이 생겨요.
차클	천연두가 세계사의 흐름을 바꿨다는 얘기를 들어본 것 같아요.
신	맞습니다. 콜럼버스가 신대륙, 즉 아메리카 대륙을 발견하기 전까지 그곳에는 천연두란 질병이 존재하지 않았어요. 원주민들이 한 번도 경험해본 적이 없는 병인 거예요. 그런데 스페인 군대가 신대륙을 정복하러 오면서부터 새로운 질병이 창궐하고 원주민들이 쓰러지기 시작

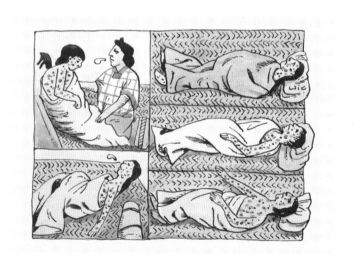

했어요. 스페인 군대가 총과 칼로 정복한 것 같지만, 사실 천연두라는 질병으로 신대륙과 그 원주민들을 정복해버린 거예요. 그들이 의도한 건 아니었지만요.

차클   우리나라에도 천연두가 있지 않았나요?

신   우리나라에도 천연두가 유행했죠. 혹시 호환마마라고 들어본 적 있지 않나요? 바로 마마가 천연두입니다. 이런 유행병들은 마마처럼 지역마다 고유 명칭이 있을 만큼 잘 알려져 있었습니다.

차클   천연두는 한 번 걸리면 다시 걸리지 않는다는 말을 들었는데, 사실인가요?

신   맞아요. 문자 그대로 면역의 의미는 의무로부터 면제가 된다는 겁니다. 천연두의 경우, 많은 사람들이 한번 걸렸다가 나으면 다시 걸리지 않는다는 것을 알게 됐는데요. 아까 면역 현상에 대해 오래전부터 눈치를 채고 있었다고 한 게 바로 이걸 두고 한 말입니다. 그 덕에 천연두에 대한 예방 백신도 만들게 됐죠.

차클   천연두 백신은 누가 만든 것인가요?

신   종두법에 대해 들어본 적 있죠? 바로 종두라는 것이 천연두 예방 백신을 말하는데요. 에드워드 제너(Edward Jenner)가 개발했습니다.

차클   제너는 어떻게 백신을 만들게 되었나요?

신   외부에서 침입하는 병원균을 무찌를 수 있는 항체를 미리 생성하도록 인위적으로 병원균의 항원을 넣어주는 게 백신의 원리입니다. 그런데 환자의 병원균을 직접 투여하는 건 위험할 수 있겠죠? 마침 제너는 우연히 소젖을 짜는 소녀들의 손에 고름이 생겼다가 회복되는 걸 발견합니다. 소로부터 병을 얻었다가 회복된 소녀들이 천연두가 유행할 때 걸리지 않는다는 점도요.

차이나는 클라스

차클	그럼 소에게서 얻은 바이러스를 사람에게 투여한 것인가요?
신	인간에게 천연두를 일으키는 바이러스와 유사한 친척 바이러스가 소에게 천연두를 일으켜요. 그런데 이 바이러스는 소에게 특화되어 있다보니 사람에게 옮지 않거나 옮더라도 치명적 피해를 주진 않거든요. 병에 살짝 걸리는 대신 유사한 천연두 바이러스에 대한 보호력을 갖게 되는 겁니다.
차클	실제로 천연두를 예방하는 데 효과가 있었나요?
신	그렇습니다. 제너는 이 사실을 깨닫고는 소젖을 짜는 소녀들의 손에 난 고름에서 바이러스를 채취해서 아이들에게 접종을 시켰어요. 그렇게 해서 굉장히 성공적으로 천연두를 예방할 수 있었습니다.
차클	이후 천연두는 완전히 사라진 건가요?
신	인류의 역사에서 백신에 대한 이야기를 할 때, 천연두는 굉장히 중요한 질병이자 사건입니다. 최후의 천연두 환자가 1977년에 소말리아에서 출현했습니다. 전 세계적으로 너무나 예방 프로그램이 잘 갖춰져 있어서, 세계보건기구(WHO)에서는 천연두라는 바이러스가 인류에게서 완전히 박멸되었다고 선언했습니다. 그 이후로는 지금까지 환자가 한 명도 생기지 않고 있습니다.
차클	영화나 다큐멘터리를 보면 비밀 기지같은 곳에 세균이나 바이러스들이 은밀하게 보관돼 있다가 악용되는 사례가 나오던데 실제로 그런 일이 벌어지기도 하나요?
신	냉전 시대인 1980년대에 미국과 소련은 각각 천연두 바이러스를 보관하기로 했어요. 이런 바이러스가 없다면 나중에 굉장히 어려운 상황이 올 수 있다는 것을 모두 알고 있었거든요. 천연두가 완전히 박멸이 되었다고 해도 언젠가 또다시 부활할지도 모르니까요.

차쿨   그렇게 보관해둔 바이러스를 나쁜 목적으로 충분히 이용할 수 있는 것 아닌가요?

신   생화학무기나 생물학 테러를 떠올리시는 거죠? 탄저병과 천연두가 생화학무기로서 1순위 후보로 거론되곤 합니다. 9·11 테러 이후 미국에서 하얀 분말이 들어 있는 우편물들이 배달되었던 사건들 기억하실 텐데요. 그 가루가 바로 탄저균이었어요.

차쿨   뉴스에서 본 적이 있어요. 탄저균과 천연두가 제일 유력한 테러 무기가 될 수 있다는 거죠?

신   그렇습니다. 생물학 테러 무기로 사용하기에 가장 적합한 것을 꼽으라면 탄저균과 천연두 바이러스가 유력합니다. 탄저균은 실제로 쓰이기도 했고요. 이런 것들이 인류를 위협하게 되는 건 분명히 경계해야 합니다.

면역력이 강해지면
무조건 좋을까

면역력이 강해진다는 말에 대한 정의도 조금 애매합니다. 단도직입적으로 말씀
드리자면, 면역력이 강해지는 음식 같은 것은 없다고 생각하는 게 제일 좋습니다.

차클　건강을 위해 면역력을 키우는 데 관심이 많은데요. 몸에 좋다는 홍삼
　　　　이나 건강보조식품들을 먹으면 정말 면역력이 좋아지나요?

신　　많은 분들이 일상생활에서 면역력이 떨어졌다는 말을 하시죠. 그러면
　　　　서 뭘 좀 챙겨 먹어야 할 것 같다고 해요. 그런데 정말 음식으로 면역
　　　　력을 키우는 것이 가능하다고 생각하시나요?

차클　왠지 그럴 것 같아요. 보양식을 많이 먹으면 면역력이 강해지는 게 사
　　　　실인가요?

신　　사실 면역력이 강해진다는 말에 대한 정의도 조금 애매합니다. 단도직
　　　　입적으로 말씀드리자면, 면역력이 강해지는 음식 같은 것은 없다고 생
　　　　각하는 게 제일 좋습니다.

차클　그럼 멀티비타민, 마그네슘, 오메가3 등의 건강보조식품들도 건강에

좋을 게 없다는 말씀이신가요?

신 건강에 해가 되지는 않겠지만, 특별히 면역력을 높여준다고 말씀드릴 수는 없겠어요.

차클 그럼 교수님은 건강보조식품을 전혀 안 드시나요?

신 네, 저는 아무것도 안 먹습니다.

차클 면역력을 높여준다는 마법의 보양식이나 약 같은 건 전혀 없다는 말씀인 거죠?

신 네, 없습니다.

차클 솔직히 잘 믿어지질 않네요. 그럼 면역력이 강할수록 건강하다는 속설은요?

신 그렇지도 않아요. 면역은 강할 때 강하고 약할 땐 약해야지, 지나치게 강해지면 우리에게 질병을 일으키기도 해요.

차클 이해하기가 어렵네요. 좀 더 쉽게 설명해주시면 안 될까요.

신 대학생들이 보는 면역학 교과서 1장을 보면 면역의 3대 특성에 대해 이해하기 쉽게 설명하고 있습니다. 첫째, 나와 남을 구분할 필요가 있

면역의 3대 특성

1. 나와 남의 구별
2. 특이성 / 다양성
3. 기억

요. 이건 굉장히 중요한 문제입니다. 어쨌든 면역계가 나를 공격하면 안 되겠죠. 내가 아닌 남을 공격해야 합니다.

차클 나를 공격하면 어떻게 되나요?

신 내 면역계가 나를 공격하게 되면 그것이 바로 자가면역질환입니다. 가장 대표적으로 흔한 자가면역질환이 류마티스 관절염(rheumatoid arthritis)입니다. 이외에 바이러스에 의한 질병이기는 하지만, A형 간염 같은 경우에도 내 면역계가 너무 과도하게 활성화되면 내 간세포를 파괴하여 문제를 일으키게 됩니다. 최근에 A형 간염이 한국에서 유행하고 있죠? 누가 주로 A형 간염에 걸리는지 아세요?

차클 30대 직장인이 많이 걸렸다는 기사를 본 것 같아요.

신 맞습니다. 사회 활동을 아주 왕성하게 하던 사람들이 A형 간염에 많이 걸렸어요.

차클 A형 간염에 걸리면 얼마나 위험한가요?

신 극소수의 경우이기는 하지만 어떤 환자들은 간이 다 망가집니다. 그 전에 빨리 간을 이식해줘야 할 정도로 심각할 수도 있어요. 그런데 흥미로운 점은 A형 간염 바이러스는 간세포에 들어간 다음에 세포를 죽이지 않고 조용히 증식만 해요.

차클 그런데 왜 간이 망가진다는 거죠?

신 이론적으로는 A형 간염 환자의 몸에선 바이러스 제거에 도움이 되는 킬러세포만 활성화돼야 합니다. 그런데 엉뚱한 세포들까지 다 같이 활성화되면서 그 세포들이 간세포들을 무자비하게 죽이게 됩니다.

차클 과잉 면역이 원인이라는 말씀이신가요?

신 네, 맞습니다. 그런 과잉 면역의 한 사례가 바로 A형 간염인 것이죠.

차클 그런데 천연두처럼 다른 병들도 한 번 겪고 나면 면역이 생겨서 다시

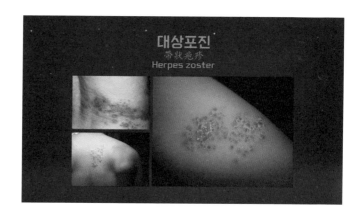

는 걸리지 않게 되나요?

신 　대상포진을 예로 들어볼게요. 요즘 대상포진에 걸리는 분들이 꽤 많아
　　요. 옛날엔 노인들만의 질병이라고 생각했었는데 젊은 사람들 중에도
　　환자가 많은 걸 볼 수 있습니다.

차클 　맞아요. 그런데 대상포진도 한 번 겪으면 다시는 걸리지 않는다고 하
　　더라고요.

신 　그건 절반은 맞고 절반은 틀리다고 봐야 할 것 같아요. 예전 교과서에
　　는 한 번 겪고 나면 다시 걸리지 않는다는 내용이 있었어요. 그런데 요
　　즘 주변을 보면 한 번 대상포진에 걸렸던 분이 또 몇 년 후에 걸리는
　　경우도 있습니다. 사실 어릴 때 수두를 일으키는 바이러스는 대상포진
　　바이러스와 같은 바이러스입니다.

차클 　수두는 어릴 때 한 번 걸리면 다시는 걸리지 않잖아요?

신 　그런데 사실 수두 바이러스가 몸에서 완전히 없어지는 건 아닙니다.
　　몸속 신경세포 속에서 잠복하고 있는 거예요. 병을 일으키지도 않고
　　30년, 40년, 50년, 60년을 지내다가 노인이 되어서 면역이 조금 저

하되면 대상포진이라는 형태로 튀어나오는 것이죠.

차클   수두가 대상포진과 관련이 있었군요.

신   대상포진이 발병한 모습을 보면 띠처럼 생긴 것이 있어요. 혁대란 단어의 대(帶·띠 대)를 써서 '띠 모양으로 포진이 생긴다'는 의미로 대상포진이라고 해요. 대상포진을 한 번 앓고 나면 대상포진 바이러스에 대한 면역이 올라가서 마치 백신을 맞는 효과가 생기긴 합니다. 그래서 한 번 걸리면 또다시 걸리지 않는다는 말이 나오는 겁니다. 그런데 면역이 너무 약해지면 바이러스들이 숨어 있다가 신경을 타고 또다시 활개를 치는 것이죠.

차클   혹시 면역력을 키우려면 더러운 환경에서 살아야 한다는 말도 믿을 만한 말인가요?

신   그건 알레르기 질환과 관련이 있습니다.

차클   주변에 알레르기 때문에 고생하는 사람들이 많아요. 우유·계란·게·새우·서양쑥·자작나무 등 검사를 해보면 자기도 몰랐던 알레르기 반응들이 나온다고 해요. 그런데 그게 다 어릴 때부터 너무 깔끔하게 살아서라고 하더라고요.

신   어느 정도는 맞는 말입니다. 옛날엔 위생에 대해서 개념이 부족했고 좀 지저분했던 게 사실이죠. 그런데 그런 환경에서 자란 사람들은 알레르기가 별로 안 생겨요. 반대로 너무 깔끔한 곳에서 자라게 되면 오히려 알레르기가 많이 생긴다는 학설이 있습니다. 이것을 위생가설(hygiene hypothesis)라고 해요. 그런데 이것도 아직은 학설에 불과합니다. 너무 깨끗하게 살면 면역세포가 어떤 작용을 거쳐 알레르기를 유발한다는 식의 연구가 좀 더 필요한 상황입니다.

차클   각기 다른 연구 결과가 나와 있으면 평범한 사람들 입장에선 어떤 걸

믿어야 할지 헷갈릴 때가 많아요.

신   과학은 내가 틀렸을 때 언제든 틀렸다고 스스로 얘기할 수 있는 자세가 가장 중요합니다. 그래서 저는 과학 뉴스나 정보를 볼 때 강이 흘러가는 것에 대입해서 보자고 말합니다. 다시 말해, 큰 흐름을 봐야 된다는 거죠. 예를 들어 어떤 과학자가 지금까지 맞다고 생각했던 것을 뒤집어서 그게 아니었다는 주장을 한다고 생각해봐요. 그때는 강에서 한 줄기 지류가 옆으로 삐져나오는 것과 같습니다. 시간이 지나면서 그 지류가 커지기도 하고 그냥 한 번 튀어나갔다가 소멸되기도 할 테죠. 그런 식으로 논문 하나, 뉴스 하나가 등장하는 것에 너무 일희일비하지 말고 전체적인 흐름을 지켜보려는 노력을 하는 게 중요합니다.

차이나는
클라스

면역 시스템은 어떻게 작동하는가

림프절은 면역에서 아주 중요한 역할을 하는 곳이죠. 말하자면 우리 면역반응의 작전 본부 같은 곳이에요. 우리 몸 곳곳에 있는 사건의 현장에서 감염이 일어나면 근처 림프절로 보고가 되고 그곳에서 사건을 해결하기 위한 일들이 벌어지곤 합니다.

신   여러분, 혹시 드라마 좋아하세요? 제가 지금부터 면역세포들이 만들어내는 드라마를 소개하려고 해요.

차클   세포들 사이에서 드라마가 만들어진다고요?

신   네, 충분히 가능합니다. 세포들이 가진 특성을 캐릭터로 만들면 충분히 재미난 드라마가 나올 수 있어요. 면역세포들의 종류가 한두 가지가 아니거든요. 각각의 특성을 설명하다 보면 드라마의 주인공으로 충분히 매력적이라고 생각될 겁니다.

차클   궁금하네요. 그럼 어떤 면역세포들이 주인공이 될까요?

신   일단 면역세포 얘기를 구체적으로 하기 전에 우리 몸을 구성하는 건 면역세포가 아닌 일반적인 세포들이란 점을 말씀드립니다. 이들 일반 세포 외에도 감염을 일으키는 세균과 바이러스도 드라마에 등장합니다.

차클 세균과 바이러스엔 어떤 차이가 있나요?

신 일반적으로 설명하자면 세균의 크기가 훨씬 더 커요. 하지만 크기보다 더 중요한 것이 생활하는 방식입니다. 세균은 혼자서 살 수 있지만, 바이러스는 기생을 해야만 살 수 있죠. 이것이 가장 중요한 차이점입니다. 따라서 바이러스는 아무리 영양분이 많아도 살아 있는 세포가 없으면 증식을 못 해요.

차클 좀 더 자세히 우리 몸에 있는 면역세포들을 소개해주세요.

신 먼저 '먹돌이'라는 별명을 붙인 세포입니다. 딱 보기에도 마구마구 먹게 생겼죠? 영어로는 매크로파지(macrophage), 한국말로는 대식 세포라는 전문 용어로 불립니다. 다음으로는 '먹돌이'와 아주 친한 세포가 있는데 저는 '순찰이'라고 이름 지었어요. 이 세포도 먹긴 먹는데 소화를 시키는 게 목적이 아니라 순찰을 다닙니다. 영어로는 덴드리틱 셀(dendritic cell), 한국말로는 수지상 세포라고 합니다. 그리고 제가 '스파이더맨'이라고 별명을 붙인 것이 있어요. 영어로는 뉴트로필(neutrophil), 한국말로는 호중구라는 세포예요. 진짜 스파이더맨처럼

대식 세포
macrophage
별명: 먹돌이
특징: 세균, 바이러스를 먹어치움

차이나는 클라스

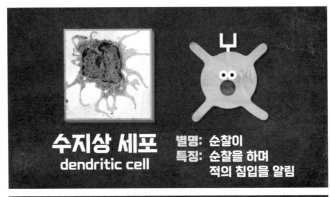

수지상 세포
dendritic cell

별명: 순찰이
특징: 순찰을 하며
적의 침입을 알림

호중구
neutrophil

별명: 스파이더맨
특징: 끈끈한 유전 물질을
쏴서 적을 죽임

자신의 DNA를 그물처럼 밖으로 뿜어서 세균을 잡습니다.

차클   또 다른 세포들로는 무엇이 있나요?

신   다음으로는 점점 더 해결사다운 면모를 지닌 세포들이 등장합니다. 영
          어로 B셀(B-cell)이라 불리는 세포예요. 저는 '저격수'라고 부르고 있
          습니다. 총을 쏘듯이 항체를 자기 바깥으로 내보내거든요. 항체란 말
          은 아까 나왔었죠? 백신을 맞으면 항체가 생긴다고 하잖아요. 우리 몸
          에 있는 항체라는 단백질이 세균이나 바이러스를 잡기도 하는 거예요.

차클   B셀보다 강력한 세포도 있나요?

신	사이토톡식 T셀(cytotoxic T-cell), 소위 킬러 T셀이라고 불리는 세포가 있습니다. 저 또한 '킬러'라고 부르고 있습니다. 이 세포는 바이러스에 감염되었거나 하는 문제가 있는 세포 옆에 가서 직접 죽이는 역할을 합니다.
차클	주인공들은 모두 등장한 것 같은데, 드라마는 어떻게 펼쳐지나요?
신	세균이나 바이러스가 우리 몸에 침입하면 본격적으로 드라마가 시작됩니다. 자, 그런데 세균이나 바이러스가 우리 몸에 최초로 침입하는 사건의 현장은 어디일까요? 바로 점막입니다. 대부분 자연적인 상황

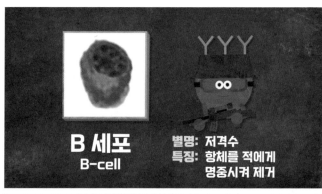

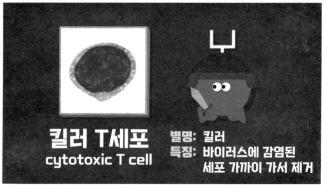

차이나는
클라스

에서는 상피나 점막 같은 곳으로 세균과 바이러스가 침투를 해요.

차클 또 다른 중요한 현장도 있나요?

신 네, 두 번째 현장이 또 있어요. 혹시 림프절이라고 들어보셨어요? 우리 몸을 보면 수많은 선들이 뻗어 있고 곳곳에 조그만 콩알처럼 생긴 것들이 박혀 있습니다. 이런 것들이 림프절이에요.

차클 림프절은 어떤 일을 하는 곳인가요?

신 면역에서 아주 중요한 역할을 하는 곳이죠. 말하자면 우리 면역반응의 작전 본부 같은 곳이에요. 우리 몸 곳곳에 있는 사건의 현장에서 감염이 일어나면 근처 림프절로 보고가 되고 그곳에서 사건을 해결하기 위한 일들이 벌어지곤 합니다. 이렇게 우리 몸에서 일어나는 드라마의 주요 배경은 감염 사건의 현장과 면역의 작전 본부로 나눌 수 있어요.

차클 그럼 실제로 감염이 일어나면 점막과 림프절에서 어떤 일들이 일어나나요?

신 자, 첫 번째 에피소드를 살펴보도록 하죠. 제목은 '병원성 대장균에 감염된다면'입니다. 먼저 점막을 통해 병원성 대장균에 감염되면 '먹돌이' 세포가 처음에 나타납니다. 실제로 대장균 근처를 살펴보면 '먹돌이' 세포가 대장균을 잡아먹는 게 보여요. 말 그대로 그냥 잡아먹습니다.

차클 림프절에서 작전을 지시해서 잡아먹는 것인가요?

신 신기하게도 이 세포들은 현장에서 바로 실행에 옮겨요. 이 정도는 작전 본부의 지시 없이도 할 수 있습니다.

차클 '먹돌이' 세포가 대장균을 잡아먹고 나면 어떻게 되나요?

신 혹시 활성산소라는 말 들어보셨나요? 활성산소가 몸에 안 좋다는 것도 들어보셨겠죠? 세포가 병원균을 잡아먹은 다음엔 활성산소를 세균한테 마구 내뿜습니다. 그러면 세균이 활성산소를 맞고 죽어요.

차클	신기하네요. 다른 세포들은 어떤 역할을 수행하나요?
신	이때 '스파이더맨' 세포도 활동합니다. '스파이더맨'은 세균이 있으면 자기 자신의 DNA를 내뿜습니다. 꼭 거미줄처럼 DNA를 내뿜어서 세균들이 엉겨 붙게 만들어요. 이렇게 거미줄을 내뿜듯이 DNA를 내뿜고 나면 자기는 어떻게 될까요?
차클	자기 DNA를 내뿜고 죽어버리는 건가요?
신	네. 그런데 별로 상관없어요. '스파이더맨' 세포는 원래 이런 일을 하지 않아도 3~4일이면 없어졌다가 또 생기고 또 없어졌다가 자꾸 생겨요.
차클	그것도 참 신비롭네요.
신	실제 예를 들어서 설명해볼게요. 제 주변에 항암 치료를 한 암 환자가 있었어요. 그런데 항암 치료의 부작용으로 피를 만드는 골수의 기능이 저하됐어요. 그때 가장 먼저 나타나는 현상이 뉴트로필, 즉 '스파이더맨' 세포의 숫자가 줄어드는 겁니다. 그러면 무슨 일이 생길까요?
차클	면역력이 떨어지지 않을까요?
신	맞아요, 세균 감염이 잘돼요. 그래서 실제로 그런 암 환자들에게 투여하는 약 중에 뉴트로필의 생성을 도와주는 약도 있어요. 항암 치료는 계속해야 되니까 뉴트로필을 생성하는 약을 함께 투여해서 '스파이더맨'들의 숫자를 늘려주는 것이죠.
차클	그럼 '저격수' 세포는 어떤 역할을 하나요?
신	이제부터 고급 면역세포들의 역할을 소개해보죠. '저격수'들은 주로 림프절에 있어요. 그런데 세균의 구성 성분 중 어떤 물질(항원이라고도 함)이 '저격수' 세포, 즉 B셀에 와서 붙는 경우가 있습니다. 그러면 저격수 세포는 항체들을 뿜어내기 시작합니다. 그렇게 내뿜은 항체 단백질들은 피에 녹아서 우리 몸 어디든 갈 수 있어요. 그렇게 '저격수' 세

포가 내뿜은 항체가 세균 물질이 있는 곳까지 찾아가서 세균을 제거하는 것입니다.

차클   그런데 우리 몸의 면역세포들은 나쁜 세균마다 똑같이 반응하나요?

신   중요한 질문이에요. '먹돌이' 세포는 A세균인지 B세균인지 C세균인지 잘 분간을 못 해요. 그런데 '저격수' 세포들은 세균의 종류에 따라 미묘하게 다른 대처를 합니다. '저격수'들이 내뿜는 항체를 보면 조금씩 달라요.

차클   어떤 세균이냐에 따라 다른 총알을 쏜다는 말인가요?

신   그렇죠. '저격수'가 갖고 있는 총알이 각각 달라요. A라는 세균에 대한 항체가 다르고, B라는 세균에 대한 항체가 다르고, C라는 세균에 대한 항체가 다른 겁니다. 항상 준비를 하고 있다가 자신에게 딱 맞는 세균이 들어오면 그때 신호를 받아서 증식이 되고 활성이 증가해서 항체를 내뿜는 것이죠. 이게 바로 면역의 3대 특성 중 하나인 '특이성'에 해당하는 개념입니다.

차클   세균보다 작은 바이러스가 침입할 때에는 면역세포들이 어떻게 대처하나요?

신   자, 그럼 두 번째 에피소드인 '메르스 바이러스에 감염된다면'을 소개해보죠. 바이러스들은 세포 안으로 들어가야 돼요. 만약 이 사람이 이미 이 바이러스에 대한 항체를 가지고 있다면, 바이러스들이 세포 안으로 들어가기 전에 못 들어가게 잡을 수 있습니다. 그런데 한계가 있어요.

차클   뭐가 한계라는 거죠?

신   바이러스가 우리 몸에 들어와도 아직 세포 안으로 들어가기 전엔 항체가 잡을 수 있어요. 하지만 바이러스가 세포 안에 들어가게 되면 항체는 세포 안으로 들어갈 수가 없어요. 한마디로 항체가 무용지물이 되는 것이죠.

차클 그 문제를 풀어줄 면역세포는 없나요?

신 이때 '순찰이'가 등장합니다. 기본적으로는 '먹돌이'와 비슷한데요. 바이러스에 감염된 세포를 먹고는 림프절로 이동합니다. 마치 연행을 하는 것처럼 말이죠. 작전 본부로 연행을 하는 동안, 아까 먹은 바이러스의 조각을 어떤 표식처럼 자기 표면에 전시를 합니다.

차클 자신이 먹은 바이러스가 무엇인지 다른 세포들에게 알려주기 위해서인가요?

신 바로 그거예요. 그럼 평소에 놀고 있던 '킬러' 세포가 자기한테 딱 맞는 바이러스를 가지고 오는 '순찰이' 세포를 만나서 증식을 하고 활성화되면서 활동하기 시작합니다. 나중에 '킬러' 세포가 감염 사건의 현장으로 이동해서 바이러스에 감염된 세포와 감염되지 않은 세포를 다 만나게 되는데요. 하지만 이때 감염되지 않은 세포까지 죽이면 안 되잖아요. 이때 '킬러' 세포는 '순찰이' 표면에서 자신이 인식했던 것과 동일한 표식을 가진 세포들만을 죽이게 됩니다. 즉, 바이러스에 감염된 세포만 죽이는 것이죠. 우리가 독감이나 감기에 걸리면 저절로 낫곤 하잖아요. 그때 바로 이러한 일들이 우리 몸속에서 일어나는 겁니다.

신종 바이러스들로부터
세계는 안전한가

결국 면역학이 세균과 바이러스에 대한 이해에만 그쳐서는 안 되고, 그 지식을 응용해서 수단을 만들어야 되겠죠. 가장 최고의 성공 사례가 백신이에요. 처음에 말씀드렸지만 결국 백신이 바이러스나 세균을 상대하기 위한 최상의 무기라고 할 수 있어요.

차클 많은 사람들이 질병에 시달리는 걸 보면 면역세포가 세균이나 바이러스를 막는 데 늘 성공하는 건 아닌가 봐요.

신 맞습니다. 세균과 바이러스들이 면역 시스템과 전투를 할 때 우리 면역반응이 굉장히 성공적으로 이루어진다면 병에 걸릴 일이 없겠죠. 그런데 우리는 가끔씩 감기에 걸리기도 하고 심각한 병에 걸리기도 하잖아요. 즉, 면역계가 항상 성공적으로 전투에서 이기는 것은 아니라는 말이에요. 그건 바이러스들이 굉장히 교묘하기 때문입니다.

차클 바이러스들이 교묘한 수법으로 우리 몸의 면역 시스템을 피해나간다는 말씀인가요?

신 혹시 바이러스들이 돌연변이를 잘한다는 얘기를 들어보셨나요? 바이러스들은 변신의 귀재예요. 아까 B셀이라는 '저격수' 세포를 소개했었죠. '저격수' 세포들은 바이러스들을 잡기 위해 항체를 만들어내는 데요. 바이러스들은 항체로부터 도망을 치기 위해서 단백질들을 변이 시켜요. 돌연변이를 일으키는 겁니다. 원래 항체는 바이러스의 구조에 딱 맞아야 제 역할을 할 수 있는데 변형을 일으키면 더 이상 작동을 못 하게 돼요. 바이러스가 도망칠 때 쓰는 가장 쉬운 방법이죠.

차클 조류독감을 언급할 때 많이 나오는 'H5N1형'이니 'H5N2형'이니 하는 말들도 돌연변이가 되었다는 것을 의미하나요?

신 맞아요. 대부분의 바이러스가 돌연변이를 일으킵니다. 특히 독감 바이러스가 굉장히 심한데요. 독감 바이러스가 돌연변이를 잘 일으키는 이유가 있습니다. 독감 바이러스는 유전자가 여덟 조각이 나 있어요. 유전자가 여덟 조각이 나 있다는 건 어떤 의미가 있을까요?

차클 그만큼 조합이 많이 생기겠네요. 조합이 많아지면 위험한 건가요?

신 네. 독감 바이러스는 사람도 걸리고 돼지나 닭도 걸립니다. 그런데 우연히 어떤 돼지가 한꺼번에 이런저런 독감 바이러스에 걸렸다고 생각해보죠. 그러면 새로운 바이러스가 뒤죽박죽 섞여서 나오게 됩니다.

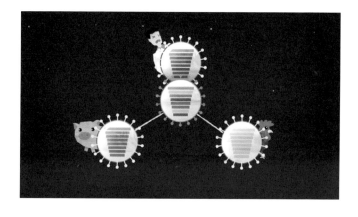

이게 만약 사람한테 감염이 되면 어떻게 되겠어요? 인간이 지금껏 만나보지 못한 독감 바이러스를 만나게 되는 겁니다.

차클 돌연변이를 일으킨 독감 바이러스처럼 인간이 만나보지 못했던 바이러스를 새롭게 만난 사례가 또 있나요?

신 천연두 바이러스처럼 인류가 아예 박멸시킨 바이러스도 있지만, 그에 못지않게 더 빠른 속도로 신변종 바이러스들이 등장하고 있죠. 여러분들도 뉴스를 통해 들어보셨을 겁니다. 2003년에 사스가 있었고, 2009년에 신종 플루가 전 세계적으로 유행을 했죠. 또 우리나라를 강타한 메르스 사태가 있었습니다. 소두증을 일으키는 지카 바이러스도 있고요.

차클 왜 이상한 바이러스들이 점점 더 많아지는 것인가요?

신 신변종 바이러스가 증가하는 이유로 두 가지가 있습니다. 특히 아프리카 같은 지역에서 자연 삼림을 개발하다 보면, 나무를 대량으로 벌초하게 되죠. 과거에는 야생 동물들만 살던 지역에 사람들이 들어가면서 아직까지 경험하지 못한 바이러스들을 접촉할 수가 있어요. 또 다른

중요한 이유가 더 있습니다. 아프리카에서 새로운 바이러스에 노출이 된 사람들이 발생했다고 칩시다. 이런 바이러스가 세계로 퍼지는 건 무엇 때문일까요?

차클 이동수단의 발달이 바이러스를 더욱 빨리 퍼지게 만들었겠군요?

신 네, 정확합니다. 여객기가 개발되고 이동 시간이 너무 빨라지는 바람에 마음만 먹으면 하루 만에 세계 어디든지 갈 수 있게 된 겁니다. 사스 사태, 메르스 사태도 이처럼 빠른 교통수단을 통해 널리 퍼지게 됐죠. 아마도 앞으로 이런 일들은 계속 벌어질 겁니다. 그렇다면 우리 인류가 넋을 놓고 있을 것인가? 물론 그래서는 안 되겠죠.

차클 각각의 바이러스 및 세균과 싸울 수 있는 무기를 많이 개발하면 되는 것 아닌가요?

신 결국 면역학이 세균과 바이러스에 대한 이해에만 그쳐서는 안 되고, 그 지식을 응용해서 수단을 만들어야 되겠죠. 가장 최고의 성공 사례가 백신이에요. 처음에 말씀드렸지만 결국 백신이 바이러스나 세균을 상대하기 위한 최상의 무기라고 할 수 있어요.

차클 과연 백신은 얼마나 효과가 있나요?

신 자, 여기 그림을 한번 보시죠. 화살표로 표시된 부분이 각각의 백신이 시작된 시점입니다. 환자의 수가 이전보다 급격하게 줄어드는 것을 볼 수 있습니다. 이것은 백신의 효과가 뛰어나다는 것을 증명해주는 데이터들입니다. 백신은 예방을 위해 실제 감염을 시도하는 것은 너무 위험하니 약한 바이러스나 죽은 바이러스를 통해 먼저 1차 면역반응을 일으키는 것입니다. 이것이 바로 면역의 3대 특성 중 하나인 '기억'에 해당하는 내용입니다. 세균이나 바이러스를 만나 한 번 활동했던 '저격수' 세포나 '킬러' 세포들은 숫자가 그만큼 늘어나 있고 다음에 또 같은

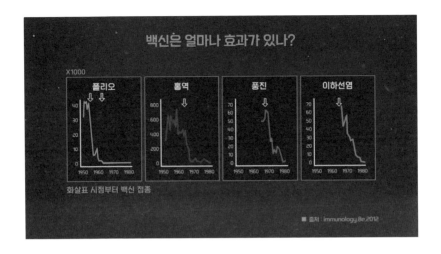

세균이나 바이러스가 침투하면 더 재빠르게 반응할 수 있는 것이죠.

차클 그럼 모든 백신들을 다 맞는 것이 좋은가요?

신 어느 나라나 국가적으로 예방접종을 권장하고 있습니다. 아이들 같은 경우에는 각 시기에 맞는 예방접종을 하도록 캠페인도 벌이고 있어요. 저는 그런 접종을 모두 맞히라고 권합니다.

차클 어른들도 예외는 아니겠지요?

신 과거에는 주로 소아들이 백신을 맞았었습니다. 그런데 점점 대상포진이나 폐렴구균 백신처럼 성인들을 위한 백신들도 등장하고 있습니다. 국가 예방접종 캠페인을 보면 언제 어떤 접종을 해야 하는지를 안내하고 있잖아요? 이제 백신을 맞아야 하는 시기와 대상을 고려해 모든 사람들이 백신을 맞아야 한다는 점이 널리 알려지고 있어요.

차클 맞아요. 그런데 신생아들의 경우에는 스스로 예방접종을 선택할 수 없잖아요. 부모님이 접종을 해주지 않으면 기회가 박탈되니깐 문제가 될 수도 있겠는데요.

신	그만큼 모든 부모들이 아이들의 접종에 신경을 써야 한다는 말씀을 드리고 싶네요.
차클	요즘 외국을 비롯해서 우리나라에서도 '안아키(약 안 쓰고 아이 키우기)'와 같은 풍조가 있다고 들었습니다. 모든 약과 예방접종을 거부하는 주장, 그 주장을 행동에 옮기는 분들에 대해서는 어떻게 생각하시나요?
신	논란의 여지가 없이 정답은 뻔한 겁니다. '안아키'만의 문제가 아니라 미국에서도 크게 이슈가 된 적이 있어요. 2014년 즈음에 미국에서 홍역이 유행했습니다. 그런데 그보다 이전에 홍역 백신을 맞으면 자폐증을 유발할 수 있다는 정보가 돌기 시작했었어요. 이 정보를 믿은 부모들이 자녀에게 백신을 맞히지 않으면서 홍역이 퍼지게 된 거죠.
차클	누가 그런 정보를 퍼뜨린 것인가요?
신	1998년도에 영국의 앤드루 웨이크필드(Andrew Wakefield)라는 의사가 저명한 학술지에 논문을 발표했습니다. 그 논문에 홍역 백신과 자폐증에 대한 내용이 담겨 있었어요. 그 논문을 본 사람들은 굉장히 경계를 하고 실제로 백신을 맞지 않으려고 했죠. 그런데 나중에 논문의 데이터가 조작된 것이라고 밝혀졌어요. 논문도 철회가 됐습니다. 그런데 문제는 이렇게 한번 퍼진 정보가 잘못된 것으로 알려진다고 하더라도 사람들의 의식을 정정하는 게 쉽지 않다는 겁니다. 어쨌든 지금 현재 우리가 알고 있는 모든 정보를 취합해보면 백신은 안전하고, 일단 의학계에서 허가된 백신은 부작용이 용인될 수 있는 수준 안에 있습니다.
차클	잘못된 정보로 억울하게 피해를 입은 사람들이 많았겠네요.
신	개인만이 아닙니다. 만약 누군가 특별한 이유가 있어서 아이에게 홍역 백신을 맞히지 않는다고 한다면, 물론 당장의 피해는 그 사람의 아이

만 입겠죠. 그런데 문제는 집단 면역(herd immunity)에도 피해를 준다는 겁니다.

차클 　개인의 면역이 집단에게 영향을 준다는 것인가요?

신 　두 집단이 있다고 생각해보죠. 한 집단은 백신을 맞은 적도 없고, 감염병에 걸린 적도 없습니다. 그런데 환자가 한 명이 생겼어요. 그러면 나머지 사람들은 면역이 안 되어 있으니까 전부 병에 걸릴 위험이 많아지겠죠. 그런데 다른 한 집단은 백신을 맞아서 면역력을 가진 사람들입니다. 마찬가지로 환자가 한 명이 생기면 백신을 맞은 사람들이 바이러스를 차단하는 방패 같은 역할을 하게 됩니다. 그러면 백신을 맞지 않은 나머지 사람들도 엉겁결에 같이 보호를 받는 효과가 생깁니다. 이게 집단 면역 효과입니다.

차클 　그런데 모든 사람이 백신을 맞을 수는 없지 않나요?

신 　네, 백신을 맞지 않은 사람들 중에는 본인이 원해서 맞지 않은 사람도 있겠지만, 백신을 맞고 싶어도 맞지 못하는 사람들도 있어요. 단순히 정보가 부족해서라기보다 태어날 때부터 면역이 결핍된 사람들은 백신을 맞지 못해요. 그래서 그런 사람들을 보호하기 위해서라도 백신을 맞을 수 있는 사람들은 다 맞는 것이 사회 전체적으로 좋습니다.

차클 　백신을 맞는 것이 사회적 약자를 위한 일종의 배려가 되는 거네요.

신 　네, 맞습니다. 제가 조금 도전적인 질문을 하나 해보죠. 여러분은 혹시 암을 면역으로 치료한다는 말을 들어본 적이 있으신가요?

차클 　민간 요법에서 들어본 것 같은데, 그 얘긴 아니죠?

신 　우리 인간이 가장 두려워하는 병 중 하나가 암인데요. 암세포도 내가 아닌 남으로 인식할 수 있을지 모르니 면역을 이용해서 암세포를 잡아보자는 생각을 이미 40여 년 전부터 했었습니다.

차클 면역을 이용해서 암을 치료하는 방법이 성공한 사례가 있나요?

신 한 4~5년 전부터 대성공을 거뒀어요. 실제로 암에 효과를 본 사람이 있습니다. 바로 지미 카터 전 미국 대통령입니다. 이분은 악성 흑색종 이라는 암에 걸려서 뇌까지 전이가 됐습니다. 실제로 자신은 이제 죽 으러 간다고 기자회견을 하기도 했어요. 그런데 4개월 후에 자신이 앓 고 있던 흑색종이 없어졌다고 다시 기자회견을 하러 나타났습니다.

차클 4개월 동안 무슨 일이 있었던 것인가요?

신 당시에 개발 중이던 약이 있었는데 우리말로 옮기면 면역 항암제라는 약입니다. 카터 전 대통령이 그걸 맞았던 겁니다. 그런데 이게 모든 암 에 효과가 있는 것은 아닙니다. 악성 흑색종이나 폐암처럼 몇몇 암에 만 효과가 있었어요. 게다가 이 약을 다섯 명이 맞는다고 해서 모두 효 과를 보는 것도 아니었어요. 다섯 명 중 한 명 정도에게만 효과가 있었 습니다.

차클 정말 운이 좋았네요.

신 그렇죠. 그런데 암을 앓고 있는 분들에게 희망을 주었다는 의미도 크 지만, 저 같은 과학자들은 그동안 해결되지 않았던 문제가 풀렸다는 안도감을 느꼈어요. 만약 이 약을 더욱 개선하면 나머지 80퍼센트의 사람들에게도 이득을 줄 수 있을 것이라는 희망이 생긴 거죠. 이런 것 을 두고 과학계에서는 패러다임의 변환이라고 해요. 그래서 2018년 노벨 의학상은 바로 면역 항암제의 기반 연구를 한 과학자들에게 주어 졌어요.

차이나는 클라스

우리 몸에서 무엇을 배울 것인가

타자라고 해서 무조건 배척할 것이 아니고, 잘 적응해서 잘 산다면 굳이 배척할 필요가 없다는 것이죠. 만약 마을 사람들과 불화를 일으킨다면 그때 경찰이 출동해서 해결을 하면 되고요. 요즘 면역학계에서는 이런 이론들이 조금씩 받아들여지고 있는 추세입니다.

신 제가 지금 하고 있는 강의의 부제가 '나와 남의 투쟁'이었죠. 면역의 3대 특성 중 최우선으로 얘기한 것도 '나와 남을 구분해야 한다'는 것이었고요. 그런데 여기서 제가 이상한 질문을 해보겠습니다. '나'와 '남'의 정체성을 구분한다면 '남'은 모두 제거해야 할까요? 최근에 등장한 현대 면역학에서 다루고 있는 주제를 예로 들어 설명해보죠. 엄마에게 있어서 태아는 나인가요, 아니면 남인가요. 여러분은 어떻게 생각하세요?

차클 엄마와 탯줄로 연결되어 있으니까 남이 아니라고 생각해요.

신 그럼 유전자를 생각해보면 어떨까요. 태아는 엄마의 유전자 절반과 아빠의 유전자 절반으로 이루어져 있잖아요. 다른 예도 한번 들어보죠. 엄마가 신장을 이식해야 하는 상황이 닥쳐서 남편의 신장을 이식하려

한다고 칩시다. 그러면 남편의 신장을 엄마의 몸에서는 남으로 인식할 까요, 나로 인식할까요?

차클   그건 남일 것 같아요.

신   당연히 남이죠. 그래서 남의 신장을 이식하고 나면 면역억제제를 먹어 요. 그러면 태아와 이식이랑 다른 점은 뭘까요? 유전자의 절반은 나와 같지만, 나머지 절반은 남편의 것이잖아요.

차클   엄마의 몸에서는 태아를 공격하지 않잖아요?

신   그렇죠. 만약 태아를 공격하면 죽겠죠.

차클   그럼 태아는 어떻게 엄마의 몸에서 살아남는 것이죠?

신   엄마와 태아를 이어주는 태반이란 게 있습니다. 태반에는 면역을 억제 하는 굉장히 다양한 기전들이 돌아다니고 있어요. 그러다 보니 적어도 엄마의 몸은 태아에 대해선 면역을 억제하도록 되어 있습니다. 물론 다 그런 것은 아니에요. 습관성 유산을 하는 분들이 있죠. 일부 엄마들 의 경우에는 태아에 대해서 면역반응을 일으키는 거예요.

차클   엄마와 태아가 면역반응을 일으킨다고 생각하니 굉장히 혼란스럽네요.

신   여러분에게 생각할 거리를 주기 위해 일부러 혼동을 일으킨 겁니다. 이와 관련된 주제로 폴리 마칭어(Polly Matzinger)라는 분이 '위험 이 론'이라는 걸 주장한 적이 있습니다. 지난 150년간 면역학에서 가장 중요하게 생각해온 나와 남의 구분이라는 개념이 잘못된 것 같다고 했 어요. 남이 내 몸에 들어올 때 위험하면 반응을 하는 것이 맞지만, 위 험하지 않으면 굳이 반응을 할 필요가 없다는 식으로 우리 몸이 돌아 가는 게 아닌지 의문을 제기한 것입니다.

차클   그의 주장이 옳았나요?

신   네, 옳았습니다. 마칭어 박사의 위험 이론을 또 다르게 설명한 예시가

위험 이론
(The Danger Model)

"면역계에서 중요한 것은
나와 남의 구분이 아니라
우호적인 것과 위험한 것의 구분이다."

폴리 마칭어 Polly Matzinger
면역학자, 미국

있어요. 어떤 마을에 경찰이 있다고 생각해봅시다. 나와 남을 구분하는 개념으로 보면 동네에 주민이 아닌 이방인이 한 명 들어오게 되면 문제가 됩니다. 이때 기존의 면역학 개념으로 본다면 그가 위험한지 위험하지 않은지는 따지지 않고 무조건 '너는 남이니까 나가'라고 할 수 있겠죠. 하지만 마칭어 박사의 위험 이론을 이 상황에 대입해 보면 좀 다른 대응책이 나옵니다. 즉 타자라고 해서 무조건 배척할 것이 아니고, 잘 적응해서 잘 산다면 굳이 배척할 필요가 없다는 것이죠. 만약 마을 사람들과 불화를 일으킨다면 그때 경찰이 출동해서 해결을 하면 되고요. 요즘 면역학계에서는 이런 이론들이 조금씩 받아들여지고 있는 추세입니다.

차클   이렇게 계속 새로운 이론들이 등장하면 기존의 이론들이 흔들리는 것 아닌가요?

신   진짜 중요한 말씀입니다. 저도 마칭어 박사의 위험 이론을 알고 생각을 깊이 해보았습니다. 마칭어 박사의 말이 옳으니까 150년 전에 면역학이 처음 발전했을 때부터 '나인가 남인가의 관점이 아니라 위험이냐 아니냐로 보는 게 옳지 않았을까'라고 생각을 한 거예요. 그런데 만약 정말 그랬다면 면역학이 지금처럼 발전하지 못했을 겁니다. 일단처음에는 나와 남이라는 시각으로 면역학을 연구함으로써 많은 것을 알게 되었으니까요. 또 그다음에 새로운 시각이 등장하게 되면 한 단계 더 나은 것을 볼 수 있는 것 아니겠어요? 학문의 발전도 그렇고 사회의 발전도 그렇고 기존의 시각에서 볼 수 있는 것을 바탕으로 새로운 시각에서 볼 수 있는 것을 받아들일 때 발전이 이루어지는 것 같습니다.

시청자의
질문 있습니다!

bok83	애초에 바이러스는 왜 생겼나요?
신	바이러스는 생명체 중에서 유전자의 크기와 증식 방식 등 모든 면에서 가장 작고 단순한 것입니다. 일반적으로 볼 때 가장 간단한 생물로부터 고등한 생물로 진화했다고 생각할 수 있죠. 그런데 역설적으로 바이러스들은 살아 있는 세포가 없으면 증식을 못 해요. 바이러스가 정확하게 어떻게 만들어졌는지 알 수는 없지만 추론을 할 수는 있습니다. 누군가는 일단 생명체가 생기고 나서 거기에서 유전자가 어떤 방식으로 떨어져 나와서 바이러스가 생겼다고 합니다. 하지만 이외에도 다양한 가설들이 존재합니다.
bok83	아이가 장염에 걸렸을 때, 두통이 있고 많이 아파하는데 병원에서는 항생제를 지어주지 않더라고요. 항생제를 처방해주지 않는 이유가 무

차이나는
클라스

엇인가요?

신　　우리가 평소에 처방을 받는 항생제라는 약은 세균을 치료하는 약입니다. 바이러스는 항생제로 해결할 수 없어요. 그와 마찬가지로 항생제로는 감기 바이러스도 해결할 수 없겠죠. 감기도 장염도 바이러스가 원인이 된 것이므로 항생제를 처방하지 않은 것입니다. 그러니까 세균이 원인인지 바이러스가 원인인지를 알아야 어떤 약을 쓸지 알 수 있는 것이죠. 그런데도 간혹 항생제를 쓸 때가 있긴 합니다. 그것은 직접적인 해결을 하기 위한 목적은 아닙니다. 독감 바이러스에 감염이 되면 세균 감염이 잘되기 때문이죠. 2차 감염을 막기 위해서 항생제를 쓰는 경우는 있습니다.

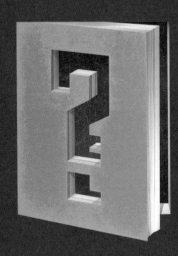

차이나는
클라스

2장

문화

미술은
아는 만큼 보인다

양정무

한국예술종합학교 미술원 교수이자, 한국예술연구소 소장.
19대 한국미술사교육학회 회장을 역임하고
존스홉킨스대학교와 메릴랜드미술대학에서
방문교수로 미술사를 연구하는 등 학자로서 활발한 활동을 하고 있다.
서양 미술의 발전을 상업주의와 연결한 연구로 학계의 주목을 받고 있다.
'인문학의 꽃'으로 불리는 미술사를 우리 사회에 알리는 데 관심이 많다.

르네상스 시대의 미술은 무엇이 다른가

인간의 관심이 천상의 세계에서 지상으로 내려온, 그래서 세상의 주인공인 인간을 중심으로 모든 것을 다시 쓴 시기를 근대, 곧 르네상스 시기라고 합니다. 르네상스라는 말은 '다시 태어나다'라는 뜻이지요.

차클 미술의 역사에서 르네상스 시기는 어떤 의미가 있나요?

양 레오나르도 다빈치가 그린 〈최후의 만찬〉 같은 작품들이 르네상스를 대표하는데요. 우리 주변에서 볼 수 있는 많은 예술 작품들이 르네상스 시대의 작품들을 모방했거나 거기서 영감을 받은 것들입니다. 광고나 다양한 문화 상품에 자주 등장하고 있죠.

차클 르네상스 시기 이전엔 어떤 미술 작품들이 있었나요?

양 르네상스 이전의 시기를 중세라고 부릅니다. 암흑기라고도 하는데요. 주로 인간이 가지고 있는 오류나 한계를 반성하고 고민하던 시기입니다. 그리고 인간의 삶의 가치가 지상이 아닌 천상에 있었던 시기이기도 합니다. 그래서 미술에 대한 표현 역시 조금 억제됐던 시기라고 할 수 있죠.

중세 모자이크, 하기아 소피아, 10세기

차클	르네상스라는 말에는 어떤 의미가 담겨 있나요?

차클 르네상스라는 말에는 어떤 의미가 담겨 있나요?

양 인간의 관심이 천상의 세계에서 지상으로 내려온, 그래서 세상의 주인 공인 인간을 중심으로 모든 것을 다시 쓴 시기를 근대, 곧 르네상스 시 기라고 합니다. 르네상스라는 말은 '다시 태어나다'라는 뜻이지요.

차클 그 같은 르네상스의 정신을 대표하는 미술 작품에는 어떤 것들이 있 나요?

양 르네상스 시대의 정수와 같은 증거물은 누드화라고 할 수 있습니다. 더 이상 인간을 부끄러운 존재로 바라보는 것이 아니기 때문에 자신 있게 인체를 드러낸 겁니다.

차클 누드화를 둘러싸고 끊임없이 예술과 외설 논란이 제기되는데 당시에 도 그런 논란이 있었나요?

양 하나의 방향으로만 볼 순 없습니다. 누드화의 가장 큰 매력은 두 개의 경계, 소위 예술과 외설 사이에서 작가가 얼마나 긴장감 있게 작품을 풀어갔는가에 달려 있습니다.

조르조네, 〈잠자는 비너스〉, 1510

차클	조르조네의 〈잠자는 비너스〉란 그림이군요. 이 그림은 예술과 외설, 어느 쪽에 가까울까요?
양	이탈리아의 화가 조르조네(Giorgione)가 비너스를 그리다가 절명한 뒤 후배 작가인 티치아노(Vecellio Tiziano)가 이 그림을 완성했습니다. 흥미로운 것은 이 작품이 너무 세 보이지 않도록 작은 장치를 넣어두었다는 점이에요. 적외선 장치로 작품을 자세히 살펴보면 큐피드가 숨어 있어요.
차클	굳이 큐피드를 숨겨둔 이유가 뭘까요?
양	그림을 최종적으로 완성했던 티치아노는 아름다운 대자연에서 편하게 잠잘 수 있는 여인은 비너스밖에 없다고 생각했어요. 큐피드를 보여주지 않아도 그림 속 여인이 충분히 신적인 존재로 느껴질 수 있다고 생각했던 것 같아요.
차클	티치아노가 그린 또 다른 비너스도 있나요?
양	앞서 본 조르조네의 〈잠자는 비너스〉는 현실에서 벗어나 눈을 감고 몽

티치아노, 〈우르비노의 비너스〉, 1538년

롱한 상태로 있는 느낌이죠. 반면 티치아노가 그린 〈우르비노의 비너스〉는 눈을 번쩍 뜨고 아주 자신만만하게 정면을 응시하고 있어요. 조금 더 인간화된 모습이라고 할 수 있죠.

차클　재미있네요. 같은 비너스를 다뤘지만 느낌이 완전히 달라요.

양　아주 색다른 그림을 하나 보여드리죠. 브론치노(Agnolo Bronzino)가 그린 〈비너스와 큐피드의 알레고리〉에서 주인공은 비너스와 큐피드입니다. 그림을 자세히 보시면 엄마와 아들 사이라고 하기에는 강한 교감이 느껴지는 키스를 나누고 있죠. 그리고 주변에는 놀라운 상징들이 펼쳐져 있습니다. 바로 옆에서 머리를 쥐어뜯는 사람은 사랑에 대한 질투와 증오를 상징한다고 볼 수 있어요.

차클　왜 그렇게 괴로워하는 모습을 하고 있는 것인가요?

양　당시 유럽의 상류층 사이에선 무시무시한 병이 돌고 있었습니다. 시필리스(syphilis), 즉 매독이죠. 매독균이 머리로 옮아갔을 때의 고통을 표현한 것이라는 해석이 있습니다.

브론치노, 〈비너스와 큐피드의 알레고리〉, 1545년

차클	그럴 줄은 짐작도 못했어요. 다른 주변 사람들도 뭔가를 상징하나요?
양	왼쪽 위에 머리 뒤쪽이 텅 비어 있는 사람은 사랑과 망각을 표현하고 있다고 할 수 있습니다. 오른쪽 아래에 있는 가면은 위선을 상징하고요. 오른쪽 소년 뒤의 괴기스러운 인물은 한 손에는 꿀통을 들고 다른 한 손에는 무언가를 숨기고 있는데, 바로 전갈입니다. 또한 제일 뒤에 있는 대머리 할아버지는 시간을 상징하는 남신입니다. 언뜻 보기에는 에로틱하고 감각적인 그림이지만 세부적으로 읽어나갈수록 사랑 때문에 치러야 할 대가, 두려울 정도의 고통이 매우 섬세하게 표현된 작품입니다.
차클	흥미롭습니다. 그런데 뭐니 뭐니 해도 르네상스 시대의 작품 중에서는 다빈치의 〈모나리자〉가 가장 유명한 그림 아닌가요?
양	맞습니다. 지난 2000년 이탈리아에서 실시한 한 설문조사에 의하면 세상에서 가장 유명한 그림으로 〈모나리자〉를 꼽은 사람이 85퍼센트나 됐어요.

차쿨 〈모나리자〉가 이렇게 유명해진 이유는 무엇인가요?

양 1911년 8월에 있었던 사건 이전까지 〈모나리자〉는 전문가들 사이에 서만 유명한 작품이었습니다. 당시만 해도 이 작품에 대한 관심이 지 금처럼 높지 않아서 관리가 조금 허술했어요. 그런데 대낮에 그것도 루브르 박물관에서 〈모나리자〉가 사라진 겁니다. 이후 140만 부를 발 행하는 유력 신문 〈르 프티 파리지앵〉에 〈모나리자〉 도난 사건이 3주 간 대서특필되면서 이 작품이 세상 사람들에게 알려지기 시작했죠.

차쿨 도대체 누가 훔쳐간 것인가요?

양 빈첸초 페루자라는 이탈리아 사람이었어요. 그는 루브르 박물관에서 잠시 일을 했었는데, 〈모나리자〉를 몰래 훔쳐서 피렌체에 있는 우피치 미술관에 팔려고 했었다고 해요. 결국 범죄가 발각됐고 〈모나리자〉는 다시 루브르로 돌아오게 되었습니다. 당시 빈첸초는 이탈리아의 작품 을 이탈리아로 가져다 놓으려 했다고 변명을 했어요. 아무튼 이때부터 〈모나리자〉라는 작품이 신화적인 존재로 자리 잡게 되었지요.

차쿨 그나저나 그 유명한 레오나르도 다빈치의 〈모나리자〉가 누구를 모델

로 그린 건지 궁금하네요.

양   레오나르도 다빈치의 생애를 언급할 때 다양한 설들이 등장합니다. 그런데 〈모나리자〉를 둘러싼 이야기는 굉장히 정확한 편이에요. 피렌체의 상인인 프란체스코 델 조콘도(Francesco del Giocondo)의 부인 리사 게라르디니(Lisa Gherardini)를 그린 것입니다.

차클   특히 〈모나리자〉 그림을 보면 눈썹이 아주 매력적입니다. 다빈치가 일부러 안 그린 걸까요?

양   르네상스 시대의 화가 조르조 바사리(Giorgio Vasari)의 기록에 따르면 눈썹에 대한 표현도 굉장히 정확하게 나옵니다. "눈썹은 땀구멍을 따라 어떤 부분은 무성하고 아주 성근 것도 있어서 더 자연스러울 수 없다"고요. 물론 다른 의견도 있어요. 따라서 일부러 그리지 않았거나, 일단 그렸지만 훼손되었다고 보거나 두 가지 가능성을 다 생각해볼 수 있을 겁니다.

차클   훼손된 거라면 복원을 하면 되지 않나요?

양   예를 들어 〈최후의 만찬〉 같은 경우에는 물감의 내구성이 많이 떨어져서 그리자마자 흘러내렸다는 이야기도 있습니다. 〈모나리자〉도 눈썹을 그렸지만 사라졌을 수도 있습니다. 유화의 경우 그림을 완성하고 나서 코팅을 해야 합니다. 보존하기 위해서 바니싱이라는 처리를 해요. 쉽게 말해 니스칠을 하는 것입니다. 그런데 시간이 지나면서 이 칠이 약간 브라운톤으로 바뀌면서 탁해집니다. 100년, 200년마다 이것을 닦아내고 다시 입히게 되는데, 이때 실수로 잘못 닦으면 미묘한 부분들이 사라집니다. 그래서 이런 작품들을 복원해야 할지 말아야 할지 고민을 하게 되는 거죠.

차클   그렇다면 복원을 하지 않는 것이 오히려 나은 건가요?

다빈치, 〈모나리자〉,
1503~1506년

다빈치, 〈모나리자〉,
복원 예상도

양   꼭 그런 것도 아니에요. 복원하지 않으면 훼손이 많이 되는 경우도 있
습니다. 시스티나 성당의 천장화만 해도 1970년대까지 복원되지 않
은 상태로 유지됐어요. 그러다 보니 400~500년간 성당 내에서 발생
한 연기 그을음이 올라가 붙어서 그 형체를 알아볼 수 없게 됐습니다.

차클   이러지도 저러지도 못한다는 얘기인가요?

양   현재의 〈모나리자〉는 모노톤이죠. 만약 복원한다고 하면 아마도 배경
이 이탈리아의 푸른 하늘로 그려질 가능성이 커요. 지금과는 사뭇 다
른 느낌의 〈모나리자〉를 보게 되겠죠. 이런 점 때문에 어설픈 복원보
다는 그냥 놔두는 게 나을 수도 있습니다.

차클   그렇군요. 그런데 만약 〈모나리자〉를 값으로 환산하면 얼마 정도가 될
까요?

양   프랑스 정부는 국채의 10퍼센트 정도를 갚을 수 있는 수준의 가격이
라고 보고 있어요. 40조 원까지 간다는 얘기도 있습니다. 물론 프랑스

다빈치, 〈살바토르 문디〉, 1505년

가 망하지 않는 한 〈모나리자〉를 파는 일은 절대로 일어나지 않을 거예요. 한편 역대 가장 비싼 값으로 팔린 작품은 예수 그리스도의 얼굴을 그린 〈살바토르 문디〉예요. 2017년 뉴욕에서 열린 크리스티 경매에서 4억 5000만 달러(약 5000억 원)에 낙찰됐습니다.

차클　어마어마하네요. 낙찰자는 도대체 누구인가요?

양　아랍의 왕자가 낙찰받았어요. 그런데 이 〈살바토르 문디〉는 1950년대엔 단돈 10만 원 정도에 거래된 기록이 있습니다. 당시에는 레오나르도 다빈치의 복사품이라고 알려져 있었거든요. 그런데 전문가들의 복원을 거쳐 진품이라는 게 밝혀지면서 가격이 치솟게 됐어요.

차클　일반인들에게 공개가 됐나요?

양　아부다비에도 루브르 박물관이 생겼는데 거기에 전시될 예정이라고 합니다. 파리에 가면 〈모나리자〉, 아부다비에 가면 남자 〈모나리자〉라고 할 수 있는 〈살바토르 문디〉가 있는 셈입니다.

차클	돈으로 따지기 힘든 가치를 지닌 미술 작품들에 값이 매겨진다는 게 좀 아이러니하게 느껴지기도 하네요.
양	그것이 바로 미술이 가진 매력이기도 합니다. 돈으로 거래되는 시장에서 미술 작품이 가장 고가를 형성하고 있으니까요. 하지만 가격이라는 것은 사실 미술이라는 대상을 판단하는 하나의 가치에 불과할 뿐인데, 지나치게 가격에만 관심이 쏠리는 현실에 조금 속상하기도 합니다.
차클	혹시 미술 작품 경매를 거부하는 작가들도 있지 않나요?
양	물론입니다. 미술품을 사고파는 행위에 저항하는 작가들이 있습니다. 대표적인 예가 그라피티 작품으로 유명한 뱅크시(Banksy)입니다. 베일에 싸인 예술가 또는 예술 그룹이라고 할 수 있는데요. 영국 사람들은 자기네 집 벽에 뱅크시가 와서 낙서를 한 번 해주는 것이 소원이라고 할 정도로 인기입니다.
차클	인기는 많지만 자기 작품을 사고파는 건 좋아하지 않는다는 얘기죠?
양	네. 2018년 소더비 경매에 뱅크시의 작품이 나온 적이 있어요. 그런데 낙찰이 되는 순간, 액자에 미리 설치되어 있던 장치에 의해 자동으로 작품의 일부가 파쇄됐어요. 자기 작품이 거래되는 것을 거부하려는 시도였죠. 하지만 사람들은 그런 해프닝조차 즐거워했고, 낙찰자도 파쇄된 그 작품을 사들였다고 합니다.

차이나는
클라스

그들은 왜
어두운 자화상을 그렸을까

아름다운 세계가 곧 명작의 세계인 것 같지만 자세히 들여다보면 명작이 그리고 있는 세계가 항상 긍정적이고 명랑하지는 않아요. 명화를 통해서 우리가 사는 세계를 더욱 자세히 들여다볼 수 있습니다.

차클   르네상스 이후에는 어떤 미술 작품들이 등장하나요?

양   바로크 시대가 르네상스의 뒤를 잇는데요. 바로크(baroque)는 일그러진 진주라는 의미를 담고 있습니다. 너무 역동적이고 파격적인 이 시대 미술을 약간 낮춰 부르는 뉘앙스를 담고 있기도 했어요. 하지만 지금은 그 어떤 용어보다 이 시대의 미술을 잘 표현해준다고 생각합니다.

차클   바로크 시대가 어땠길래 그런 특징의 미술 작품이 등장한 건가요?

양   중세 이후 르네상스 시대에도 강력함을 과시했던 교회가 바로크 시대에 분열되기 시작합니다. 프로테스탄트, 즉 신교가 등장하죠. 지구가 세상의 중심이 아니라는 것을 깨닫게 되는 시기이기도 합니다. 이런 경험을 바탕으로 미술에서도 아주 역동적인 작품들이 등장하게 됩니다.

차클   대표적인 미술가는 누가 있나요?

양 카라바조(Michelangelo da Caravaggio)입니다. 그의 그림을 보면 전체적으로 어두침침한 분위기 속에서 이야기를 펼칩니다. 등장인물들은 마치 선술집에서 불러 모은 것 같습니다. 예수 그리스도, 성모 마리아, 세례자 요한을 천상이 아닌 우리 주변의 위치로 끌어내린 거예요. 교회가 분열되면서 전통을 중시하던 미술에도 변화의 바람이 불었다는 것을 알 수 있는 대목이죠.

차클 르네상스 시기와 비교해 큰 폭의 변화네요. 그런 그림을 그린 카라바조는 어떤 사람이었나요?

양 카라바조에 대한 기록이 많이 남아 있긴 한데, 불명예스러운 내용이 많습니다. 불법무기 소지, 술집에서 행패 부리기 같은 전과 기록이 굉장히 많아요. 일설에는 공놀이를 하다가 시비가 붙어서 상대방을 죽였다고도 합니다. 그래서 교황청이 수배령을 내렸는데 그때 그가 쫓기면서 그린 그림이 굉장히 놀랍습니다. 구약에 나오는 다윗과 골리앗의 이야기를 그리면서 골리앗 얼굴에 자기 얼굴을 그려 넣은 거예요.

차클 굳이 왜 자기 얼굴을 작품에 그려 넣은 것인가요?

카라바조,
〈골리앗의
머리를 든 다윗〉,
1905~1906년

양	인물의 사실성을 표현하려고 했던 것 같아요. 그래서 초기의 작품을 보게 되면 카라바조의 얼굴이 들어간 작품들이 많습니다. 그가 성경 이야기를 그림으로 풀어간 방식은 흡사 누아르 영화처럼 사실성에 기반한 작품이 대부분입니다.
차클	바로크 시대를 대표하는 다른 작가들도 소개해주시죠.
양	다른 작가들에게 미친 카라바조의 영향력이 상당히 컸는데요. 렘브란

트도 많은 영향을 받았습니다. 또 카라바조 추종자 가운데 젠틸레스키(Artemisia Gentileschi)도 근래 다시 주목을 받고 있는 여성 화가예요. 그녀는 원래 화가인 아버지 밑에서 그림을 배웠어요.

차클 　젠틸레스키의 그림 중 가장 잘 알려진 작품은 뭔가요?

양 　〈홀로페르네스의 목을 치는 유디트〉입니다. 유디트는 조선 시대의 논개처럼 적장의 목을 친 여성입니다. 유디트를 그린 다른 화가의 작품들에선 여성이 남자의 목을 들고 있거나 보자기에 목을 싸서 들고 있는 식으로 많이 묘사됐어요. 그런데 젠틸레스키의 〈유디트〉를 보면 목에 칼이 절반 이상 들어가 있고 피가 흐르면서 훨씬 자극적으로 묘사됩니다. 이런 점이 카라바조의 영향을 받은 것이라고 할 수 있죠.

차클 　잔인한 장면을 아주 사실적으로 그린 거네요. 이렇게 생생하게 묘사한 특별한 이유가 있을까요?

양 　젠틸레스키의 생애를 돌아볼 필요가 있습니다. 당시엔 여성의 사회적

젠틸레스키, 〈홀로페르네스의 목을 치는 유디트〉, 1620년

차이나는 클라스

활동이 굉장히 제한적이었고 화가가 되는 것도 무척 어려웠어요. 그런데 젠틸레스키는 17세에 아버지의 동료로부터 그림을 배우다가 성폭행을 당합니다. 나중에 그 사건이 법정까지 가게 되지만 오히려 피해자인 그가 역으로 비판과 매도를 당하며 고통을 겪습니다. 그로 인한 울분과 한이 그림을 통해 표현됐다고 볼 수 있어요.

차클   위대한 작품이 탄생한 배경치곤 너무 어둡고 우울하네요.

양   아름다운 세계가 곧 명작의 세계인 것 같지만 자세히 들여다보면 명작이 그리고 있는 세계가 항상 긍정적이고 명랑하지는 않아요. 명화를 통해서 우리가 사는 세계를 더욱 자세히 들여다볼 수 있습니다. 자, 이쯤에서 바로크 시대의 한 스페인 화가를 한번 살펴볼까요. 바로 벨라스케스(Diego Velázquez)입니다. 벨라스케스는 세비야에서 활동하다가 그림 실력을 인정받아 마드리드의 궁정화가로 활동하게 됩니다. 이후 이탈리아로 유학을 가게 되면서 좀 더 다양한 색을 구사하는 화가

벨라스케스, 〈시녀들〉, 1656년

로 재탄생합니다. 그때 그린 가장 대표적인 작품이 〈시녀들〉입니다. 이 그림은 초상화이지만 초상화의 단조로움을 깨고 회화의 모든 것들을 담아냈다고 평가될 만큼 굉장히 깊이 있는 작품입니다.

차클　그림 속 붓을 든 화가가 벨라스케스 자신인가요?

양　　맞습니다. 심지어 굉장히 높은 신분에게만 허용되는 산티아고 기사단 마크까지 자신의 가슴에 그려놓았죠. 이건 자신이 궁정화가이면서 기사 작위까지 받았다는 점을 드러낸 것이에요. 그리고 그림 속 거울 안엔 펠리페 4세 왕과 왕비가 그려져 있어요. 네 살배기 마가리타 공주를 보러온 스페인 왕실의 최고 권력자들을 마치 숨어 있는 것처럼 표현했습니다. 그러다 보니 단순히 하나의 그림이 아니라 여러 가지 의미를 담은 철학적 그림, 메타 페인팅이라고 할 수 있죠.

차클　중층적 의미가 담겼다니 흥미롭네요.

양　　이 그림을 더 자세히 이해하려면 먼저 유럽 최고의 가문 중 하나인 합스부르크 가문을 설명해야 할 것 같아요. 합스부르크 가문은 자신들의 영토를 지배하기 위해 정략결혼, 근친혼이라는 방법을 택했습니다. 그러다 보니 자연스럽게 유전병이 돌기 시작했어요. 그래서 이 집안의 사람들은 하나같이 긴 턱을 가지고 있었죠.

차클　왕족들의 외모를 너무 사실적으로 그리면 왕실에서 싫어하지 않을까요?

양　　네. 외모를 너무 사실적으로 그린 작품은 인기가 없었던 것 같습니다. 그래서 턱수염으로 턱을 가린 작품들이 등장하죠. 그중 티치아노가 그린 그림을 대단히 마음에 들어 했다고 합니다. 어쨌든 〈시녀들〉이라는 작품 앞에 서면 여러분도 불타오르는 벨라스케스의 붓 터치에 매료될 수 있을 겁니다. 더불어 합스부르크 가문의 비극적 종말을 떠올릴 수

티치아노, 〈카를 5세〉, 1548년

도 있을 테고요.

차클 바로크 시대의 또 다른 작품들은 어떤 게 있나요?

양 혹시 애니메이션 〈플란더스의 개〉에 바로크 미술의 대표적 화가가 등장하는 것을 알고 있나요? 주인공 소년인 네로가 죽기 전에 가장 보고 싶어 했던 게 바로 루벤스(Peter Paul Rubens)의 작품이었죠. 배고픔과 굶주림 속에서 네로는 루벤스의 〈십자가에서 내리심〉이라는 작품을 보면서 세상을 떠나게 됩니다.

차클 너무 슬픈 장면으로 기억에 남아요. 그런데 화가인 루벤스의 인생은 평탄했나요?

양 보통 화가들은 사후에 제대로 평가를 받고 생전에는 불행하게 사는 경우가 많죠. 루벤스는 달랐습니다. 화가계의 왕자라고 할 만했거든요. 주로 유럽의 중요한 왕들과 왕후, 귀족들과 거래했어요. 루벤스는 플랑드르의 명문가 출신으로 8년간 이탈리아에서 유학 생활을 하며 그림을 배웠어요. 이탈리아에서 돌아와 그린 그림이 바로 〈십자가에서

루벤스, 〈십자가에서 내리심〉, 1612~1614년

내리심〉입니다. 북유럽 전통의 디테일이나 이탈리아 전통의 스케일을 아주 멋지게 결합한 작품입니다.

차클 예수가 십자가에서 내려오는 장면인데 성경의 내용과는 느낌이 많이 다른 것 같아요.

양 그렇죠. 예수의 몸은 근육이 잘 발달해 신적인 느낌으로 표현돼 있습니다. 북유럽에서는 예수 그리스도를 인간적으로 표현하는 데 주력했지만, 이탈리아에서는 예수의 신성함을 표현하는 데 주력했죠. 그래서 건강하고 균형 잡힌 몸매로 그리는 경향이 있었어요. 루벤스는 자신이 이탈리아에서 배워온 것을 이 그림에서 보여주려고 했던 것 같습니다.

차클 그렇군요. 앞서 루벤스가 왕실 사람들과 어울렸다고 하셨는데 그럼 왕족을 그린 작품도 많은가요?

양 프랑스의 근대를 이끈 앙리 4세라는 왕이 있습니다. 그는 분열된 프랑스 사회를 통일하고 종교적 자유를 허용했어요. 그의 아내인 마리 드 메디치는 이름에서 알 수 있듯이 메디치 가문의 여인이었습니다. 남편

차이나는
클래스

루벤스, 〈마리 드 메디치의 초상을 받는 앙리 4세〉, 1622년

인 앙리 4세가 일찍 숨을 거두자 아들 루이 13세의 섭정을 꿰찼어요. 메디치 가문답게 권력욕이 대단해서 아들과의 권력 다툼이 굉장했다고 해요. 그런 마리 드 메디치가 루벤스에게 자신의 일대기를 그리게 했습니다. 그림 한 폭의 크기가 무려 3~4미터나 됐는데요. 그림의 크기보다도 그림에 담은 내용에 주목해야 합니다. 역사적 사실을 그리면서 신화를 혼합했거든요.

차클   자신의 행적을 신격화하기 위해 루벤스를 이용한 것인가요?

양   그렇다고 볼 수 있습니다. 큐피드가 든 마리 드 메디치의 초상화를 바라보고 있는 앙리 4세, 그 모습을 뒤에서 바라보고 있는 제우스와 헤라, 거기다 바다의 신까지 등장해요. 루벤스가 이런 식으로 그림을 그려주니 마리 드 메디치는 만족할 수밖에 없었을 겁니다.

차클   루벤스와 달리 돈과 권력에 타협하지 않은 인물은 없나요?

양   루벤스처럼 되고 싶었지만, 되지 못한 화가는 있습니다. 바로 렘브란트(Rembrandt van Rijn)인데요. 렘브란트의 자화상을 보면 전체적으로 빛이 어둡게 표현됩니다. 렘브란트는 이탈리아에 가지 않았지만, 당시 이탈리아에서 어떤 그림이 유행하고 있는지는 알았던 것 같아요. 그는 일생 동안 수없이 많은 자화상을 그렸어요. 거의 일기를 적듯이 자신의 생애를 그림으로 남긴 것이죠.

차클 모델을 구할 돈이 없어서 계속 자기 얼굴을 그린 것인가요?

양 네, 그럴 수도 있습니다. 렘브란트가 금전적으로 힘들게 살았다는 게 학계의 정설입니다. 그는 20대부터 30대까지 당시 유럽에서 최고로 부유한 국가인 네덜란드의 시민사회 구성원들의 초상화를 그리면서

렘브란트, 〈자화상〉, 1659년

명성을 쌓기 시작했습니다. 어느 순간 너무 많은 사람이 주문하는 바람에 감당하지 못하는 수준에 이르기도 하죠. 그러나 그의 명성이 예전 같지 않게 되자 집이나 수집품들을 되팔아야 할 정도로 파산하게 되었어요.

차클 렘브란트가 그린 대표적인 작품은 무엇인가요?

양 바로 〈야경꾼〉이라고 알려진 그림입니다. 그런데 이 그림에는 반전이 숨어 있습니다. 원래는 어두운 그림이 아니었다고 해요. 낮의 풍경을 그린 건데 그림에 사용한 물감들이 탁해지면서 지금처럼 어두운 그림으로 바뀐 것이죠. 렘브란트가 네덜란드 지역에서 최고의 명성을 드높이던 때 그린 겁니다.

차클 〈야경꾼〉이 유명한 이유는 뭔가요?

양 이 그림은 원래 단체 초상화입니다. 보통 초상화라고 하면 일렬로 늘어선 모습을 그리는 식이 일반적이었는데, 렘브란트는 대장과 부대장이 앞에서 이야기하고 있는 와중에 뒤에서 부대원들이 어수선하게 움직이는 모습을 그렸어요. 굉장히 사실적인 표현을 한 것이 특징이죠.

렘브란트, 〈야경꾼〉, 1640~1642년

차클   루벤스의 화풍과는 대조적인 것 같아요.

양   이 작품 이후로는 렘브란트의 그림들이 잘 안 팔립니다. 게다가 빚에 쪼들리면서 신용불량자가 되는 바람에 렘브란트가 그린 그림들 중 팔릴 만한 것들은 정부에서 전부 가져가 버려요. 어쩔 수 없이 미술 시장과 동떨어진 자기만의 세계로 빠져듭니다. 하지만 그 덕분에 굉장히 명상적이고 깊이 있고 인간성이 묻어나는 그림들을 그리게 됩니다.

우리는 미술을
어떻게 감상해야 하는가

이 그림도 하나의 방향으로만 읽히지 않고 사람들의 마음속에 있는 다양한 생각과 감정들을 불러일으키면서 좋은 작품으로 평가받게 된 게 아닐까요. 우리가 사는 세계의 좋은 면만 보여주는 게 아니라 어둡고 답답하고 숨겨야 될 면까지도 전체적으로 보여주는 게 명작이라고 생각합니다.

차클   르네상스나 바로크 시기엔 신 또는 왕실에 대한 그림이 주를 이룬 것 같습니다. 이후의 화가들은 무엇을 그리게 되었나요?

양   굉장히 중요한 지적입니다. 이제부터는 보통 사람의 눈높이로 미술이 내려오는 과정을 살펴보도록 하겠습니다. 먼저 브뤼헐(Pieter Brueghel)이라는 작가가 그린 〈농민의 결혼식〉을 보도록 하죠. 혹시 이 작품을 보면서 떠오르는 그림이 있나요?

차클   글쎄요, 긴 탁자 주위에서 손님들이 먹고 마시고 있네요.

양   자세히 보면 이 그림은 레오나르도 다빈치의 〈최후의 만찬〉을 브뤼헐이 자기 방식으로 풀어낸 것입니다. 한마디로 패러디의 원조였던 것이죠. 브뤼헐이 활동하던 지역은 개신교가 등장한 북유럽이었습니다. 그래서인지 가톨릭의 전통을 살짝 비틀고 조롱하는 방식으로 그림을 그

브뤼헐,
〈농민의 결혼식〉,
1568년

브뤼헐,
〈장님을
이끄는 장님〉,
1568년

렸죠. 브뤼헐의 다른 작품을 보면 사회 비판적인 그림들이 많습니다. 예컨대 〈장님을 이끄는 장님〉에선 교회를 대놓고 조롱합니다. 맹인을 구렁텅이로 이끄는 맹인이 등장하는데, 교회가 사람들을 잘못 인도하고 있다는 의미예요. 이처럼 권위를 부정하고 사물을 다른 각도로 보는 시도를 통해 미술의 역할을 간접적으로 드러냈습니다.

차클   브뤼헐 말고도 그런 작가들이 많이 등장했나요?

차이나는
클라스

양   영국의 윌리엄 호가스(William Hogarth)라는 작가의 그림도 한번 보시죠. 당시의 결혼 세태를 풍자하는 여섯 개의 연작을 그렸습니다. 지금으로 치면 막장 드라마 같은 이야기를 담고 있어요. 양가의 아버지들은 각자의 족보를 들고 결혼의 계약 조건을 따지고 있고, 결혼의 당사자인 남녀는 서로 다른 곳을 바라보면서 다른 생각을 하는 모습이 그

호가스,
〈유행 결혼〉
연작 중,
1743~1745년

려졌습니다. 그 옆에선 변호사가 여자를 안심시키고 있는 듯한데, 알고 보면 두 사람이 내연 관계입니다.

차클 정말 막장이 따로 없네요. 결혼 전부터 의미심장합니다. 다음 그림에는 어떤 이야기가 숨겨져 있나요?

양 또 다른 그림을 보면 건물을 크게 지어 올리고 있는 장면이 등장합니다. 그러다 망한 모습을 그린 것이죠. 다음 그림엔 신혼부부의 모습이 담겼습니다. 그런데 남편이 외박하고 들어온 모양이에요. 강아지가 주머니에 꽂힌 손수건에서 다른 여자의 향수 냄새를 맡고 있는 듯한 모습이에요. 하지만 남편을 바라보는 아내의 눈초리는 별로 상관하지 않는 듯하죠. 자신도 지난밤에 재미있게 놀았다는 것으로 해석할 수 있어요. 영수증을 손에 들고 방을 나서는 집사의 표정에선 '이 집안은 틀렸다'고 여기는 심정을 읽을 수 있죠.

차클 갈수록 가관이네요. 그럼 결국 부부는 이혼을 하나요?

양 아내의 외도 현장을 급습한 남편과 불륜남이 순간적으로 결투를 벌이는데 남편이 칼에 찔려 죽게 됩니다. 마지막 장면은 아주 비극이에요.

호가스, 〈유행 결혼〉 연작 중, 1743~1745년

차이나는 클라스

자신이 사랑한 남자가 붙잡혀서 교수형을 당했다는 소식을 담은 문서를 보고 아내가 자살한 것이죠. 이를 지켜본 친정아버지는 딸의 손에서 결혼반지를 빼내고, 그 옆에선 자살하도록 약을 구해줬느냐고 시종을 꾸짖는 장면까지 그려지고 있습니다.

차클 아까 이 작품이 연작으로 그려졌다고 하셨는데요. 구체적으로 어떻게 발표가 된 건가요?

양 호가스는 이 작품을 회화로 그린 것이 아니라 판화로 만들었습니다. 백만 원짜리 그림을 만들어서 파느니 만 원짜리 판화를 만들어서 200장 팔면 두 배로 벌 수 있다고 생각한 것이죠.

차클 그래서 많이 팔렸나요?

양 네. 당시 사람들이 많이 좋아했다고 해요. 18세기에 사진이 발명되기 전까지 사람들은 볼거리가 부족했어요. 그래서 지금 우리가 영화를 보러 가는 것처럼 이런 그림들을 보면서 매우 즐거워했을 겁니다. 이 그림들에는 한 편의 영화 같은 이야기들이 담겨 있으니까요.

차클 재미있네요. 이제 근대 미술로 넘어가게 되나요?

양 네, 프랑스 혁명의 시대로 가보겠습니다. 먼저 자크 루이 다비드(Jacques-Louis David)의 출세작인 〈호라티우스 형제의 맹세〉입니다. 세 아들이 위기에 빠진 조국을 구하기 위해서 전쟁터로 나갈 때 아버지가 축복을 내리고 있는 장면을 그린 것이에요. 아들들의 강인한 모습과 로마의 건축물이 어우러져서 굉장히 에너지가 넘치는 그림입니다. 참고로 아버지의 손은 카라바조의 〈그리스도의 매장〉에 등장하는 손을 훔쳐온 것입니다. 미술계에는 "좋은 화가는 베끼고 위대한 화가는 훔친다"는 말이 있어요. 부지불식간에 이런 디테일한 부분들을 갖다 써서 그림을 살리고 있는 것이죠. 그리고 세 아들이 딛고 서 있는 바닥을

다비드,
〈호라티우스
형제의 맹세〉,
1784년

보면 정말 현실감이 있고 강건한 에너지가 넘치도록 묘사되고 있습니다. 프랑스 혁명 직전에 루이 16세가 다비드에게 이 그림을 그리도록 주문했고, 덕분에 그는 '혁명의 화가'라는 별명을 얻게 됩니다.

차클 다비드가 나폴레옹의 그림도 그리지 않았나요?

양 네, 다비드는 한때 시민의 편에 섰지만, 정계에 뛰어들었다가 나폴레옹파에 들어가서 활동하기도 했습니다. 그때 그린 그림이 바로 영웅적인 기상이 담긴 〈생 베르나르 고개를 넘는 나폴레옹〉입니다. 그런데 다비드의 작품이 너무 허황됐다고 생각한 프랑스 화가 들라로슈(Paul Delaroche)는 1850년경에 셰르파(sherpa)가 이끄는 나귀를 타고 겨우 겨우 산을 넘는 나폴레옹의 모습을 그렸어요. 바로 〈알프스를 넘는 나폴레옹〉입니다.

차클 두 그림이 너무 대조적인데, 어느 쪽이 더 사실에 가까운가요?

양 어느 쪽이 더 사실인지 딱 잘라 얘기하긴 참 어려운 문제입니다. 다비드의 그림이 발표될 당시에는 나폴레옹이 이루어낸 업적이 참 대단했죠. 그러니 말을 타고 당당하게 전진하는 그림 속 모습을 두고 단지 강

차이나는
클라스

다비드,
〈생 베르나르
고개를 넘는
나폴레옹〉,
1800년

들라로슈,
〈알프스를 넘는
나폴레옹〉,
1834년

렬한 선동이라거나 허황되다고만 말하긴 어렵습니다.

차클 프랑스 혁명 자체를 주제로 한 그림은 없나요?

양 혁명 이후 프랑스는 왕정이 복귀되고 다시 공화국으로 넘어가는 극도 의 혼란기에 빠지게 됩니다. 이러한 혼란기를 그린 작품 중에 가장 유 명한 게 바로 들라크루아(Eugéne Delacroix)의 〈민중을 이끄는 자유의 여신〉입니다. 나폴레옹 이후에 다시 복귀된 왕정을 내쫓고 새로운 정 부를 구성하게 되는 1830년 7월 혁명을 그린 그림이죠.

차클 그림 속 자유의 여신은 실존 인물을 그린 것인가요?

양 이 여인은 프랑스 혁명을 나타내는 삼색기를 영웅처럼 흔들고 있습니 다. 실존한 여인이라기보다는 상징적으로 그려진 인물이죠. 자유의 여 신이 이끄는 군중들도 한번 보세요. 학생부터 노동자까지 모든 프랑스 시민들이 하나의 힘으로 맞섰다는 이야기를 담아냈어요. 그런데 이 그 림을 실제로 보게 되면 우리의 시선이 죽은 사람들에 닿게 됩니다. 산 처럼 쌓인 시신들을 바라보며 치열한 투쟁의 현장 속에 우리가 함께 있는 듯한 느낌을 받게 되죠. 한편 승리에 대한 암시도 들어가 있습니

들라크루아, 〈민중을 이끄는자유의 여신〉, 1830년

차이나는 클라스

다. 저 멀리 파리의 상징인 노트르담 대성당을 보면 연기가 나고 있죠. 파리의 상징이자 보수 세력의 상징인 교회를 점령한 것을 의미합니다.

차클   하나의 그림 안에 정말 많은 상징들이 담겨 있군요. 혁명과 관련된 또 다른 그림이 있을까요?

양   이번 그림은 장 프랑수아 밀레(Jean-François Millet)의 〈이삭 줍는 여인들〉입니다. 이 그림이 발표됐을 때 사람들은 그림을 보고는 섬뜩해했어요. 이삭 줍는 사람들이 쓴 모자가 너무 알록달록하고 선명했던 것 때문입니다. 빨간색과 파란색 모자 그리고 흰색 셔츠, 이 색깔의 배합을 보면 무엇이 떠오르나요?

차클   프랑스 혁명의 삼색기를 상징하고 있군요?

양   그렇죠. 그림 속 아낙들은 시골에서 아주 어렵게 사는 빈민들입니다. 농촌에서도 최하층민들을 그리고 있는 것이죠. 이들에게 이삭이라도 주워 생활하라며 일종의 자비를 베푸는 감시자도 그림 속엔 등장합니다. 얼핏 보면 그저 평화로운 시골에서 열심히 일하는 모습으로만 비치죠. 건강한 노동에 대한 예찬 그리고 아늑한 자연에 대한 감상만 느

밀레, 〈이삭 줍는 여인들〉, 1857년

껴질 뿐이에요. 하지만 분명 혁명의 시기에 이 그림을 봤다면 그림 전면에 등장한 프랑스의 삼색기 색깔 때문에 프랑스 공화국을 떠올리게 될 겁니다.

차클 이 유명한 그림에 그런 상징이 있는 줄은 미처 몰랐네요. 밀레가 당시에 정치적 의도를 품은 채 그렸다고 보면 될까요?

양 요즘도 정치색을 담은 그림들이 많이 그려지는데 이게 정치적 고발로만 끝나다 보니 감동을 못 줘요. 같은 정파에만 호소력을 발휘하거나 시대가 지나면 작품의 효력이 떨어지게 되는 거죠. 하지만 밀레의 작품은 시간이 흐를수록 다양하게 읽힙니다. 작가가 사회적인 고발의 목적뿐 아니라 농촌 사회에 대한 기본적인 애정을 품고 있었기 때문입니다. 그러다 보니 이 그림도 하나의 방향으로만 읽히지 않고 사람들의 마음속에 있는 다양한 생각과 감정들을 불러일으키면서 좋은 작품으로 평가받게 된 게 아닐까요. 우리가 사는 세계의 좋은 면만 보여주는 게 아니라 어둡고 답답하고 숨겨야 될 면까지도 전체적으로 보여주는 게 명작이라고 생각합니다.

**차이나는
클라스**

누가 틀을 깨뜨리는가

사진이 등장하기 이전에는 하나의 그림을 그리기 위해서 수많은 노고가 필요했습니다. 하지만 루이 다게르가 찍은 최초의 사진 이후로는 사진기를 통해서 풍경화를 단번에 완성할 수 있었습니다. 이후 19세기로 넘어오면서 사진의 시대를 지나 영상의 시대가 펼쳐지기 시작했습니다.

차클　현대의 미술은 르네상스나 바로크 미술과는 어떤 차이가 있나요?

양　수백 년 동안 미술은 분명히 알아볼 수 있는 구체적인 대상을 그렸습니다. 사람을 그리거나 동물을 그리거나 사물을 그렸죠. 그런데 현대로 넘어오면 대상도 없고 읽어낼 것도 없고 찾을 것도 없는 그림들이 등장합니다.

차클　대상도 없고 읽어낼 것도 없다는 게 무슨 뜻인지 잘 와닿질 않네요.

양　지금부터 그런 당혹스러운 그림들을 살펴보도록 하겠습니다. 여러분이라면 캔버스 위에 정해진 형태로 그림을 그릴 때와 마음 가는 대로 그림을 그릴 때, 둘 중 어떤 쪽이 자유롭겠어요? 그런 완전한 자유를 캔버스에 표현해낸 사람이 바로 잭슨 폴록(Jackson Pollock)입니다. 직접 물감을 뿌리는 듯한 그림을 통해 강렬한 메시지를 던졌는가 하면 자신의 작업 과정 일체를 전부 보여주기도 했습니다.

차클　이전 시대의 그림들과는 정말 다르네요. 잭슨 폴록의 그림에서 무슨 메시지를 찾을 수 있는 건가요?

양　특이하게도 잭슨 폴록의 가치를 제일 먼저 알아본 사람은 미국 중앙정보국(CIA)이었습니다. 당시는 옛 소련과 미국이 냉전을 벌이던 시기였어요. 그런데 공산주의 국가인 소련은 추상 미술은 부조화이고 잘못된 예술이라며 인정하지 않았어요. 그에 맞서 CIA에서는 미국의 가치를 드러낼 수 있는 문화적 표상으로 잭슨 폴록의 그림을 활용하기로 한 것입니다. 그의 자유로운 그림을 통해 미국의 지적인 생산력, 무한한 상상력의 세계를 보여줄 수 있다고 생각한 것이죠.

차클　현대 추상 미술에 그런 정치적 배경이 숨어 있다니 흥미롭네요. 그런데 추상 미술이 등장하게 된 직접적 배경은 뭔가요?

양　무엇보다 사진의 발명이 현대 추상 미술을 끌어낸 실마리가 되었습니다. 사진이 등장하기 이전에는 하나의 그림을 그리기 위해서 수많은 노고가 필요했습니다. 하지만 루이 다게르(Louis Daguerre)가 찍은 최초의 사진 이후로는 사진기를 통해서 풍경화를 단번에 완성할 수 있었습니다. 이후 19세기로 넘어오면서 사진의 시대를 지나 영상의 시대가 펼쳐지기 시작했습니다. 그러니 화가들은 직업을 잃을지도 모른다는 불안감에 빠질 수밖에 없었을 겁니다.

차클　그럼 화가들이 자구책으로 추상 미술로 넘어오게 된 것인가요?

양　결과적으로 그렇습니다. 그런 변화로 인해 화가들이 대상을 묘사만 하는 대신 자기 생각을 드러낼 수 있는 시대가 열린 것이죠.

차클　그런데 사진도 미술의 일부라고 볼 수 있을까요?

양　사진도 미술과 맥락이 닿는다고 할 수 있습니다. 사진을 뜻하는 영어 단어인 포토그래프(photograph)도 '빛'과 '드로잉'이 합쳐진 말입니다. 빛으로 그린 그림이 바로 포토그래프, 사진입니다. 사진이 등장했던 19세기는 실제로 빛에 눈떴던 시대입니다. 과학에 대한 지식이 폭발적으로 늘어나면서 빛의 삼원색이나 보색 관계 등을 알 수 있게 됐죠. 우리가 대상을 본다는 것도 대상에 반사된 빛을 보는 것이잖아요.

차클   그렇다면 빛의 중요성에 눈떴던 19세기에는 그림에 어떤 변화가 일어났나요?

양   에두아르 마네(Edouard Manet)라는 화가를 주목해봐야 합니다. 그의 〈풀밭 위의 점심〉이 사람들에게 공개됐을 때 사람들은 매우 당황스러워했습니다. 풀밭 위에 남자들이 정장을 입고 있는데 그 앞에는 벌거벗은 여인이 함께 앉아 있는 거예요. 그런데 이 그림은 루브르 박물관에 있는 베첼리오 티치아노의 〈전원 음악회〉를 마네가 자기 식대로 해석해서 그린 그림이라고 할 수 있습니다. 여기서도 남성들은 옷을 입

티치아노, 〈전원 음악회〉,
1509년

마네, 〈풀밭 위의 점심〉,
1863년

고 있고 여인 둘은 옷을 벗은 상태로 있어요.

차클 왜 여성만 옷을 벗고 있는 것으로 그렸나요?

양 지금도 수수께끼같이 해석이 안 되고 있습니다. 혹시 남자들의 눈에 여성은 보이지 않는 것 아닐까요? 두 여인이 정령이거나 이 세상 사람이 아닐 수도 있습니다. 그런데 모두 하나의 해석일 뿐이고 진실은 수수께끼로 남아 있습니다.

차클 위 두 작품에 대한 평가는 어떠했나요?

양 티치아노의 〈전원 음악회〉가 그려질 당시에는 독특한 시를 읽고 새로운 문화를 이끄는 신세대가 있었다고 알려져 있습니다. 이 그림은 그들만의 새로운 정서를 드러내는 작품이란 평가를 받고 박물관에도 걸리게 된 것이었죠. 그런데 〈전원 음악회〉를 보면서 너무나 멋진 예술이라고 평가한 19세기 사람들은 〈풀밭 위의 점심〉에 대해선 비판을 쏟아냈습니다.

차클 마네가 티치아노를 표절했다고 비판한 것인가요? 아니면 외설이라고 비판한 것인가요?

양 티치아노의 그림에서는 인물들이 모두 다른 곳을 바라보고 있어요. 옷 벗은 여성들을 신이라고 해석할 여지가 남아 있었던 거죠. 반면 마네의 그림에서는 여자가 주변 사람들과 다름없는 인간이라고 봅니다. 화가들이 신의 세계를 그리다가 점점 인간의 세계를 그리기 시작하자 그림을 감상하는 사람들은 인간에 대한 묘사에 부담을 느꼈던 것 같습니다. 지금은 인간에 대한 색다른 묘사를 받아들이는 데도 별 무리가 없지만 당시 사람들의 미술에 대한 기준으론 받아들일 수가 없었던 겁니다.

차클 그렇군요. 기존과 다른 그림을 그렸다는 이유로 마네는 계속해서 비판을 받게 되나요?

양	그 당시 프랑스엔 국가가 지원하는 '살롱'이라는 미술 전시회가 있었습니다. 화가들은 반드시 살롱에 작품을 전시해야 예술계에서 인정을 받을 수 있었어요. 그런데 마네는 살롱에도 기존의 미술과는 색다른 작품을 출품합니다. 바로 마네의 문제작 〈올랭피아〉입니다.
차클	〈올랭피아〉가 왜 문제작인가요?
양	그 당시의 일반적인 여성 누드화는 카바넬(Alexandre Cabanel)의 〈비너스의 탄생〉 같은 부류였습니다. 여성의 신체를 거의 조각처럼 깨끗하고 에로틱한 느낌으로 그리는 것이 일반적이었어요. 그런데 마네는 살롱에서 기대하는 것과는 전혀 다른 느낌의 그림을 그렸습니다. 기존의 미술과는 다른 표현 방식인 데다 신화 속 장면을 차용해 대중의 부담감을 줄이려는 노력도 하지 않았어요. 그림 속 여성이 너무나도 도발적이고 흡사 홍등가의 여인처럼 보였던 것입니다. 이 그림에 대한 비난이 너무 강력해서 살롱에서 그림을 떼어냈다는 소문도 있습니다.
차클	대중들의 반응도 마찬가지였나요?
양	실제로 〈올랭피아〉를 조롱하는 삽화가 신문에 실리기도 합니다. 마치

마네, 〈올랭피아〉, 1863년

카바넬, 〈비너스의 탄생〉, 1863년

마네가 자기 부인을 지저분하게 그려놓은 것처럼 풍자해서 조롱합니다. 아까도 설명했지만, 당시의 누드 미술은 여성의 신체를 굉장히 아름답게 표현하는 경향이 짙었는데, 마네의 그림에서는 저속한 여인이 세상을 빤히 쳐다보는 것처럼 그려졌기 때문이죠. 게다가 신체를 그린 붓의 터치 또한 거칠었습니다. 이런 것들이 당시의 미감과는 굉장히 맞지 않았던 것이죠.

차클　마네가 의도한 것은 아니었나요?

양　결과적으로 보면 의도한 것입니다. 티치아노가 그린 〈우르비노의 비너스〉와 비교를 해보면 알 수 있어요. 티치아노의 그림은 신화 속 비너스를 담았다고 칭송하면서 자신의 그림에 대해선 저속하고 가치가 없는 것으로 평가절하하는 미술계에 질문을 던진 것이죠.

차클　마네같이 기존 미술계에 도발적 화두를 던지는 화가들이 많이 등장했나요?

양　그렇습니다. '빛의 화가'라 불리는 클로드 모네(Claude Monet)가 대표적입니다. 모네의 〈인상, 일출〉이라는 작품이 대표작인데 당시엔 이 그림도 받아들일 수 없는 분위기였습니다. 미술계에서는 이 작품을 보고 다시 그려야 하는 작품, 완성이 덜 된 작품이라고 마구 비판을 쏟아냈어요. 가장 유명한 비판은 〈르 샤리바리〉의 기자 루이 르로이가 말한 "이 그림은 본질이 아니라 인상을 그렸다"는 것이었습니다.

차클 그게 비판인가요? 칭찬 아닌가요?

양 당시에는 그림이 본질에 다가가야 한다고들 생각했는데 모네의 그림은 인상을 그린 것이라고 말한 겁니다. 그런데 결과적으로 모네의 그림을 좋아하는 사람들이 이 말을 비판으로 받아들이지 않게 돼요. 그리고 이런 그림을 그리는 화가들을 인상파라고 부르기 시작하면서 인상주의가 나오게 되었습니다.

차클 모네 그림의 특징을 좀 더 설명해주세요.

모네, 〈인상, 일출〉, 1872년

모네, 〈트루빌 해변〉, 1864년

양 〈트루빌 해변〉이라는 작품은 모네가 부인과 함께 해변에 놀러 가서 바캉스를 즐기는 풍경을 담은 그림입니다. 이 그림은 현장에서 바로 그려졌어요. 그래서 마치 스냅사진 같은 장면을 담고 있죠. 이런 것들도 기존의 미술하고 완전히 다르다고 할 수 있습니다.

차클 작업실이 아니라 현장에서 그렸다는 것을 어떻게 알 수 있나요?

양 붓 터치가 거칠 뿐만 아니라 실제로 그림 곳곳에 모래가 묻어 있습니다. 아마 그림을 그리는 순간에 바람이 불었을 겁니다. 무엇보다 중요한 것은 현장감입니다. 당시에는 현장에 나가서 야외 스케치를 하는 경우가 별로 없었어요. 밖에서 그림을 그리더라도 결국 실내로 들어와서 완성을 시켜야 했어요. 보트 선상에서 그림 그리는 모네를 묘사한 마네의 그림을 보면 모네가 얼마나 현장을 그리려고 노력했는지를 알 수 있습니다.

차클 모네가 현장에서 그림을 그리게 된 계기는 무엇인가요?

양 중요한 건 물감을 휴대할 수 있는 기술이 발전했기 때문입니다. 예전

마네, 〈돛대가 없는 작은 배〉, 1874년

엔 튜브 물감이 없었어요. 튜브 형태의 물감은 1841년 정도에 등장합니다. 그전에는 밖에 나가서 그림을 그리려면 집채만 한 짐을 날라야 할 정도였어요. 이젤이 경량화된 것도 한몫했습니다. 그만큼 19세기는 변화의 시대였어요. 도시를 비롯해 수많은 것들이 새롭게 거듭나는 시기였습니다. 말하자면 미술계에서는 마네와 모네를 비롯한 인상파 화가들이 얼리 어답터였던 셈이에요. 시대 변화에 발맞춰서 새로운 미술들을 아주 인상 깊게 남겼던 사람들인 겁니다. 그래도 인상파 화가들은 인상을 그렸지만 기본적으로 대상이 있었습니다. 전통적인 회화의 마지막을 장식했다고 할 수 있죠. 다음 순서론 대상을 벗어나 자기 안의 세계로 파고든 화가들 얘기를 해보겠습니다.

누가 미술의 진정한
가치를 만들어가는가

미술은 우리에게 여러 생각거리와 다양한 답들을 들려줍니다. 미술이라는 세계에 이런 다양한 생각이 있다는 것을 알고, 거부감보다는 애정으로 다가간다면 굉장히 흥미로운 세계가 여러분의 눈앞에 펼쳐질 것이라고 생각합니다.

차클	자기 안의 세계로 파고든 화가라면 누구를 말하는 것인가요?
양	바로 그 유명한 빈센트 반 고흐(Vincent van Gogh)입니다. 고흐는 굉장히 불행한 일생을 살았습니다. 가난에 찌든 아주 고독한 화가였지만 세상에 자신을 알릴 수 있는 많은 단서를 남겼습니다. 동생 테오와 주고받은 편지를 비롯해 고흐는 총 650통에 달하는 편지를 남겼습니다. 자신의 그림에 대한 생각을 담은 편지들이 있기 때문에 오늘날 그의 작품들은 누구든지 해석할 수 있고 이해할 수 있죠.
차클	고흐가 처음엔 어떤 그림을 그렸나요?
양	본격적으로 화가가 되면서 그린 그림이 바로 〈감자를 먹는 사람들〉입니다. 굉장히 어둡고 칙칙한 느낌이죠. 이 당시 고흐가 가장 좋아했던 롤모델이 밀레였습니다. 이후 고흐는 동생의 얘기를 듣고 네덜란드 시

고흐, 〈감자를 먹는 사람들〉, 1885년

골에서 그림을 그리다가 파리로 가게 됩니다. 현대적인 도시로 간 거죠. 그가 그린 〈지붕 위의 풍경〉에 당시의 파리 모습이 잘 담겨 있습니다. 하지만 아직 우리가 알고 있는 빈센트 반 고흐만의 색채 같은 강렬한 인상은 드러나 있지 않습니다.

차클 그래도 붓질의 모양 같은 것을 보면 반 고흐의 느낌이 조금씩 보이기 시작하는 것 같은데요?

양 사실 반 고흐는 미술 대학을 전혀 다니지 않았습니다. 대신 여러 학원에서 그림을 배웠죠. 한번은 물감을 너무 많이 써서 선생님이 나가라고 한 적도 있었다고 해요. 동생 테오가 아트 딜러로서 명성을 얻고 있어서 운 좋게 동생을 통해 소위 네트워킹이 가능했죠. 그 덕분에 수많은 작가들을 만나게 됩니다. 그중에 각별한 우정을 나누었던 고갱도 있었어요.

차클 고흐가 자기만의 작품 세계를 선보이게 된 계기가 있나요?

양 반 고흐는 인상파 화가들을 만나면서 색채에 관심을 가지기 시작합니다. 그런데 당시에 우키요에(浮世繪)라는 일본 판화가 프랑스에 소개되기 시작했어요. 이때부터 반 고흐가 강렬한 색채에 대해서 관심을 가졌다고 볼 수 있죠. 심지어 반 고흐는 일본에 가는 것을 꿈꾸기도 했어요. 일본에 가고 싶은데 너무 머니까 대신 프랑스 남부의 아를로 떠나게 됩니다. 반 고흐 하면 떠오르는 말들이 노란색, 해바라기, 태양인데요. 마침내 자기의 개성을 한껏 뿜어내는 시기가 열리는 것이죠.

차클 말씀하신 것처럼 반 고흐 하면 〈해바라기〉가 떠오르는데, 그림에 담긴 사연이 있나요?

양 반 고흐가 자신과 함께 지내기 위해 아를에 찾아올 고갱의 방을 꾸미기 위해 그린 작품이 바로 〈해바라기〉였어요. 재밌는 것은 이 그림을 그리게 되는 과정도 모두 동생에게 보내는 편지에 적었어요.

차클 그렇군요. 그런데 고흐가 그린 해바라기는 제각각 색이 너무 다른데 어떤 의미가 있나요?

양 꽃이 갖고 있는 숙명과 같은 일생을 그때그때 보여준 것입니다. 17세

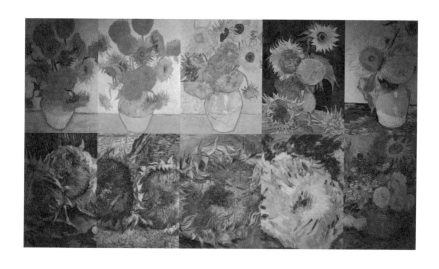

차이나는 클라스

기 네덜란드 회화에서 등장하는 꽃 그림은 단순한 꽃이 아니라 종교적인 명상, 죽음에 대한 경고와 묵상을 담았습니다. 반 고흐도 확실히 네덜란드 화가였어요. 네덜란드의 꽃 그림에서 보이던 종교적 메시지를 해바라기라는 꽃을 통해서 다시 현대적으로 드러낸 거예요. 그런 점에서 현대와 과거가 계속 대화하면서 나아가고 있다는 걸 알 수 있습니다.

차클 고흐의 그림을 보면 자신을 불태우고 있다는 느낌도 들어요.

양 사실 고흐의 해바라기를 보면 전통적인 꽃 그림이라기보다 모든 면에서 자기의 느낌과 표현을 드러내는 경향이 강합니다. 어떤 날은 너무 노랗고 또 어떤 날은 너무 파랗기도 해요. 마치 그림의 대상이 추상으로 넘어가는 것 같죠. 현대 미술의 기원을 고흐로 보는 것도 이처럼 대상에서 벗어나서 자기의 심리, 자기의 느낌을 그림 속에 담고 있기 때문이에요.

차클 고흐 이후에 주목할 만한 작가는 누가 있을까요?

양 현대적인 에로티시즘을 그림으로 표현했다고 말할 수 있는 구스타프 클림트(Gustav Klimt)를 살펴보죠. 그가 그린 〈키스〉를 통해 미술의 변화에 대해 이야기할 수 있습니다. 클림트는 굉장히 신비로운 작가입니다. 반 고흐처럼 많은 글을 남기지도 않았어요. 대신 "나의 그림이 나의 삶이다"라는 말로 대신하고 있죠. 하지만 그의 그림이 주는 신비함이 너무나 크기 때문에 클림트의 세계에 한 번 빠져들면 헤어나기가 어려울 정도로 매력 넘치는 작품 세계를 가지고 있어요.

차클 클림트의 작품은 당시 어떤 평가를 받았나요?

양 클림트는 살아 있을 때부터 그림이 퇴폐적이고 저질이라는 공격을 수없이 받았습니다. 물론 최근에 그에 대한 재평가가 이루어지고 있어요. 클림트 같은 경우에는 여성의 몸을 에로틱하고 강렬하면서 신비롭게 그려냈습니다. 남들이 자신의 작품을 비판하면 더 심하게 노골적으로 그리기도 했어요.

차클 왜 클림트는 에로틱한 그림들을 많이 그린 것인가요?

양 19세기 말의 비엔나는 세기말적이고 부르주아적인 삶이 팽배했고 윤리적인 면에서 엄격함의 수위가 굉장히 낮아진 시대였어요. 그런 사회적인 분위기가 그의 작품 세계에도 영향을 많이 미친 것이죠.

차클 클림트의 그림은 어떻게 해석할 수 있나요?

양 그의 작품에서는 포옹이나 키스 같은 소재가 많이 등장합니다. 하지만 육체적인 것보다는 정신적인 방향으로 무게 중심이 약간 쏠려 있어서 지나치게 노골적이거나 쾌락에만 집중하는 그림과는 다른 느낌을 선사하죠. 합일과 통일의 순간을 자신만의 방식으로 표현한 것이라 할 수 있습니다. 〈키스〉를 보면 키스를 하고 있는 두 사람이 서 있는 위치를 벼랑 끝으로 묘사한 것처럼 굉장히 불안한 상태를 표현하는 데도 탁월한 재능을 드러냈습니다. 그가 표현해낸 특유의 황금빛 색채의 묘

클림트, 〈키스〉, 1907~1908년

사력 등을 생각하면 단순히 에로틱한 것을 표현하는 작가로만 봐선 안 될 것 같습니다.

차클 현대 미술을 말할 때 아방가르드하다는 말을 하는데 어떤 의미인가요?

양 아방가르드(avant-garde)는 원래 불어입니다. 전쟁이 벌어졌을 때 가장 앞에 서서 전쟁을 이끄는 특수 부대, 엘리트 부대를 아방가르드라고 하죠. 미술계에서도 끊임없이 실험하고 그 실험을 통해서 통념적인 예술에서 벗어나 미술의 범위를 넓혀가는 그런 작가들을 아방가르드 작가라고 부릅니다.

차클 아방가르드라는 말이 딱 어울리는 대표적인 작가는 누구인가요?

양 현대 미술의 제왕이라 할 수 있는 파블로 피카소(Pablo Picasso)가 있죠. 그가 여덟 살, 열네 살, 열다섯 살에 그린 그림을 보면 이미 어린 시절에 그림에 대한 뛰어난 재능을 발견할 수 있어요. 소위 정통 화가들 사이에서 피카소는 상당히 높은 수준에 있었다고 할 수 있습니다.

차클 피카소가 미술계에 본격적으로 발을 내딛게 된 건 언제인가요?

양 미술을 배우겠다는 마음을 먹고 파리로 가면서 그의 본격적인 작가의 길이 시작되었다고 할 수 있습니다. 우리가 피카소의 작품 세계에서 주목해야 할 시기는 바로 청색 시대입니다.

차클 왜 청색 시대라고 불리나요?

양 청색 시대에 그려진 그림을 보면 아시겠지만, 그림들이 차갑고 춥게 느껴져요. 그리고 이 당시에 피카소의 친구가 자살을 합니다. 피카소의 삶도 너무 피폐했어요. 몽마르트르 근처에 있는 골방 같은 집에서 그림을 그렸는데 그도 자살을 생각할 만큼 굉장히 고통스러운 시간을 보냈습니다. 그 당시에 그렸던 그림들이 바로 피카소의 청색 시대 그림들입니다.

차클	피카소는 어떤 계기로 청색 시대를 벗어나게 되나요?
양	청색 시대 이후가 피카소의 장미빛 시대입니다. 당시의 연인이었던 페르낭드 올리비에와 함께 스페인 여행을 하게 됩니다. 스페인 여행을 통해 새로운 세계를 보았겠죠. 그중 하나가 바로 스페인의 전통적인 중세 조각들이었습니다. 그래서 이후 피카소의 그림들을 보면 좀 더 단순하고 에너지가 넘치는 그림들이 등장합니다. 다음으로 등장하는 시대가 바로 피카소의 큐비즘, 입체파의 시대가 찾아오죠.
차클	큐비즘은 어떤 계기로 시작하게 되었나요?
양	피카소의 인생은 〈아비뇽의 처녀들〉 이전과 이후로 갈린다고 할 수 있습니다. 그의 관심을 끌었던 또 하나의 대상이 아프리카의 조각들입니다. 당시 아프리카에 대해 서방 세계는 굉장히 미개한 문명, 뒤처진 문명으로 인식하고 있었습니다. 그런데 피카소는 그렇게 생각하지 않았던 거죠.
차클	〈아비뇽의 처녀〉들을 그린 계기는 무엇인가요?
양	사실 〈아비뇽의 처녀들〉이라는 제목은 피카소의 친구가 지어줬어요. 여기서 아비뇽은 프랑스의 아비뇽을 지칭한 게 아니라 바르셀로나에 있는 홍등가의 이름에서 따온 것입니다. 당시 평론가들은 〈아비뇽의 처녀들〉을 두고 마네가 그린 〈올랭피아〉 속 올랭피아가 다섯 명으로 늘었다고 할 정도였어요.
차클	현대 미술계에서 클림트와 피카소 중 어떤 쪽을 더 현대적이라고 평가하나요?
양	공교롭게도 〈키스〉와 〈아비뇽의 처녀들〉은 같은 해에 등장했습니다. 누가 더 미래지향적이고 후대에 영향력 있는 그림이냐고 묻는다면 아무래도 피카소 쪽으로 무게 중심이 쏠리게 됩니다. 클림트는 아시아적

차이나는
클라스

인 색채감, 오묘한 표현 등으로 주목을 받긴 했지만 기본적으로 전통적인 요소에 많이 의지하고 있었으니까요. 피카소는 늘 새로운 것을 고민하고 있었고 좀 더 조형적인 실험을 하면서 자신의 작품을 점점 새로운 방향으로 이끌었어요.

차클 작가 입장에서는 당시의 흐름과는 별개로 자신만의 길을 개척하기가 쉽지 않을 텐데요.

양 그게 아방가르드 작가의 숙명입니다. 피카소의 큐비즘적 상상력을 한 번 생각해보죠. 만약에 우리의 얼굴이 가지고 있는 다양한 특징을 하나의 화면에 담고자 한다면, 결국 해체와 재해석, 재조합을 할 수밖에 없겠죠. 그런 것을 피카소가 해낸 것입니다. 그리고 피카소는 추상 미술에서 한 단계 더 나아가 왜곡되고 비틀린 형태의 전쟁 이야기를 〈게르니카〉라는 작품을 통해 담아냅니다. 스페인 바스크 지역의 게르니카에서 실제로 어마어마한 사상자를 발생시킨 사건을 자신만의 방식으로 그렸습니다.

차클 현대 미술이 대상을 떠났다고 하지 않았나요?

양 더 무섭게 돌아온 셈입니다. 이전보다 더 강렬하게 현실을 비추면서 강력한 메시지를 전하고 있는 것입니다. 추상 미술이 이뤄낸 업적을 통해서 진실을 바라볼 수 있게 해준 거죠. 현대 미술가들이 만들어낸 큰 성과라고 할 수 있습니다. 제가 이 강연을 통해서 전하고 싶었던 메시지는 이처럼 고전이든 현대 미술이든 다양하게 읽힐 수 있다는 것입니다. 미술은 우리에게 여러 생각거리와 다양한 답들을 들려줍니다. 미술이라는 세계에 이런 다양한 생각이 있다는 것을 알고, 거부감보다는 애정으로 다가간다면 굉장히 흥미로운 세계가 여러분의 눈앞에 펼쳐질 것이라고 생각합니다.

_____

시청자의
질문 있습니다!

peacelove47   미술을 좋아해서 많은 작품을 감상하는데, 보는 눈을 기르고 싶어 미
              술에 대한 책을 찾아보니 작품을 볼 때 서양화는 왼쪽에서 오른쪽으
              로, 동양화는 오른쪽에서 왼쪽, 그리고 위에서 아래로 내려오면서 감
              상하라는 내용이 있었습니다. 정말 정해진 감상의 정석이 있나요?

양   서양화의 경우 왼쪽에서 오른쪽으로 읽어야 한다는 공식은 없습니다.
              다만 동양화의 경우 말씀대로 오른쪽에서 왼쪽으로 읽는 경향이 있습
              니다. 예를 들어 동양화에서 두루마리 형식의 그림은 확실히 오른쪽에
              서 왼쪽으로 읽습니다. 그리고 한자문화권에서는 글자를 위에서 아래
              로, 오른쪽에서 왼쪽으로 읽어나가도록 한 경향이 큽니다.

              한편 과학자들은 우리 눈은 왼쪽에서 오른쪽으로 움직이는 게 더 자연
              스럽다고 하면서 '아이 스캔(eye scan) 원리'를 주장하기도 합니다. 이
              는 우리 주변에 오른손잡이가 많은 것처럼 사람의 움직임이나 시선의
              방향도 오른쪽으로 움직이는 게 더 자연스럽다고 보는 겁니다. 이 원
              리에 따르면 오른쪽에서 왼쪽으로 읽도록 한 동양화의 두루마리 같은
              그림은 시선의 방향을 좀 어렵게 한다고 볼 수 있습니다. 그러나 더욱
              더 천천히 그림을 감상할 수 있게 되는 이점도 있습니다. 아이 스캔 원
              리가 과학적으로 정립된 이론은 아니기 때문에 이런 해석도 하나의 가
              설입니다.

peacelove47   고전 미술은 직관적으로 확 와닿는 게 있는데 현대 미술은 잘 모르겠
              습니다. 지금 현대를 살고 있는 작가들의 작품들을 볼 때 어떤 식으로

200   **차이나는
클라스**

접근하면서 감상해야 할지 궁금합니다.

양　　오늘날을 사는 작가들이 어떤 고민을 하고 어떻게 표현하는지는 너무나 흥미로운 주제입니다. 전통 미술은 오래된 시간만큼 읽는 방법이 많이 나와서 더 쉽게 이해됩니다만 동시대에 펼쳐지는 요즘 미술은 좀 혼란스럽게 보입니다. 그러나 이런 미술도 언젠가는 더욱 쉽게 설명하는 방식이 나오겠죠.

현대 미술은 여전히 만들어지고 있는 미술이기 때문에 복잡다단해 보입니다. 그러나 작가가 분명히 우리와 같은 관심사를 가지기 때문에 미술에 대한 고정관념을 넓힌다면 더욱 가깝게 느낄 수 있습니다. 예를 들어 현대 작가들은 SNS를 이용하고 환경 문제도 다룹니다. 이처럼 같은 시대를 산다는 동료적 애정으로 현대 미술을 바라본다면 좀 더 친근하게 다가올 거라고 생각됩니다.

옛날이야기의 힘

신동흔

건국대 국어국문학과 교수이자 웹툰 〈신과 함께〉의 모티브를 제공한 진정한 이야기꾼.
서울대학교 국어국문학과에서 구비문학 전공으로 박사 학위를 받았으며
민간신화와 전설, 민담, 경험담과 소설 등 한국의 전통적 이야기를 연구 분석해
대중들에게 소개하는 작업을 하고 있다.
원형적 세계 민담 분석과 스토리 원리 탐구에도 큰 관심을 두고 있다.

왜 옛날이야기에 주목해야 하는가

양파를 까다 보면 속살이 계속 나오는 것처럼, 옛날이야기 역시 파고들수록 숨은 뜻과 재미가 살아나지요. 뜻하지 않게 눈물이 나기도 하고요. 옛날이야기를 통해 새로운 의미들을 재발견하는 작업은 매우 흥미롭습니다.

차클   교수님이 〈신과 함께〉의 아버지라고 불리신다던데, 동명의 웹툰과 영화에 모티브를 제공하셨다는 게 사실인가요?

신   글쎄요. 사실 〈신과 함께〉는 우리의 옛날 신화를 바탕으로 만들어진 웹툰이거든요. 그러니 오랜 세월 동안 옛날이야기를 구비전승해온 분들이 진정한 아버지이자, 할아버지가 아닐까 생각합니다. 저는 그들이 전해온 이야기와 웹툰 작가 사이에 징검다리를 놓아준 아저씨 정도가 되겠습니다. 옛날 구전 자료는 우리 모두의 공용 재산이니까 딱히 제가 원자료를 제공했다고 하기는 어렵죠. 단지 제 책이 〈신과 함께〉에 모티브를 줬다는 건 웹툰 작가님이 하신 말씀으로 알고 있었습니다.

차클   그렇군요. 어렸을 때는 옛날이야기를 참 좋아했는데 어른이 된 뒤엔 별로 관심을 갖지 못했던 것 같아요.

신	과연 옛날이야기가 아이들만을 위한 것일까요? 바로 그 같은 편견을 깨기 위해 이 자리에 나왔습니다. 요즘 TV에서 가장 인기 있다는 예능 프로그램도 10년 정도 하면 오래갔다고 하잖아요. 그런데 우리가 알고 있는 옛날이야기들 중에는 100년, 1000년이 지났어도 명맥을 이어오고 있는 것들이 있습니다. 그만큼 옛날이야기들이 가진 힘이 대단합니다. 삶의 밑바탕에서 우러난 예술의 생명력이 아닐까 해요.
차클	그런데 그 힘을 우리가 너무 잊고 살았나 봐요.
신	맞아요. 정말 낯설고 안타까운 일입니다. 이렇게 옛날이야기가 삶에서 멀어진 적은 유사 이래로 없었을 거예요.
차클	그런데 어린 시절에 들었던 옛날이야기를 떠올려보면 현실과 동떨어진 내용이 많았어요. 나무도 말을 하고 호랑이도 말을 하는 식이죠. 권선징악의 교훈을 주려는 작위적 설정도 요즘 트렌드와는 좀 맞지 않는 것 같아요.
신	옛날이야기를 보면 과장이 심하거나 현실과 동떨어져 보이는 내용도 있을 수 있어요. 실은 그게 옛날이야기의 문법입니다. 잘 보면 옛날이야기는 겉과 속이 달라요. 저는 옛날이야기를 양파에 비유하곤 합니다. 양파를 까다 보면 속살이 계속 나오는 것처럼, 옛날이야기 역시 파고들수록 숨은 뜻과 재미가 살아나지요. 뜻하지 않게 눈물이 나기도 하고요. 옛날이야기를 통해 새로운 의미들을 재발견하는 작업은 매우 흥미롭습니다.
차클	새로운 의미란 옛날이야기에 담긴 은유와 상징들을 풀어내는 작업을 말씀하신 건가요?
신	네, 옛날이야기에는 수많은 은유와 상징이 담겨 있습니다. 그래서 재미가 있고 교훈도 있고 감동도 있는 거죠. 내용이 유치해서 아이들한

차이나는 클라스

테나 어울린다고 여겼던 옛날이야기에 얼마나 놀라운 의미가 담겨 있는지 지금부터 본격적으로 살펴볼까요? 먼저 팥죽 할머니와 호랑이 이야기부터 시작해보지요.

산골에 혼자 사는 할머니가 밭에 팥을 심고 있었는데 커다란 호랑이가 나타나더니만 '어흥' 하며 입을 벌리고서 할머니를 잡아먹으려고 허는 것이었다. 할머니는 동짓날 팥죽 쑤어먹을 때까지만 기다려달라고 빌고 또 빌었는디. 호랑이는 팥죽도 먹고 할머니도 먹을 생각에 동짓날까지만 살려주겠다 허고 돌아갔겄다.

차클   아, 어릴 때 재미있게 들은 이야기예요.

신   지금 40대나 50대들로선 어릴 때 들었던 이야기여서 익숙할 겁니다. 요즘 아이들도 전래동화를 소개하는 책들을 통해 많이들 접하고 있죠.

차클   그런데 팥죽 할머니와 호랑이 이야기에 어떤 놀라운 의미가 담겨 있다는 것인가요?

신   아까 옛날이야기는 겉과 속이 다르다고 했었죠. 그래서 옛날이야기 속에 숨어 있는 상징을 이해하는 게 중요합니다.

차클   상징이라… 사람과 호랑이가 대화를 한다는 것도 곧이곧대로 받아들이면 안 될 것 같네요.

신   그렇죠. 사람이 실제로 호랑이와 대화할 순 없잖아요. 그렇다면 할머니와 호랑이가 각각 무엇을 상징하는 것인지 생각해볼 수 있어요. 일례로 어떤 이야기꾼이 치매를 앓고 있는 노인들에게 이 이야기를 들려드린 적이 있습니다. 그때 한 할머니의 반응이 상당히 놀라웠습니다. 그 할머니께선 자신이 겪은 체험에 대입해서 반응을 하셨어요. 이야기 속에서 호랑이가 물에 빠져 죽는 장면을 듣곤 이러시더래요. "어, 잘 죽었어! 우리 영감도 그렇게 물에 빠져 죽었잖아. 내가 아들을 못 낳는다고 우리 영감이 그렇게 나를 괴롭히고 못살게 굴더니 어느 날 어디서 여자 하나를 데리고 와서 안방에 앉히는 거 아니겠어. 내가 그걸 보고 너무 속상해서 그냥 집을 나와버렸지!"라고요.

차클   이야기를 듣는 사람마다 호랑이에 다른 인물을 대입할 수 있겠군요.

신   맞아요, 그 할머니에게는 남편이 호랑이였던 거죠. 그 폭력 아래 꼼짝 못하면서 늘 죽음을 경험한 것입니다. 살아도 산 게 아니었던 거지요. 이렇게 이야기 속 사물이나 동물은 다양한 상상을 할 수 있는 매개체가 되어줍니다. 이 이야기 속의 호랑이는 누군가에게는 아버지나 어머니, 또는 무서운 선배나 갑질하는 상사, 악질 사채업자, 또는 학교에서 약한 아이를 괴롭히는 일진이 될 수 있지요. 옛날이야기의 의미는 이렇게 활짝 열려 있는 게 특징입니다.

자, 동짓날이 되자 할머니는 잡아먹힐 생각에 서럽게 울면서 팥죽을 쑤었는데, 그런데 뜻밖에 할머니 앞에 알밤·송곳·개똥·맷돌·자라·멍석·지게가 차례로 오더니 '팥죽 한 그릇 주면 호랑이를 내쳐주겠습니다' 허는 것이 아닌가. 밤이 되자 산에서 호랑이가 할머니를 찾아오는데. 팥죽을 먹으러 부엌으로 들어간 호랑이는 알밤에게 눈을 얻어맞고 자라에게 코를 물리고 개똥에 미끄러지고 송곳에 찔리고 맷돌에 맞아 쓰러졌겄다. 그 호랑이를 멍석이 둘둘 말고 지게가 등에 지고 가 귀퉁이 강물 속에 풍덩 던졌구나.

차클   마치 드라마 한 편을 보는 느낌이에요. 그런데 팥죽을 나눠주면 도와주겠다는 것은 어떤 의미인가요?

신   평소에도 할머니가 주변과 음식도 나누고 정을 주고받으면서 살았던 것을 의미해요. 그런 인연들이 할머니에게 힘이 돼준 것이죠. 강자의 일상화된 폭력을 피해자 혼자서 감당하기는 어렵잖아요? 주변에 있는 이들이 나서서 힘을 합쳐야 문제를 해결할 수 있다는 인식이 이야기 속에 담겨 있다고 할 수 있습니다.

차클 그런데 해님 달님 이야기도 그렇고, 호랑이와 곶감 이야기도 그렇고 호랑이가 옛날이야기에 악역으로 참 많이 등장하는 것 같아요. 왜 그런 것일까요?

신 이야기 속의 호랑이 이미지는 다양합니다. 때로는 신령한 수호자가 되기도 하지요. 하지만 가까이에서 삶을 위협하는 폭력으로 등장하는 경우가 많습니다. 설화 연구자나 심리학자가 내놓은 유력한 해석은 그 사나운 호랑이가 가까이 있는 누군가에 대한 상징이라는 거예요. 예를 들어서, 해님 달님 이야기 속의 호랑이는 어떻게 보아야 할까요? 이야기에서 호랑이가 집에 찾아와서 아이들에게 뭐라고 하냐면, "엄마 왔다. 문 열어!" 하고 말합니다. 그러자 아이들은 "엄마 왔네!" "아니야, 엄마 아닌 것 같아." 이렇게 엇갈린 반응을 보이지요. 이것은 무엇을 뜻할까요?

차클 이야기 속 호랑이가 실제로 엄마를 의미할 수도 있다는 말인가요?

신 그렇죠. 호랑이가 진짜 엄마일 수 있다는 것이죠. '엄마의 두 얼굴'이라고나 할까요? 천사 엄마 속의 호랑이 엄마….

차클 설마 이야기를 만든 작가가 그런 것까지 생각했을까요?

신 물론 처음에 이야기를 만든 사람이 그 모든 것을 고려해서 내용을 만든 건 아닐 거예요. 입에서 입으로 이야기가 전해지는 과정에서 자연스럽게 다양한 상징들이 이야기 속에 녹아들었다고 보는 게 맞을 겁니다. 옛날이야기는 대부분 구비전승을 거치면서 계속 변화하고 성장해왔거든요.

차클   그럼 엄마를 호랑이가 잡아먹었다는 설정은 엄마가 호랑이처럼 변해 버렸다는 걸 은유하는 걸까요?

신   그럴 수 있습니다. 엄마가 늘 천사일 수는 없잖아요? 때로는 아이들 앞에서 무서운 호랑이가 되기도 하는 게 실제 현실이지요. 그렇다면 이때 아이들은 어떻게 해야 할까요? 이야기는 문제에 대한 답도 포함돼 있습니다. 해님 달님 이야기에서는 그 답이 집을 떠나서 하늘로 가는 것이었어요. 부모로부터 독립해서 넓은 곳으로 나아가 제 삶을 열어야 한다는 뜻으로 풀이할 수 있습니다.

차클   옛날이야기라고 해서 마냥 재미있을 줄 알았는데, 생각보다 내용이 심각하네요. 이런 얘길 다룰 줄은 상상도 못했어요.

신   아까도 말했지만, 옛날이야기엔 겹겹이 쌓인 의미가 있고 사람마다 각자 다른 식으로 느낄 수 있습니다. 깊게 파고 들어가면 정말 끝이 없는 게 옛날이야기예요.

차이나는 클라스

옛날이야기는 어떻게
현실을 반영하는가

선녀와 나무꾼 이야기도 시집살이를 겪어낸 여성들, 특히 오랜 세월 참으며 살아온 할머니들이 주로 전승해왔다는 걸 기억해야 해요. 그 이야기 속 선녀가 바로 할머니 자신을 대변하는 거죠.

차클　옛날이야기 속 상징 체계를 알고 나니 정말 흥미진진하네요. 다른 이야기도 들려주세요.

신　이번엔 콩쥐팥쥐 이야기를 한번 살펴볼까요? 콩쥐팥쥐 하면 어떤 이미지가 떠오르시나요?

차클　옛날이야기의 전형적인 패턴을 보여주는 것 같아요. 주인공을 괴롭히는 인물이 등장해서 계속 시련을 주고 주인공은 그런 구박과 역경을 딛고 결국 해피엔딩을 맞게 되잖아요.

신　그래서 옛날이야기는 권선징악이라는 뻔한 교훈을 주려 한다는 생각을 많이 하게 되죠. 그런데 여러분들이 알고 있는 콩쥐팥쥐의 결말과는 전혀 다른 결말이 있다는 것을 알고 계신가요?

차클　콩쥐가 원님과 결혼을 하는 것으로 끝나는 게 아닌가요?

신	그 뒤에 이야기가 더 이어져요. 팥쥐가 콩쥐를 물에 빠뜨려 죽인 뒤 콩쥐로 변장을 해서 콩쥐의 남편을 빼앗아 산다는 내용이에요. 대부분의 자료에 이런 내용이 들어 있습니다.
차클	뭐라고요? 점 하나만 찍으면 아내도 몰라보는 막장 드라마도 아니고 팥쥐를 콩쥐로 착각한다는 게 말이 되나요?
신	하하. 옛날이야기니까요! 그만큼 팥쥐의 공격이 교활했다는 말도 되겠지요. 아무튼 이야기 속에서 콩쥐는 물에 빠져 죽어서 꽃으로 다시 태어납니다. 그런데 팥쥐가 그걸 아궁이에 넣어서 태워버리죠. 불에 타버린 콩쥐는 다시 구슬이 돼요. 이웃집 할머니가 구슬이 된 콩쥐의 부탁을 받고서 원님의 밥상에 젓가락을 짝짝이로 내놓습니다. 이를 이상하게 여긴 원님이 이유를 묻자 콩쥐가 나타나서 "당신은 젓가락 짝이 바뀐 건 알고 아내가 바뀐 것은 모른단 말이오" 하고 말하죠. 원님은 비로소 콩쥐의 죽음과 팥쥐의 계략을 알아챈 뒤 팥쥐의 정체를 밝히고서 벌을 줍니다. 이때 굉장히 무서운 벌을 줬다고 해요. 어떤 벌이었을지 상상이 가나요? 팥쥐를 죽인 뒤 젓갈 반찬으로 만들어서 팥쥐 어머니에게 보냈다고 합니다. 옛날이야기 식의 결말이죠.
차클	설마 실제로 이런 벌이 있었던 건 아니겠죠?
신	그럼요. 옛날이야기를 있는 그대로 받아들이면 생각하기도 싫은 잔혹 엽기 살인극이 되겠죠. 이런 이야기들은 실제 상황이 아닌 상징으로 읽어야 합니다.
차클	그럼 팥쥐를 젓갈로 만들어 보낸 것은 무엇을 은유적으로 표현한 것인가요?
신	팥쥐의 삶이 젓갈과 같은 곪아터진 삶이었던 거예요. 팥쥐는 자기 손으로는 아무것도 못했어요. 엄마가 모든 것을 챙겨줬으니까요. 콩쥐가

차이나는 클라스

	열심히 일해서 가져온 것들을 빼앗기만 했죠. 자체적인 생명력이 없는 삶을 살았다는 얘기예요. 젓갈 같은 삶이었죠. 팥쥐를 그렇게 만든 것이 바로 엄마였기 때문에 '당신이 자식을 어떻게 만들었는지 보라'는 의미로 젓갈을 보낸 것이라 할 수 있어요.
차클	아이들의 일거수일투족을 관리하는 이른바 '헬리콥터 맘'이 대세라고 하죠. JTBC에서 방영된 드라마 〈스카이캐슬〉에서도 상류층 부모들이 아이들을 최고로 만들기 위해 과욕을 부리다 파국을 맞는 상황이 적나라하게 담겼는데요. 팥쥐 엄마 이야기와도 일맥상통하는 부분이 있는 것 같아요.
신	팥쥐 엄마도 젓갈이 된 딸 앞에서 결국 미쳐 죽어버리죠. 팥쥐 엄마가 그렇게 자식을 키우는 것과 요즘의 상황이 다를 게 없어요. '내 자식이 우선이다' '내 자식을 위해 무엇이든 다 한다' '남들이 가진 것을 뺏어서라도 준다' '내 아이를 최고로 만든다'… 이 같은 엄마들의 욕망을 비판적으로 담아낸 이야기인 셈입니다.
차클	갈수록 흥미진진합니다. 또 다른 이야기도 들려주세요.

여우누이

신   그럼 이번에는 여우누이 이야기를 한번 살펴볼까요?

옛날에 아들만 여럿 둔 부자가 있었어. 아들보다 딸을 간절히 원했던 부자는 여우라
도 좋으니 딸을 얻게 해달라고 빌었지. 바람이 이루어져서 예쁜 딸이 태어나자 부자
는 딸을 더없이 사랑했단다. 딸이 자라난 뒤에 어느 날인가부터 밤마다 가축이 죽어
나가기 시작했어. 이상하게 여긴 부모가 아들들에게 몰래 지켜보게 했단다. 큰아들
과 둘째 아들은 깜빡 잠이 들어 이유를 알아내지 못했지. 다음 날 막내아들이 눈을 비
비며 지켜보니 한밤중에 누이동생이 슬금슬금 걸어와서 소의 뒷구멍에 손을 쑥 집어
넣어서 간을 빼먹는 거야. 다음 날 아침 막내아들은 아버지에게 누이동생이 한 짓을
그대로 말했지만 아버지는 누이동생을 모함한다면서 오히려 아들을 집에서 쫓아냈
어. 여우딸은 부모와 두 오빠의 간까지 모두 빼먹었고, 쫓겨났던 막내아들이 아내의
도움을 받아서 힘겹게 여우누이를 물리친단다.

신   이 이야기에 등장하는 딸은 여우로 태어난 것이 아니라 부모에 의해서
          여우로 키워진 존재라 할 수 있습니다. 편애와 과보호가 그 양식이었

차이나는
클라스

지요. 이와 비슷한 이야기들이 세계 곳곳에서 발견됩니다. 미얀마에는 악어 이야기가 있는데 거기서는 아들이 악어가 돼요. 아이가 다 컸는데도 부모가 매일 밥을 가져다줘요. 하루는 부모가 밥을 주지 않자 악어인 아이가 부모를 물어 죽였다고 해요. 어릴 때부터 받는 데만 익숙하다 보니 다 자란 뒤에도 부모에게서 무엇이든 받으려고만 하는 자식이 된 것이죠. 요즘 뉴스를 보면 많이 접하는 얘기 아닌가요?

차클   정말 그러네요. 그런데 옛날이야기를 보면 문제 해결을 하는 인물이 유독 셋째가 많은데 특별한 이유가 있을까요?

신   일단 재미가 있어야 하고 이야기의 구조도 고려하다 보니 그렇게 됐겠죠. 첫째가 똑똑해서 문제를 해결하고 끝나는 것보다는 첫째가 실패하고 둘째도 실패하는데 셋째가 등장해서 해결했다고 하면 앞선 사람들의 실패를 보고 배운다는 식으로 이야기를 만들어낼 수 있잖아요. 정반합(正反合)의 변증법적 논리가 반영된 면도 있고, '평범한 다수에 대한 특별한 소수의 성공'이라는 의미 요소도 담겨 있다고 할 수 있습니다.

차클   각 나라의 옛날이야기끼리 비슷한 부분도 많은 것 같아요. 콩쥐팥쥐이야기는 신데렐라와 너무 흡사하잖아요. 이런 이야기들이 서로 표절을 한 것이라고 볼 수 있나요?

신   우리나라에는 콩쥐팥쥐가 있고 프랑스에는 신데렐라, 독일에는 아셴푸텔, 베트남에는 떰깜이라는 이야기가 있습니다. 그 밖에도 비슷한 이야기가 아주 많아요. 흔히들 어떤 특정한 이야기가 다른 나라로 퍼져 나갔을 거라고 생각들 하죠. 물론 그렇게 해석하는 학자들도 있어요. 그런데 생각해보면 사람들이 사는 모습은 어디든 모두 비슷비슷하지 않나요? 그래서 세계 곳곳에서 비슷한 이야기가 만들어지는 거라고 생각합니다.

차클　그래도 나라마다 조금씩 다른 부분들이 있겠지요?

신　한국의 콩쥐팥쥐 이야기를 보면 조금 특징적인 부분이 있긴 합니다. 보통 유럽의 이야기들을 보면 주인공이 결혼을 하고 나면 이야기가 끝나요. 결혼 이후에는 자신의 삶을 살기 시작합니다. 그런데 콩쥐팥쥐는 다르죠. 콩쥐가 시집간 집까지 엄마와 식구들이 찾아와서 괴롭히잖아요. 한국적인 특성이 반영된 것이라고 볼 수 있어요. 한국에서는 결혼을 해도 가족이라는 관계를 쉽게 벗어나질 못하죠.

차클　여성들이 늘 힘이 없고 도움을 받아야 하는 캐릭터로 묘사되는 것도 많은 것 같아요. 꼭 원님을 만나서 결혼을 하고, 그래야만 지금의 상황을 벗어나는 설정이 너무 많아요. 여성들의 주도적인 모습을 그리는 이야기들은 없나요?

신　혹시 자청비 이야기를 알고 계신가요? 자청비는 민간신화 〈세경본풀이〉의 주인공인데, 아주 멋진 여인입니다. 이름 풀이부터가 재미있어요. 자청해서 태어났다고 해서 자청비라고 합니다. 이 이야기에 자청비와 문도령이라는 캐릭터가 등장합니다. 자청비가 하늘나라에서 내려온 문도령을 좋아하는 것으로 그려지죠. 자청비는 좋아하는 문도령 곁에 머물기 위해 남장을 합니다. 그런데 눈치 없는 문도령이 3년 동안 한방을 쓰고도 자청비의 정체를 알아보지 못하죠. 게다가 자청비는 무엇을 하든 항상 문도령을 이깁니다. 공부도 활쏘기도 씨름도 자청비가 늘 이겼어요.

차클　자청비가 둔한 문도령을 왜 좋아했는지 모르겠네요. 아무튼 그래서 어떻게 됐나요?

신　자청비가 나중에는 정체를 밝히죠. 결국은 두 사람이 미래를 약속합니다. 그러다 문도령은 내년 봄에 다시 돌아온다는 약속을 남기고 하늘

차이나는
클라스

로 올라가게 됩니다. 하지만 막상 하늘로 돌아간 문도령은 땅에서의 일을 까맣게 잊어버려요. 그러는 동안 자청비는 지상에서 문도령을 기다리며 혼자 우여곡절을 많이 겪습니다.

차클 　주도적인 여성 캐릭터라고 해서 기대했더니 자청비도 자길 버리고 떠난 남자만 기다리고 있는 건가요?

신 　앞서 얘기한 것처럼 옛날이야기는 주로 여성들이 전승을 해왔어요. 그러다 보니 이야기 속 남자들이 여성의 시각에서 그려집니다. 문도령처럼 여자를 떠난 뒤 까맣게 잊고 사는 경우가 자주 등장하는 이유입니다. 그런데 자청비 이야기는 나중에 자청비가 하늘나라로 올라가서 문도령과 결혼해서 잘 살았다는 식의 뻔한 결말을 맞지 않아요. 좀 더 참고 들어보시죠.

차클 　그럼 다른 결말이 기다리고 있나요?

신 　원래 자청비는 집 안에만 머물 사람이 아니었어요. 자기가 할 일을 찾아서 하는 인물입니다. 하늘로 올라가 문도령과 결혼했던 자청비는 우여곡절 끝에 다시 지상으로 내려오게 됩니다. 스스로의 결단이었지요. 자청비가 내려와 보니 먹을 것이 부족해 사람들이 고생을 하고 있었어요. 자청비는 옥황상제에게 부탁해 하늘나라 곡식 씨앗을 얻어 와서 사람들에게 나눠줍니다. 그렇게 해서 농사를 보살피고 풍년을 전해주는 농사의 신이 됩니다. 제주도에서는 그 신을 '세경'이라고 부르죠.

차클 　신선한 결말이네요. 그런데 다 듣고 보니 문도령은 이야기에서 별 역할이 없는 인물 아닌가요?

신 　그렇지 않아요. 농사의 상징으로 보면 모두 필요한 존재들입니다. 문도령은 하늘에서 내려온 인물이라고 했었죠. 바로 농사를 좌우하는 하늘을 상징하는 겁니다. 하늘이란 늘 변덕을 부리고 내 맘대로 되지 않는 존재잖아요. 그럼에도 농사 짓는 사람들은 하늘을 원망할 수 없어요. 항상 하늘을 믿고 하늘을 내 것으로 삼아야만 농사를 지을 수 있으니까요. 그런가 하면 이 이야기 속엔 자청비가 불구덩이를 건너면서 기원하는 장면이 등장해요. 그것은 가뭄을 바라보는 농사꾼의 타들어가는 마음을 대변한다고 할 수 있습니다. 또 자청비가 하늘을 향해 자신을 죽이려거든 햇볕을 쪼이고 살리려면 비를 내려달라고 해서 비가 내리도록 하는 장면을 통해 기후를 조정할 수 있는 능력자가 되었다는 것을 보여줍니다. 표면적으로는 자청비의 여장부적인 면모와 사랑 이야기를 그리고 있긴 하지만, 상징적으론 농사가 무엇이고 어떻게 이루어지는지를 보여주는 이중적인 이야기 구조를 가지고 있다고 볼 수 있습니다.

차클   그렇군요. 그래도 대부분 옛날이야기들이 다루는 내용들을 보면 지금의 가치관과는 많이 다른 것 같아요. 특히 선녀와 나무꾼 이야기를 보면 남자와 여자를 바라보는 시선이 너무 일방적이거나 순종을 강요하는 분위기인 것 같은데, 교수님은 어떻게 생각하시나요?

신   선녀와 나무꾼 이야기도 시집살이를 겪어낸 여성들, 특히 오랜 세월 참으며 살아온 할머니들이 주로 전승해왔다는 걸 기억해야 해요. 그 이야기 속 선녀가 바로 할머니 자신을 대변하는 거죠. 그럼 선녀의 부모님이 계신 곳은 어디겠어요? 하늘나라를 떠나 땅에서 살자니 모든 것이 낯설 수밖에 없겠죠. 항상 마음으로는 집으로 돌아가고 싶지만, 아이들이 있기 때문에 돌아가지 못하는 자신들의 모습을 이야기 속에 담은 것입니다. 사슴은 선녀한테 자식을 세 명 낳기 전까지는 날개옷을 주지 말라고 하죠. 과연 선녀가 아이를 셋 낳은 뒤엔 집으로 돌아가지 못했을까요? 평안도 쪽에서는 셋을 낳았는데 두 아이를 안고 한 아이를 그 사이에 끼고서 올라갔다고도 해요. 그런가 하면 만주 쪽에서는 여덟 명을 낳을 때까지는 날개옷을 주지 말라고 했다고 하죠.

차클 지역이나 환경에 따라 다른 버전들이 존재하는군요.

신 그렇죠. 결말 부분도 마찬가지예요. 잘 알려진 얘기부터 보면 나무꾼도 선녀와 함께 하늘에 올라가게 됐어요. 그런데 나무꾼이 어머니를 잊지 못해 날개 달린 말을 타고 내려옵니다. 선녀는 말 등에서 절대로 내리지 말라는 당부를 했어요. 그런데 어머니가 끓여준 죽을 먹다가 실수로 말 위로 떨어뜨려요. 놀란 말이 뛰는 바람에 나무꾼이 땅에 떨어져서 하늘로 돌아가지 못하게 되죠. 하늘로 돌아가지 못하게 된 나무꾼은 하늘을 바라보며 울다가 수탉이 되었다고도 하고 뻐꾸기가 되었다고도 해요. 그런데 이런 결말과 다른 버전도 있어요. 하늘나라에 올라가서 여러 가지 어려운 시험을 잘 통과한 뒤 선녀와 함께 잘 살았다고 하는 자료들도 있습니다.

차클 왜 이렇게 여러 가지 버전이 있는 걸까요?

신 말로 전해지는 구비전승의 특징 때문에 그렇습니다. 구비라는 말은 '입 구(口)'와 '비석 비(碑)'를 쓰는데요, 입에서 입으로 무엇인가를 새기듯 전한다는 의미를 지닙니다. 이런 구비전승의 약점은 구체적인 정보에 약하다는 거예요. 사람 이름이나 지명, 연도 같은 세부적 정보들은 쉽게 잊어버리거나 와전되지요. 하지만 강렬한 인상을 남기는 이야기 소재들은 쉽게 기억하기 마련입니다. 사람을 젓갈로 만들었다는 설정을 한 번 들으면 잊지 않는 것처럼요. 아무튼 듣는 사람마다 자기 식으로 기억하고 자기 식으로 이야기를 하다 보니 버전이 다양해질 수밖에 없어요. 하지만 그런 다양한 이야기 하나하나가 모두 중요한 가치를 가진다고 할 수 있습니다. 무언가 의미가 있어서 그렇게 기억이 된 것이니까요.

차클	오히려 입으로 전해지다 보니 확실하거나 중심이 되는 이야기들은 더 선명하고 오래가는 거 같아요.

신	저는 구비전승이 일종의 자동 필터링 과정이라고 생각합니다. 재미없는 것은 저절로 제거되고 생명력 있는 상징들만 남게 되니까요. 재미가 없고 의미가 없는 것을 왜 이야기로 전하겠어요. 기억에도 남지 않겠죠.

차클	사람들 사이에서 이야기가 많이 전해진다는 것은 그만큼 감정이입을 할 수 있다는 것이 아닐까요. 그리고 입에서 입으로 전하다 보니 듣는 사람들의 반응을 금방 알아서 반영할 수 있을 것 같아요. 그래서 재미 있는 부분, 재미없는 부분을 확실히 파악해서 이야기의 재미를 더욱 잘 살리게 되는 거죠.

신	맞습니다. 그렇게 이야기하면서 서로 주고받는다는 게 정말 재밌는 거예요. 얘기를 단순히 일방적으로 듣는 게 아니라 각자의 경험과 생각을 반영하는 가운데 끊임없이 살아 움직이는 것이 바로 옛날이야기이고 구비전승 문학입니다.

우리는 어떤 삶을 살 것인가

인간에게 세 가지 길이 있다고 봅니다. 첫째 신적인 삶을 신명나게 사는 삶, 둘째 신이 약화되고 스러져서 물적인 존재가 되어 사는 삶, 셋째 신이 막히고 뒤틀려서 귀(鬼)가 되는 삶, 이렇게 나눌 수 있어요.

차클   동서양의 신화들을 보면 세상이 만들어지는 창세신화 같은 것이 있던데, 우리나라에는 없나요?

신   그런 질문을 많이 받습니다. 우리나라에도 창세신화가 있다는 사실을 다들 잘 모르고 있는 거죠. 당연히 구비전승되는 옛날이야기들 속에 창세신화도 있습니다.

차클   우리나라의 신화라고 하면 단군신화밖에 떠오르지 않는데 다른 신화들도 있나요?

신   생각보다 많습니다. 제주도에 있는 신의 숫자만 1만 8000에 달할 정도로 신이 많았으니까요. 집 안 구석구석, 마을 구석구석, 하늘과 땅, 이승과 저승을 넘나드는 수많은 신들과 함께 더불어 살았던 게 바로 옛사람들이라 할 수 있습니다. 그 신들에 관한 수많은 이야기가 있죠.

차클	그리스 로마 신화처럼 인간과 신이 공존하는 식의 이야기들인가요?
신	네, 그런데 우리 옛이야기 속에 등장하는 신과 그리스 로마 신화에 등장하는 신은 개념이 조금 달라요. 그리스 로마 신화의 경우에는 혈통을 많이 따집니다. 신의 혈통과 인간의 혈통을 구분하는 쪽이지요. 우리 신화에서는 신과 인간의 혈통을 굳이 따지지 않아요. 게다가 신들이 굉장히 인간적입니다. 그럴 수밖에 없는 게 그 신들이 원래 인간이었던 경우가 많거든요.
차클	인간이 신이 된다는 설정이 상당히 독특하네요. 그런 설정은 우리 문화만의 특징이라고 봐야 하나요?
신	맞습니다. 한국의 신화나 옛날이야기, 언어 모두 인간의 내면에 신성이 깃들어 있음을 상징합니다. 자기 안에 있는 신성을 펼쳐낸 삶을 살면 어느 순간 신이 되는 것이고, 그 내력 이야기가 곧 신화가 되는 것이지요. 어떤 특별한 존재가 자격을 검증해서 누구는 신이 되고, 누구는 신이 될 수 없도록 따지는 식이 아닙니다.
차클	언어에도 신성이 깃들어 있다고 하셨는데, 어떤 예가 있나요?
신	굿을 하는 무당이 갑자기 어린아이의 목소리를 내는 경우를 보신 적이 있나요? 여자가 남자 목소리를 내기도 하죠. 이런 상황을 '신들렸다'고 말합니다. 신이 밖에서 들어왔다는 뜻이지요. 그런데 한국 사람들이 '신들리다'란 말보다 더 일상적으로 많이 쓰는 신과 관련된 표현이 있습니다. 무엇일까요? 바로 '신나다'입니다. 신이 안에서 나온다는 말이죠.
차클	그런 의미가 있는지 몰랐네요. 그 말들은 결국 우리 모두가 신이 될 수 있다는 뜻이겠죠?
신	누구나 신의 자질과 신이 될 가능성을 가지고 있다는 것이죠. 그런데

누구나 신성이 우러나서 신적인 삶을 사는 것은 아니잖아요. 저는 인간에게 세 가지 길이 있다고 봅니다. 첫째 신적인 삶을 신명나게 사는 삶, 둘째 신이 약화되고 스러져서 물적인 존재가 되어 사는 삶, 셋째 신이 막히고 뒤틀려서 귀(鬼)가 되는 삶, 이렇게 나눌 수 있어요. 여러분들이 좋아할 만한 예를 들어보죠. 사랑에 관한 것으로요. 어떤 사람이 누군가를 좋아하고 사랑한 나머지 자기 것으로 만들고 싶어 합니다. 그런데 뜻대로 되질 않았어요. 상대의 마음이 다른 곳에 가 있고 자신을 받아주려 하지 않았던 것이죠. 그래서 상사병에 걸리게 된 사람의 이야기입니다.

신라 선덕여왕 때 지귀라는 젊은이가 살고 있었어. 선덕여왕을 본 뒤 그 아름다움을 사모하며 늘 눈물을 흘려 모습이 초췌해졌지. 여왕이 소문을 듣고 지귀를 만나고자 했어. 그런데 여왕을 기다리던 지귀는 문득 깊은 잠에 빠지고 말았지 뭐야. 도착한 여

왕은 그 모습을 보고 팔찌를 빼서 지귀 가슴에 놓아두고 돌아갔어. 뒤늦게 지귀가 잠에서 깨어나는데….

신　　　옛날이야기 속에서는 상사병에 걸린 사람들을 굉장히 다양하게 다루고 있습니다. 그중 하나가 지귀 설화예요. 지귀가 눈을 떠 보니 선덕여왕이 다녀갔고 팔찌가 놓여 있는 것을 발견하죠. 이때 지귀가 '아, 선덕여왕님이 여기까지 와주셨구나. 고맙다'라고 생각했으면 편안하게 살았을지 몰라요. 그런데 지귀는 그러질 못했죠. 선덕여왕이 찾아온 것도 모르고 자고 있던 스스로에게 화가 나서 온몸에 불이 나기 시작했습니다. 불이 막 일더니 불귀신이 된 거예요. 그러고는 서라벌을 돌아다니며 도성 전체에 불을 옮기고 다니기 시작했어요.

차클　　선덕여왕을 못 만난 건 순전히 자기 잘못인데 왜 남들에게 화풀이를 하고 다닌 거죠?

신　　　요즘에도 그런 사람들이 많잖아요. 실연당하고 엉뚱한 데 가서 화풀이하는 사람들이오. 그게 모두 자기 안에 있는 사랑을 제대로 지키지 못하고 뒤틀려서 귀(鬼)가 되어버린 것입니다. 지귀라는 이름은 '뜻 지(志)'에 '귀신 귀(鬼)'를 쓰는데, 마음이 귀신이 된 것을 의미합니다.

차클　　그래서 선덕여왕은 어떤 조치를 취했나요?

신　　　선덕여왕이 신하를 시켜서 글을 하나 써서는 백성들에게 나눠주고 대문에 붙이도록 했다고 합니다.

지귀는 마음에서 불이 일어
몸을 태우고 불귀신이 되었네.
푸른 바다 밖으로 멀리 흘러갈지니,

보지도 말고 친하지도 말지어다.

차클　여왕이 귀신을 다루는 법을 알았던 건가요?

신　선덕여왕은 왕이기도 하지만, 샤먼이기도 했습니다. 옛날에는 왕들이
　　하늘에 제사를 지내는 제사장 역할도 맡았으니까요. 그래서 선덕여왕
　　이 쓴 글을 붙인 곳에서는 지귀가 꼼짝을 못하고 사라져버렸다고 해
　　요. 합당한 벌을 받은 셈이지요.

차클　상사병에 걸려서 귀신이 되는 게 아니라 다른 게 돼버린 이야기도 있
　　나요?

신　네, 상사병에 걸려서 돌이 된 경우도 있어요. 상사바위라고 합니다. 말
　　하자면 마음속에 바윗덩어리가 들어앉은 거예요. 망부석(望夫石)도 상
　　사바위의 일종이지요. 춘향가 '쑥대머리'에도 보면 망부석이 등장하는
　　장면이 있습니다.

내 무덤 앞에 성난 돌은 망부석이 될 것이오.
무덤 앞에 섰는 나무는 상사목이 될 것이니.

신　그리고 또 식물과 동물이 되기도 해요. 설화에서는 상사병에 걸린 사
　　람들이 뱀이 된 이야기가 많이 등장합니다. 뱀이 무엇을 상징하는지
　　아시겠어요?

차클　사람을 유혹하려는 욕망을 뜻하는 것 아닐까요?

신　비슷합니다. 누군가를 자기 사람으로 삼고 싶은 욕망이 가슴에 꽉 차
　　있는데, 자기 마음대로 되질 않으니 마구 뒤틀리는 겁니다. 그런 상태
　　를 뱀으로 상징화한 거죠. 춘천에 가면 소양강댐 근처에 청평사라는

절이 있는데 그곳에도 상사뱀 설화가 전해지고 있어요.

차클 어떤 이야기인지 궁금하네요.

신 청평사 상사뱀 설화에서 뱀이 된 건 한국사람이 아니에요. 중국에서 공주를 짝사랑한 젊은이가 죽어서 뱀이 돼버렸답니다. 이후 늘 공주의 뒤를 끈질기게 따라다닌 거죠. 공주가 강원도 청평사로 건너오자 거기까지 따라온 겁니다. 그렇게 끝까지 쫓아가면서 괴롭히는 게 바로 상사뱀의 특징입니다.

차클 끔찍하네요. 왠지 요즘 사회적으로 문제가 된 스토킹 같은 현실을 떠올리게 하는 것 같아요.

신 그렇죠. 상사뱀은 의미상으로 스토커하고 꼭 맞아떨어집니다. 이렇게 보면 옛날이야기가 아주 현실적이라는 것을 알 수 있지요. 실제로도 이와 비슷한 일들이 많이 벌어지잖아요. 그런 상사뱀 같은 사람이 제 강의실에 나타난 적도 있습니다. 한 여학생이 수업 도중에 강의실을 황급히 떠난 일이 있었어요. 나중에 알고 보니 강의실에 전 남자친구가 찾아와서 자신을 빤히 쳐다보고 있었다는 거예요. 전화번호도 바꾸고 모든 연락을 끊었는데 말이에요.

차클 상사뱀이나 다름없네요.

신 예전 신화나 민담 속의 일이 요즘 현실에선 데이트 폭력이나 스토킹 같은 행위들로 나타나고 있습니다. 이야기에서 황당무계한 것처럼 보이는 내용도 내막을 알고 보면 현실과 깊이 맞닿는 부분이 매우 많습니다.

차이나는 클라스

이야기로 세상을 바꿀 수 있는가

옛날부터 전해 내려오는 삶의 이치나 철학을 담고 있는 이야기들을 언제부턴가 우리가 외면하고 있는 것이 현실입니다. 그리고 요즘 사람들은 서로 만나서 얘기도 잘 안 하잖아요. 서로 잘 보지도 않으니까요. 세상을 바꿀 수 있는 교훈과 방법을 담고 있는 이야기들을 우리가 자꾸 말하고 듣고 볼수록 세상을 행복하게 하는 기운이 커진다고 생각합니다.

차클   마지막으로 신(神)의 길은 어떤 것을 의미하나요?

신   앞서 귀(鬼)의 길, 물(物)의 길을 얘기했는데요. 이제 신(神)의 길을 한번 보도록 하죠. 상사병에 걸렸는데 신이 되는 게 과연 가능할까요? 삼국 시대 때 이야기를 통해 살펴보도록 하죠. 중국으로 공부를 하러 떠났던 의상 대사와 관련된 이야기입니다. 의상 대사가 원효 대사와 함께 공부하기 위해 중국으로 가다가 원효 대사는 중간에 도로 돌아옵니다. 의상 대사만 혼자서 중국으로 공부를 하러 갔는데 중국에서 머물던 집의 딸이 그를 짝사랑하게 되었어요. 어느 날 그 사랑을 고백합니다. 하지만 의상 대사는 불교에 귀의한 사람이기 때문에 그 사랑을 받아들일 수 없었죠.

차클   안타깝네요. 그래서 주인집 딸은 어떻게 되나요?

신	앞서 소개한 다른 상사병 이야기에서는 불귀신이 되거나 뱀이 되었죠. 하지만 그 여인은 혼자서 앓다가 마음을 바꿉니다. 의상 대사와 사랑을 이룰 수 없다면 차라리 그 사람 옆에서 도와주기를 선택한 것이죠.
차클	그러다 신이 되었다는 것인가요?
신	네. 의상 대사를 태운 배가 중국에서 집으로 돌아오는 길이 매우 험했을 겁니다. 돌아오는 중간에 풍랑을 만나버렸죠. 이때 주인집 딸은 물로 뛰어들어 용이 되어서 의상 대사가 탄 배를 보호해주었습니다. 그 덕분에 의상 대사가 무사히 돌아올 수 있었다고 합니다. 지금 경북 영주에 가면 의상 대사가 세운 부석사라는 절이 있는데요. 처음에 의상 대사가 절을 지으려고 할 때 방해하는 사람이 많았다고 해요. 그때도 용이 나타나서 큰 바위를 하늘로 띄워서 사람들을 쫓아냈다고 합니다. 그래서 영주에 절을 지을 수 있었기에 절 이름을 '뜰 부(浮)' '돌 석(石)'을 써서 부석사라고 한 것입니다.

출처: 낙산사 보타전 벽화

차클   역사 속 실제 인물과 전설적 요소가 뒤섞여 있어서 어디까지 믿어야 할지 잘 모르겠어요.

신   그럴 수 있어요. 그런데 실제로 부석사에 가보면 바위도 있고, 돌로 만든 용도 발굴이 됐다고 해요. 무량수전 뒤에 가면 선묘각(善妙閣)이라는 조그만 전각이 있습니다. 용이 되었다는 여성의 이름이 바로 선묘거든요. 이야기에서 사랑하는 사람을 위해 용이 됐다는 부분은 허구라고 봐야겠죠. 하지만 의상 대사를 사모한 여성이 있었고 그가 곁에서 대사를 도와주었다는 것은 역사적인 사실입니다.

차클   상대방을 더 생각하는 사랑은 용이 되고, 자기 마음만 생각하는 이기적인 사랑을 하면 뱀이 된다… 상당히 교훈적인 내용이네요.

신   그렇게 볼 수도 있겠네요. 덧붙여서 뱀이 된 사람을 용으로 만들어준 경우도 있습니다. 옛날에 젊고 잘생긴 한 남자가 있었습니다. 어느 날 낯선 사람이 찾아와서는 시집을 갈 나이가 된 자기 딸이 그 남자를 보고 반해서 상사병에 걸렸다고 하는 겁니다. 딸의 아버지는 지금 딸이 남자를 한번 만나보고 싶다면서 식음을 전폐하고 있으니 자기 집으로

와주면 안 되겠냐고 부탁했습니다. 사람이 죽어간다는 말에 남자는 딸을 찾아가겠다고 했지만, 다음 날 비가 쏟아지고 강물이 넘치는 바람에 약속을 지키지 못했죠. 하루 늦게 그 집에 도착해 보니 그 딸의 아버지는 이미 때가 늦었다고 말합니다. 남자를 기다리던 딸이 한이 맺혀 죽어서 뱀이 되어 있었어요. 여기서도 상사뱀이 된 겁니다. 비가 오는 것을 보고 하루 정도 늦게 오겠거니 생각할 수도 있었을 텐데 너무 외골수로 빠진 거예요.

차클   그런데 어떻게 뱀이 된 딸이 용으로 바뀌었다는 것인가요?

신   아버지는 됐다고 말하지만, 남자는 여자가 자기를 기다리다가 뱀이 되었으니 그냥 갈 수 없다며 하룻밤을 딸과 함께 보내겠다고 합니다. 남자가 방으로 들어가서 뱀 옆에 앉으니까 뱀이 남자의 몸을 칭칭 감았죠. 그렇게 하룻밤을 지내고 나자 뱀은 남자의 몸에서 스르르 내려와 물로 들어가더니 용이 되었다고 합니다.

차클   남자의 정성에 마음이 누그러진 걸까요?

신   네, 그렇게 용이 되어서 남자를 도와주었다는 내용의 설화입니다. 그런데 이 설화의 주인공이 누구인지 아세요? 바로 이순신 장군입니다. 물론 이런 일이 실제로 있었던 것은 아니겠죠. 이순신 장군이 그만큼 백성들 한 명 한 명의 생명을 챙기고 아껴준 분이었다는 인식이 널리 퍼지다 보니 이런 설화가 만들어진 것이라 할 수 있습니다.

차클   요즘처럼 각박한 세상에 귀감이 되는 이야기인 것 같습니다. 이 같은 신화가 지금 우리가 사는 세상에서도 어떤 역할을 할 수 있을까요?

신   한국의 신화와 옛이야기에 의하면 사람은 누구나 신이 될 수 있어요. 여러분들도 누군가에게 정말로 소중한 사람이 되면 신이 될 수 있는 겁니다. 세상을 살아가는 가장 큰 보람이죠. 그런데 요즘 세상에는 신화와 옛날이야기 속의 수많은 신들이 모두 모여도 이기지 못할 만큼 강력한 신이 버티고 있습니다. 바로 물신(物神)입니다.

차클 　물신이라니 무엇을 의미하나요?

신 　돈입니다. 돈을 신처럼 떠받들고 있잖아요. 돈이라는 것은 하나의 물질일 뿐이고 사람들이 만들어낸 것이죠. 그런데 그게 강력한 신이 돼서 사람들을 꼼짝하지 못하게 만들었으니 주객이 전도된 상황이죠.

차클 　물신을 이겨내기 위해선 어떻게 해야 할까요?

신 　저는 인문학의 가장 큰 과제가 물신을 어떻게 싸워서 이겨낼 것인가 하는 데 있다고 생각합니다. 돈보다는 사람이 먼저잖아요. 사람의 기운, 사람다운 기운을 살려내는 게 답일 것입니다. 조금 전에 이야기한 이순신 장군이 상사뱀을 품어 용이 되도록 도와준 행동에는 어떤 의미가 담겨 있다고 보세요?

차클 　그 사람의 마음에 공감하고 진심으로 이해해준 것 같아요.

신 　맞아요. 그것을 사람의 정, 사람의 참마음, 인정(人情)이라고 합니다. 사람들이 나날의 삶 속에서 인정을 베풀어서 인정이 널리 넘쳐나면 사람이 우선인 세상을 만들 수 있습니다. 그러면 자연적으로 물신이 지배력을 상실하게 되겠죠.

차클 　인정을 나누는 가장 좋은 방법이 무엇일까요?

신 　무엇보다 서로 꾸준히 대화하는 것이 중요합니다. 그 대화 속에서 옛날이야기가 힘을 낼 수 있다면 정말 좋겠습니다. 옛날부터 전해 내려오는 우리 삶의 이치나 철학을 담고 있는 이야기들을 언제부턴가 외면하고 있는 것이 현실입니다. 그리고 요즘 사람들은 서로 만나서 얘기도 잘 안 하잖아요. 서로 잘 보지도 않으니까요. 세상을 바꿀 수 있는 교훈과 방법을 담고 있는 옛날이야기들을 우리가 자꾸 말하고 듣고 볼 수록 세상을 행복하게 하는 기운이 커진다고 생각합니다.

차클   교수님 말씀을 들어보니 내가 신이 될지, 귀가 될지는 결국 내가 만드는 것 같습니다. 가장 중요한 건 스스로를 다스리는 것이네요.

신   맞습니다. 우리 주변에는 좋은 이야기들이 씨앗처럼 많이 흩어져 있습니다. 어쩌면 그냥 방치되어 있다고 볼 수 있어요. 그런 씨앗들을 찾아 싹을 틔우고 꽃 피우는 세상을 꿈꿔봅니다. 그 출발은 귀를 기울여 이야기를 듣는 일이죠. 제 이야기에 관심을 가져주시고 들어주신 여러분들이야말로 저에게 더없이 고맙고 귀한 존재들입니다. 그게 바로 신(神)이 아닐까요.

시청자의
질문 있습니다!

sweeti_mong   인간 안에 신이 있다고 보기에 '신들린다' '신나다'라는 표현도 있고, 인간이 신이 될 수도 있다고 하셨는데요. 저는 그때 '불교에서 우리 모두는 불성이 있기 때문에 우리 모두가 부처가 될 수 있다'라는 이야기를 어딘가에서 들었던 것이 떠올랐습니다. 설화 속에 담긴 그 같은 인간관과 세계관은 불교의 영향을 받은 것인가요?

신   불교에서는 우리 모두가 부처가 될 수 있다고 하지요. 농담 반 진담 반으로 "부처 아닌 척하지 마세요"라는 말도 하잖아요? 저도 가끔 사람들한테 "신 아닌 척하지 마세요"라고 말하기도 합니다. 그러고 보면 기본 철학이 서로 통하는 것 같아요.
         한국의 신화나 전설 또는 한국인의 세계관과 인간관에 불교의 영향이 많이 있는 것은 분명한 사실입니다. 거의 2000년 가까운 시간 동안 불교가 우리 생활과 문화의 일부를 이루어왔는데 그 영향이 없다면 오히려 이상한 일이겠지요. 그런 포괄적인 면 외에, 구체적인 측면에서도 불교의 크고 작은 영향을 확인할 수 있습니다. 신화 속에 부처님이 직접 등장해서 주인공의 길을 인도하는 경우도 많아요. 〈당금애기〉 같은 신화에서는 핵심 인물로 등장하기도 합니다.

하지만 '신난다' '신들리다'라는 말이나 거기 담긴 인식이 불교의 영향이라고 말하기는 쉽지 않을 것 같습니다. 불교가 전래되기 이전부터 샤머니즘이 폭넓게 우리 삶 속에 퍼져 있었고 신화도 많이 있었지요. 단군신화나 주몽신화 같은 건국신화 이야기들도 불교 전래 이전에 만들어진 것들입니다. 구전돼온 창세신화는 불교적으로 윤색된 부분이 포함돼 있지만, 이야기 자체는 건국신화 시절이나 그 이전부터 있었을 것으로 추정되고 있지요. 인간 안에 신성이 있다는 인식은 아주 오래 전부터 한국인의 세계관을 이루고 있었다고 생각됩니다. 중요한 사실은 한국의 전통 샤머니즘과 불교가 인간관 면에서 질적으로 통하는 면이 많았다는 것입니다. 그래서 서로 자연스럽게 연결되면서 결합을 이룰 수 있었지요.

경청의 하모니, 오케스트라

조은아

경희대학교 후마니타스칼리지 교수.
'음악적 깊이와 인문학적 소양을 겸비한 보기 드문 연주자'라는 평을 받고 있다.
연습실과 세상을 잇는 동선을 따라
음악의 깊이와 사회적 역할을 함께 고심하는 피아니스트.

교향곡이란 무엇인가

오페라 공연장에서 본격적인 공연이 시작되기 전에 객석의 주의를 집중시킬 만한 장치가 필요했어요. 바로 서곡이 만들어지게 된 이유입니다. 서곡은 웅장한 시작, 단번에 파악되는 아름다운 멜로디라는 특징을 가지고 있습니다. 이렇게 오페라 극장의 조연에 불과하던 서곡이 오케스트라곡으로 점차 독립을 하게 됩니다.

차클 왜 클래식은 어렵다는 인식이 강할까요?

조 대중음악과 비교를 해보죠. 대중음악은 짧게 압축된 감정에 집중하지만 클래식 음악은 기승전결의 서사를 풍성하게 담고 있는 음악입니다. 그래서 클래식 음악을 제대로 감상하기 위해선 절대적인 시간과 몰입이 필요해요. 이런 것들이 클래식 음악에 진입 장벽을 느끼게 하는 문턱이 아닌가 생각합니다.

차클 그 문턱을 낮추기 위해 교수님도 큰 역할을 하고 계시다고 들었어요.

조 클래식을 멀리하게 되는 가장 큰 원인은 청중과 음악가 사이의 괴리에 있습니다. 저는 연주자 입장에서 청중에게 좀 더 가까이 다가갈 수 있는 노력들을 하고 있어요. 청중들이 음악을 더 즐겁고 친근하게 이해하고 깊이 만날 수 있는 다양한 시도들을 하고 있습니다.

차클	오늘의 주제가 '경청의 하모니, 오케스트라'인데요. 어떤 의미를 담고 있나요?
조	오케스트라는 음악이라는 분야에서 인간 문명이 이룬 가장 훌륭한 업적이라고 할 수 있습니다. 개성이 각각 다른 악기들이 하나의 조화로운 음악을 추구하는 과정을 살펴보면서 우리 공동체가 나아가야 할 방향에 대해 생각해보자는 취지예요.
차클	오케스트라라고 하면 교향곡이 가장 먼저 떠오릅니다. 그런데 교향곡이란 정확히 무슨 뜻인가요?
조	오케스트라를 가장 빛나게 하는 음악이 바로 교향곡이죠. 클래식 음악을 크게 두 갈래로 나눈다면, 인간의 목소리로 노래를 부르는 성악 음악이 있고, 악기로 음악을 연주하는 기악 음악이 있습니다. 오늘 살펴볼 교향곡은 기악 음악에 속합니다. 여러분들이 잘 알고 계신 베토벤의 '운명'도, 드보르작의 '신세계로부터'도 모두 교향곡입니다. 특히 이 곡들은 대중음악에서도 새롭게 변형되고 영화나 애니메이션에서도 다양하게 변주되고 있어요.

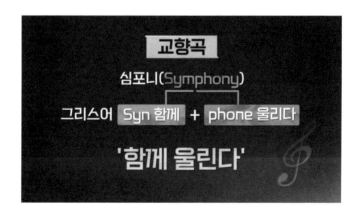

차클	성악이 아닌 기악 음악의 장점은 뭘까요?
조	우선 음역이 제한적이지 않습니다. 또 가사에 얽매이지 않기 때문에 추상적인 표현, 자유로운 해석이 가능합니다.
차클	교향곡의 문자적 의미도 궁금합니다.
조	교향곡은 음악 용어로 심포니(symphony)라고 부르는데요. 심(syn)은 '함께', 포네(phone)는 '울린다'라는 의미를 담고 있습니다. 번역하면 함께 울린다는 의미가 되겠네요.
차클	그렇군요. 오케스트라가 연주하는 또 다른 장르인 협주곡과 교향곡은 어떻게 다른가요?
조	협주곡은 솔리스트의 독주와 관현악의 투티(tutti·합주)가 대립과 조화를 일으키는 음악이에요. 그런가 하면 실내악은 2명에서 9명에 이르는 소규모 그룹이 합을 맞추는 앙상블이고요. 독주곡은 말 그대로 혼자 연주하죠. 연극에 비유하면 홀로 무대에 오르는 모노드라마와 같아요. 그에 반해 교향곡은 100명이 무대에 오르는 대형 음향집단이란 차이가 있습니다.
차클	교향곡은 어떻게 탄생했나요?
조	교향곡은 기능 음악으로부터 시작됐습니다. 오페라 공연장에서 본격적인 공연이 시작되기 전에 객석의 주의를 집중시킬 만한 장치가 필요했어요. 바로 서곡이 만들어지게 된 이유입니다. 서곡은 웅장한 시작, 단번에 파악되는 아름다운 멜로디라는 특징을 가지고 있습니다. 이렇게 오페라 극장의 조연에 불과하던 서곡이 오케스트라 곡으로 점차 독립을 하게 됩니다. 여러 악장으로 길이가 늘어나고 서서히 교향곡으로 자리를 잡게 되죠.
차클	그렇다면 교향곡을 가장 먼저 만든 사람은 누구인가요?

조　교향곡의 역사에 기틀을 마련한 작곡가는 바로 '교향곡의 아버지'로 불리는 하이든(Franz Joseph Haydn)입니다. 하이든은 굉장히 부지런하고 낙천적인 작곡가였어요. 또 음악가로서는 꽤 장수한 편이었습니다. 일흔일곱 살까지 살면서 교향곡을 108곡이나 작곡했어요.

차클　하이든이 수많은 교향곡을 작곡할 수 있었던 배경은 무엇인가요?

조　하이든은 에스테르하지 가문의 궁전에서 30년간 활동했었습니다. 에스테르하지 후작은 자신의 악단을 소유하고 있었어요. 당시에 오케스트라를 운영한다는 것은 그만한 힘과 권위, 부를 가지고 있다는 상징이기도 했습니다. 하이든은 그 악단의 단장으로 일하면서 15~25명 정도의 단원을 이끌었어요. 그리고 자신의 고용주인 에스테르하지를 위한 음악을 작곡하고 하루에 두 번씩 연주도 했다고 합니다.

차클　자신의 고용주를 위한 음악을 만든 것이네요.

조　그렇죠. 자신을 알아주는 고용주, 실력을 다 꿰고 있는 단원 사이에서 하이든은 그들의 수준에 맞는 음악을 작곡했습니다. 음악을 연주하는 곳도 왕궁이나 교회 같은 공간으로 제한되어 있던 시기였죠.

차클	당시에는 음악가들이 귀족들에게 고용된 형태로만 활동을 할 수 있었나요?
조	사실 당시의 음악가들은 독립적인 지위를 인정받지 못했습니다. 수공업자나 하인과 같은 지위에 불과했어요. 당연히 고용주의 명령에 따른 음악을 계속 작곡해내야 했죠. 하이든뿐만 아니라 모차르트도 안정적인 일자리를 얻으려면 궁전에 속하는 방법밖에 없었어요.
차클	업무 환경은 어땠나요?
조	에스테르하지 궁전은 굉장히 고립된 곳이었어요. 게다가 하루에 두 번씩 연주를 해야 되니까 노동 강도도 대단했겠죠. 하이든이 쓴 편지를 보면 얼마나 힘들었는지를 알 수 있습니다.

하이든의 편지

외딴 궁전에 갇혀 있다. 끊임없이 속박당하고 있다. 세상으로부터 고립되어 있지만 오케스트라 지휘자로서 여러 실험을 해볼 수 있는 건 유일한 위안이다.

차클	그래도 작곡을 끊임없이 할 수 있는 환경에 있다는 것이 그나마 장점이었네요.
조	네, 실제로 작곡에 방해를 받는 일들이 없었기 때문에 아주 독창적인 실험들을 할 수 있었어요. 하이든의 교향곡에 붙은 특이한 별명들이 그런 실험들을 대변해주고 있습니다. '교장 선생님' '철학자' '곰' '암탉' 그리고 '고별' 같은 부제들이 그의 작품에 달렸죠.
차클	왜 그런 별명들이 붙었나요?
조	'고별' 교향곡에 얽힌 에피소드를 소개해드릴게요. 하이든과 오케스트라 단원들은 고립된 궁전에서 가족들과 떨어져 살아야만 했어요. 여

름이 다 지나도록 휴가도 받지 못했고요. 그래서 하이든이 음악적으로 아주 세련된 노동 쟁의를 벌이게 됩니다. 멀쩡히 연주를 하던 단원들이 하나씩 자기 악기를 들고 퇴장할 수 있도록 마지막 악장을 작곡했죠. 시위 효과를 높이기 위해서 보면대 위에 켜져 있는 촛불을 하나씩 끄고 나가는 퍼포먼스까지 지시했다고 해요. 그래서 이 곡은 '촛불 교향곡'이라고도 불립니다.

차클 재미있네요. 그래서 하이든과 단원들은 휴가를 받았나요?

조 에스테르하지 후작도 깨닫는 바가 있었는지 단원들에게 휴가를 주었습니다. 하이든의 노동 쟁의가 성공한 것이죠. 그만큼 단원들을 배려한 하이든의 따뜻한 성품을 알 수 있는 에피소드입니다. 당시의 시대 상황도 담겨 있고요.

차클 하이든 외에 교향곡으로 널리 알려진 작곡가들은 또 누가 있나요?

조 비엔나에서 활동했던 고전주의 삼총사가 있습니다. 바로 하이든, 모차르트, 베토벤인데요. 특히 베토벤은 하이든의 제자이자, 자유로운 독

차이나는 클라스

립 음악가로 자신의 길을 새롭게 개척했던 작곡가입니다.

| 차클 | 베토벤은 궁정에 속한 게 아니라 독립적인 음악가로 활동할 수 있었다 |
| | 고요? |

조	네, 베토벤(Ludwig van Beethoven)은 하이든과 달리 사회적으로 안정
	적인 지위를 가질 수 있었어요. 악보를 팔아서 생계유지를 할 수 있었
	거든요. 또 베토벤을 음악의 신처럼 추앙하는 귀족 후원자들도 굉장히
	많았습니다. 그래서 후원자들이 원하는 음악을 쓰는 게 아니라 자신이
	원하는 음악으로 승부를 봤습니다. 그래서 자신 내면의 목소리를 더
	중시했던 작곡가라고 할 수 있습니다.

| 차클 | 근데 베토벤이라고 하면 특유의 고뇌하는 표정이 먼저 떠올라요. |

조	베토벤의 성격과 관련이 있을 거 같아요. 작가 괴테와의 일화가 유명
	한데요. 하루는 괴테와 베토벤이 테플리체라는 도시에서 만나 산책을
	하고 있었습니다. 그런데 귀족이 탄 마차가 지나가니까 괴테가 멈춰서
	허리를 굽혀 인사를 했습니다. 그 모습을 본 베토벤이 굉장히 격앙되
	어서는 뒷짐을 지고 쌩하니 가버렸대요. 나중에 괴테가 편지에 베토벤
	이 정말 고집스럽고 못 말리는 성격을 가진 사람이라 평했다는 일화가
	전해집니다.

| 차클 | 부자들의 후원이 필요했을 텐데 그렇게 귀족층을 무시해도 별문제가 |
| | 없었나요? |

조	예전의 음악들은 왕궁 아니면 교회 안에서만 들을 수 있었습니다. 그
	러다가 중산층 부르주아들이 많아지면서 대중을 위한 공공 연주회가
	열렸어요. 베토벤에게는 생계를 유지할 수 있는 수단이었죠.

| 차클 | 나중에 베토벤의 귀가 들리지 않게 되잖아요. 그런 상태로 어떻게 작 |
| | 곡을 할 수 있었던 걸까요? |

조	아시다시피 베토벤은 음악가로서 굉장히 치명적인 장애에 시달리게

조 아시다시피 베토벤은 음악가로서 굉장히 치명적인 장애에 시달리게 됩니다. 난청 초기엔 귀가 잘 들리지 않게 되자 청력 회복을 위해 하일리겐슈타트라는 작은 마을로 요양을 떠납니다. 거기서 쓴 편지가 바로 하일리겐슈타트 유서입니다.

베토벤의 유서

아무것도 들리지 않으니 얼마나 굴욕적인가. 난청은 나를 절망으로 몰고 가 삶을 끝장내고 싶을 정도다. 하지만 나를 일으켜 세운 것은 오직 나의 예술. 내면에 있는 모든 악상을 불러내기 전에 세상을 떠나는 것은 얼마나 억울한가.

차클 너무 안타깝네요. 그런 상황에서 어떤 음악을 작곡했을지 궁금합니다.

조 굉장히 절망적인 상황에서 하일리겐슈타트 유서를 쓰고 난 이듬해 작곡된 교향곡이 교향곡 3번 '영웅'입니다. 영웅은 절망과 좌절에 빠진 상황에서 작곡된 곡이지만 굉장히 호방하고 에너제틱해요. 한 사람의 음악가가 고통을 어떻게 극복하고 있는지를 여실히 증명하는 교향곡

차이나는
클라스

이기도 하죠. 귀가 전혀 들리지 않고 유서까지 썼던 사람의 음악이라는 느낌이 들지 않아요. 자신이 처한 고통에 굴하지 않겠다는 의지가 담겨 있는 곡입니다.

차클   당시에 베토벤의 '영웅'을 들은 사람들의 반응은 어땠나요?

조   이 곡은 연주 시간이 한 시간이나 걸립니다. 초연 당시에 단원들마저 이 곡을 연주하는 것이 불가능하다고 생각했어요. 청중들도 연주를 다 듣느니 입장료의 두 배를 내고 퇴장을 하겠다고까지 했었죠.

차클   저런… 그렇게 길게 곡을 쓴 이유가 뭘까요?

조   그만큼 음악적으로 하고 싶은 말이 많았던 거죠. 익숙한 것들에 머무르지 않는 파격적인 시도가 음악사에 새로운 물꼬를 틔웠습니다. 하이든과 베토벤의 음악적 환경이 다르다 보니 교향곡의 규모도, 오케스트라의 규모도 점점 커져갔습니다.

음악가들에게 교향곡은
어떤 의미인가

베토벤이 남긴 아홉 개의 교향곡은 후대 작곡가들에게 뛰어넘을 수 없는 벽처럼 느껴졌습니다. 그래서일까요. 실제로 교향곡을 9번까지만 작곡하고 세상을 떠난 작곡가들이 정말 많습니다.

차클	교향곡의 제목을 보면 번호도 있고 부제도 따로 있는데요. 그렇게 제목을 붙이는 이유는 무엇인가요?
조	교향곡의 번호는 작곡 시기에 따라서 붙게 되고요. 부제 같은 경우에는 작곡가가 직접 붙이거나 아니면 후대에 사람들이 그 곡의 성격을 잘 나타낼 수 있는 특징적인 별명을 붙이기도 합니다.
차클	베토벤도 하이든처럼 많은 교향곡을 남겼나요?
조	하이든이 '교향곡의 아버지'라면, 베토벤은 '음악의 성인', 즉 악성(樂聖)이라고 추앙을 받죠. 베토벤은 불멸의 교향곡이라 불리는 아홉 개의 교향곡을 남겼습니다. 특히 마지막 9번 교향곡에서 베토벤은 음악사에 있어 또 하나의 혁명을 일으킵니다.
차클	어떤 시도를 했나요?

조	교향곡은 원래 기악 음악이라고 말씀드렸죠. 악기로만 연주하는 음악이지요. 그런데 베토벤은 사람의 목소리를 포함한 교향곡을 작곡하게 됩니다. 교향곡 9번 '합창'의 마지막 악장에 프리드리히 실러가 쓴 '환희의 송가'라는 시를 가사로 붙여서 작곡을 합니다. 인류에 대한 사랑을 담고 있는 내용이라서 주로 송년 음악회 때 가장 즐겨 연주되곤 하죠.

'합창' 가사

가혹한 관습이 갈라놓은 것들을 신비로운 힘이 다시 결합시킨다. 모든 인간은 형제가 된다. 나아가라 형제들이여, 그대의 길을. 수백만의 사람들이여 서로 얼싸안아라.

차클	베토벤의 교향곡 아홉 개는 음악사에서 어떤 의미를 가지고 있나요?
조	베토벤이 남긴 불멸의 교향곡들은 후대의 작곡가들에게 아주 강력한 영향을 끼치게 됐어요. 그가 남긴 교향곡을 뛰어넘는 작품을 만드는 것이 작곡가로서의 최대 과제가 될 정도였어요. 브람스(Johannes Brahms) 같은 경우에는 '거인이 내 뒤를 뚜벅뚜벅 쫓아오는 소리가 환청처럼 들린다'고 토로할 정도였다고 해요. 심지어 베토벤에 버금가는 교향곡, 베토벤을 뛰어넘는 교향곡을 작곡하기 위해서 브람스는 교향곡 1번을 작곡하는 데 21년을 소진합니다.
차클	베토벤이 모든 작곡가들의 비교 대상이 된 것이군요?
조	네, 그렇게 베토벤이 남긴 아홉 개의 교향곡은 후대 작곡가들에게 뛰어넘을 수 없는 벽처럼 느껴졌습니다. 그래서일까요. 실제로 교향곡을 9번까지만 작곡하고 세상을 떠난 작곡가들이 정말 많습니다.
차클	베토벤이 강한 영향을 준 작곡가가 또 있나요?

조	구스타프 말러(Gustav Mahler)가 대표적입니다. 그는 빈 오페라 극장의 감독이었어요. 비엔나를 대표하는 음악가였죠. 그런데 말러는 일생동안 죽음에 대한 공포에 시달렸어요. 사춘기 시절에 자기가 가장 아끼던 동생이 병상에서 죽어가는 모습을 목도해야 했습니다. 성인이 되어서는 자신이 가장 아끼고 사랑하던 딸이 세상을 떠나게 됩니다. 그래서 자신도 언제 죽을지 모른다는 염세적인 강박에 시달리게 되죠.
차클	말러도 교향곡을 9번까지밖에 쓰지 못했나요?
조	네, 9번 교향곡을 쓸 차례가 되자 심상치 않은 심리적인 압박을 느꼈을 겁니다. 이 징크스를 비껴가기 위해서 9번 자리에 성악과 융합된 '대지의 노래'라는 이름을 붙여서 출판합니다. 9번이란 번호를 쓰지 않고 살짝 숨겼던 거죠.
차클	그럼 9번 교향곡의 징크스를 극복한 건가요?
조	'대지의 노래'를 작곡하고 난 이후에 심리적인 압박에서 조금 벗어난 말러는 다시 9번 교향곡을 작곡합니다. 그러고는 10번째 교향곡을 작곡하다 스케치만 남겨 놓고 심장 발작으로 세상을 떠나죠. 온전히 번호를 붙여 완성한 말러의 교향곡은 아홉 개를 넘지 못합니다. 그만큼 교향곡 9번은 작곡가들의 음악 인생을 완결하는 대작이라고 이해할수 있겠습니다.
차클	교향곡 9번의 징크스를 극복한 작곡가는 없나요?
조	바로 드미트리 쇼스타코비치(Dmitrii Shostakovich)입니다. 광고나 대중음악을 통해서 쇼스타코비치의 음악을 많이 들어보셨을 겁니다. 영화 〈번지점프를 하다〉에 등장하는 왈츠 장면에 그의 재즈 모음곡 2번이 쓰였고, 각종 광고에도 다양한 변주 형태로 쓰였어요. 그런데 쇼스타코비치는 1980년대 중반까지 한국에서 연주할 수 없는 작곡가였어

요. 바로 구소련의 작곡가였기 때문이죠.

차클 그렇군요. 쇼스타코비치에 대해 더 얘기해주세요.

조 그는 러시아의 현대사를 고스란히 상징하는 작곡가입니다. 쇼스타코
비치가 활동하던 시기는 냉전 시대로 스탈린의 철권통치가 악명을 떨
칠 때였어요. 언제 숙청당할지 모르는 공포 속에서 당이 정해놓은 엄
격한 가이드라인을 아슬아슬하게 넘나드는 교향곡을 작곡했던 사람입
니다. 총 15개의 교향곡을 남겼는데 음표라는 암호를 통해서 독재정
치, 인간성의 몰락 등을 세상에 폭로했죠.

차클 당에서 제시한 가이드라인이 어떤 건가요?

조 음악은 누구나 이해할 수 있게 간결, 명확하며 민중의 삶과 밀착해야
한다는 것이 사회주의 리얼리즘의 교시였습니다. 온갖 장애와 난관에
맞서 분투하면서 결국엔 희망으로 나아가는 서사를 선호했어요. 쇼스
타코비치가 작곡한 7번 교향곡 '레닌그라드'는 공산당으로부터 환대
를 받았습니다.

차클 교향곡 '레닌그라드'는 어떤 음악인가요?

조　2차 세계대전이 한창 계속되던 시기에 독일과 소련이 독소전쟁을 벌이게 됩니다. 그때 가장 가혹한 도시전이 레닌그라드에서 벌어졌어요. 30개월 동안 나치가 레닌그라드를 포위하고 전기·식량·약품 등의 공급을 막아서 300만 명의 사상자가 생겼다고 해요. 그때 쇼스타코비치도 레닌그라드에 있었거든요. 소방수로 직접 전쟁에 참전합니다. 전쟁의 포성이 울려 퍼지는 참혹한 전장 한가운데에서 작곡한 곡이 바로 교향곡 7번 '레닌그라드'입니다. 그래서 이 곡에는 적군의 침공, 전쟁의 참상, 폭력적인 강박 같은 것들이 담겨 있습니다.

차클　이 곡을 들어보니 항공기 소음이라든가 채찍질 소리 같은 게 느껴져서 전쟁의 모습이 잘 표현된 것 같아요.

조　공산당은 교향곡 7번이 발표됐을 때 위대한 애국 전쟁에 대한 인민의 찬가라고 평가하며 굉장히 환대를 했습니다. 그런데 정작 쇼스타코비치는 자신의 곡은 스탈린이 파괴하고 히틀러가 완전히 몰락시킨 레닌그라드에 대한 추모곡이라는 말을 남겼습니다. 히틀러가 침공하기 이전에 이미 철저하게 파괴됐었던 레닌그라드를 기리고 있다고 얘기한 거죠.

차이나는 클라스

차클	공산당은 그런 줄도 모르고 반긴 거네요.
조	기악 음악에는 가사가 없잖아요. 그래서 공산당의 지시에 따른 음악을 만들었다고 해도 작곡가 자신의 창작 의지는 전혀 다른 의도를 품고 은유를 집어넣을 수도 있는 거죠.
차클	쇼스타코비치의 또 다른 대표적인 교향곡은 무엇인가요?
조	쇼스타코비치에게도 교향곡 9번을 작곡해야 할 시기가 찾아왔어요. 아까 말씀드렸듯이 9번 교향곡까지 작곡하고 세상을 떠난 몇몇 중요 작곡가 덕택에 '9번 징크스'가 회자되고 있었죠. 쇼스타코비치도 마침내 자신만의 음악을 완성해야 하는 대작의 시기가 도래한거죠. 이때 쇼스타코비치는 정말 용기 있는 결단을 내립니다.
차클	쇼스타코비치가 어떤 결심을 했나요?
조	쇼스타코비치가 9번 교향곡을 작곡할 시기가 마침 2차 세계대전이 막바지에 이른 1945년이었어요. 공산당은 쇼스타코비치가 인민의 승리를 찬양하는 전승 교향곡을 만들기를 기대했었죠. 하지만 막상 9번 교향곡을 초연했을 때 공산당 지도자들은 경악하게 됩니다. 공산당이 기대했던 전승 교향곡의 느낌이 전혀 아니었거든요. 전곡을 감상하면 훨씬 더 쇼스타코비치의 의도가 적나라하게 드러납니다. 풍자와 해학이 깃든 악상, 마치 누군가를 비웃고 놀리는 듯한 선율이 대거 등장합니다.
차클	쇼스타코비치가 창작 의도에 대해서 남긴 글이 있나요?
조	네. 쇼스타코비치는 '사람들은 나한테 승리의 팡파르와 찬가를 원했지만 그렇게 예찬하는 음악을 쓸 수 없었다. 9번 교향곡을 쓸 때 그 사실을 여실히 깨달았다'라고 고백합니다. 이에 스탈린은 격노했고 작곡가를 인민의 적으로 내몰게 됩니다. 쇼스타코비치는 예술가로서 누렸던 특권들을 다 박탈당했고, 이 곡 역시 연주 금지곡이 됩니다.

오케스트라는
어떻게 조화를 이루는가

교향곡은 주선율을 맡는 강자의 주장뿐만 아니라, 침묵하는 쉼표도 존중하는 미덕을 가지고 있어요. 오케스트라 연주에서 가장 중요한 요소는 바로 귀 기울여 듣는 경청입니다. 백여 개가 넘는 악기가 만들어내는 아름다운 하모니는 단원 사이의 경청이 있기에 가능합니다. 그래서 오케스트라라는 대형 음향 집단을 통해서 사람과 사람 사이의 유대, 즉 공동체 정신에 대해서도 생각해볼 수 있습니다.

차클 오케스트라는 어떻게 구성이 되나요?

조 교향곡을 연주하는 오케스트라는 개성이 모두 다른 악기들로 하나의 조화로운 음악을 만들어내는 음향 집단이라고 할 수 있습니다. 오케스트라는 관현악의 팔레트라고 할 수 있어요. 그래서 어떤 악기를 어떻게 배합하고 조합시키느냐에 따라서 작곡가의 능력을 알 수 있습니다. 우선 소개할 악기는 현악 그룹입니다.

차클 현악기가 오케스트라에서 가장 많은 자리를 차지하지 않나요? 이유가 뭔가요?

조 현악 그룹은 오케스트라에서 가장 많은 음표들을 연주합니다. 많은 단원들이 가장 많은 음표를 연주한다는 것은 그만큼 오케스트라에서 가장 중요한 역할을 한단 의미겠죠. 현악기는 음색이 인간의 음성과 가

장 유사합니다. 이들은 전부 바이올린의 가족이라 불리는데, 크기만 다를 뿐 악기의 모양과 구조가 같아서 동질적인 음향을 가지고 있습니다. 그래서 음색이 서로 잘 섞여 풍성하게 어우러지죠.

차클 현악기의 모양이 사람을 닮은 것 같아요.

조 허리가 잘록하게 들어가 있죠. 명칭도 사람의 인체 부위와 같습니다. 울림통은 몸통이라고 부르고, 앞면은 배, 뒷부분은 등이라고 해요. 줄이 감겨 있는 목 부분도 사람의 몸을 닮았죠.

차클 그렇군요. 그럼 관악기는 어떤 특징을 가지고 있나요?

조 관악기는 현악기처럼 공통의 유형이 없어요. 악기의 생김새나 재료의 물성이 다 제각각 다르기 때문이에요. 음색도 악기마다 뚜렷한 개성을 가지고 있으니 현악기 주자처럼 무리로 등장하지 않습니다. 목관악기는 독주자처럼 등장합니다. 그래서 작곡가들은 보통 아름답고 예쁜 멜로디를 이 악기군에 배정할 때가 많습니다.

차클 목관악기요? 나무로 만들어진 관악기란 건가요?

조 플루트는 예전에 목재로 만들었지만 최근에는 대부분 금속재로 제작합니다. 오보에는 오케스트라의 모든 악기를 조율할 때 기준이 되는 악기입니다. 클라리넷은 굉장히 변화무쌍한 표현이 특징입니다. 모차르트가 가장 사랑했던 악기이기도 하고요. 바순은 목관악기 중에서 가장 음역대가 낮아서 보통 첼로와 쌍을 이뤄서 저음역을 보강하는 연주를 담당하죠. 한편 금관악기는 호른·트럼펫·트롬본·튜바가 기본 구성입니다.

차클 이런 관악기들은 숨을 불어넣어 연주해야 하니까 연주자가 정말 힘들 것 같아요.

조 네, 체력의 피로가 훨씬 빨리 오죠. 다른 악기군보다 강력한 음량을 자랑하는 금관악기는 승리의 팡파르, 군대의 제식, 사냥 같은 대형 이벤트와 연관이 있습니다. 호흡으로 움직이기 때문에 현악기처럼 빠른 음형을 연주하지 못하고, 프레이징의 길이도 제약이 있습니다. 그러니 작곡자는 관악기의 특징을 잘 알고 적재적소에 등장을 시켜야 합니다.

차클 다양한 악기들이 한꺼번에 연주를 하니 조그만 실수는 안 들리지 않을까요?

조 금관악기나 타악기 연주자들은 연주 내내 기다리는 것 때문에 스트레스를 받는다고도 해요. 예를 들면 어떤 악보에선 수백 마디 넘게 기다리란 지시가 나오기도 하거든요. 실제로 제 동료들 중에는 자기 부분이 다가올 때 목구멍 밖으로 심장이 튀어나올 것 같은 긴장을 느낀다는 사람도 있어요. 현악기 같은 경우에는 무리로 움직이잖아요. 그래서 실수가 잘 드러나지 않지만 홀로 등장하는 악기들은 적확한 등장 시점에 크나큰 강박을 느끼게 됩니다. 금관악기는 음량도 커서 실수라도 하면 대번에 티가 나서 교향곡의 구조를 무너트리게 되죠.

차클 자기 파트만 제대로 연주한다고 끝이 아니군요?

조	네, 자기 파트가 아닌 다른 파트의 소리도 집중해서 경청해야 됩니다. 각자의 뚜렷한 개성을 드러내면서도 어떻게 하나의 조화로운 음악을 이뤄내는지가 오케스트라의 생명이죠.
차클	오케스트라를 이끄는 지휘자는 구체적으로 어떤 역할을 하는 건가요?
조	지휘자는 굉장히 중요한 직책이에요. 오케스트라를 실질적으로 이끄는 리더고 복잡한 음감에서 누가 주인공이고 조연이며 엑스트라인지를 입체적으로 해석하면서 오케스트라의 구조를 만드는 사람입니다.
차클	지휘자에 따라 오케스트라가 달라질 수 있고, 연주도 달라질 수 있는 것인가요?
조	네, 지휘자의 해석에 따라서 각양각색의 음악이 태어납니다. 예를 들어 베토벤의 교향곡 '운명'의 첫 모티브도 어떤 지휘자가 어떻게 지휘하느냐에 따라 전혀 다른 음악으로 재탄생할 수 있습니다. 같은 악보에 같은 음표들이 새겨져 있지만 지휘자에 따라 수없이 다양한 해석으로 들릴 수 있는 겁니다. 지휘자가 그만큼 최종적인 음악 결정권을 지니고 있습니다.
차클	지휘자는 모든 악기를 어느 정도 연주할 줄도 알아야겠네요?
조	실제 연주를 하지는 못하더라도 각 악기의 특성이나 장단점은 알고 있어야 되겠죠.
차클	지휘자와 연주자들을 이어주는 매개체 역할을 하는 사람도 있나요?
조	오케스트라에서는 지휘자가 최종 결정권을 가지고 있어요. 그리고 오케스트라 단원들을 대표하는 악장이 있습니다. 악장이 지휘자와 단원들 사이에 벌어지는 분쟁을 중재하기도 하고, 오케스트라 전체의 음악적인 색깔을 책임진다고도 얘기하죠.
차클	정말 교수님이 말씀하신 것처럼 오케스트라는 다양한 사람들의 조화

속에서 만들어지는 음악인 것 같습니다.

조　　　네, 그렇습니다. 교향곡은 주선율을 맡는 강자의 주장뿐만 아니라, 침묵하는 쉼표도 존중하는 미덕을 가지고 있어요. 오케스트라 연주에서 가장 중요한 요소는 바로 귀 기울여 듣는 경청입니다. 백여 개가 넘는 악기가 만들어내는 아름다운 하모니는 단원 사이의 경청이 있기에 가능합니다. 그래서 오케스트라라는 대형 음향 집단을 통해서 사람과 사람 사이의 유대, 즉 공동체 정신에 대해서도 생각해볼 수 있습니다.

시청자의 질문 있습니다!

MinAh Jang　　　클래식이라고 하면 떠오르는 작곡가는 베토벤, 비발디, 모차르트 등이고 유명한 클래식 곡이라 하면 '운명' '사계' 등을 말합니다. 정말 좋은 곡들이지만, 들을 때마다 왜 클래식은 다들 옛날 사람들이 몇백 년 전에 작곡한 곡을 오케스트라가 해석만 다르게 해서 연주하는지 궁금했습니다. 혹시 20세기, 21세기에 작곡된 새로운 클래식 음악은 없나요? 아니면 현대에도 작곡된 곡은 많지만 대중화가 되지 않고 있는 건가요? 현대에 만들어진 클래식 음악에 대해서도 알려주세요.

조　　　현대 작곡가들은 새로운 음향의 개척에 온 노력을 기울이고 있습니다. 이제껏 지켜왔던 예술적 관습에 얽매이기보단, 뻔하지 않은 음악적 시도를 갈망하는 것이지요. 그래서 현대 음악을 듣다 보면 익숙한 선율이나 화성 전개를 찾기 어렵습니다. 날것 그대로의 강렬한 소리, 덩굴처럼 얽히거나 파편처럼 해체되는 음향이 특징입니다. 시공간을 전혀 새롭게 일깨우는 음향을 탐닉하다 보면 현대 음악의 매력에 시나브로 적응하실 수 있을 거예요.

추천하고 싶은 공연은 서울시향의 '아르스 노바 시리즈'입니다. 서울시향의 공연 중 가장 공을 많이 들이고, 연습 시간도 가장 긴 현대 음악 프로젝트입니다. 우리 시대의 생생한 음악적 동향을 알 수 있어요.

추천하고 싶은 방송은 팟캐스트 '신음악의 다잉 메시지'입니다. 청년 음악가들이 현대 음악을 친근하고 재미있게 들려주는 방송인데요. 그중에서도 '제발 한 번만 들어주세요'란 코너가 있습니다. 들으면 들을 수록 매력적인 현대 음악에 마음을 활짝 여실 수 있으면 좋겠습니다.

차이나는
클라스

3장

미래

세계를 지배하는 신인류, 포노 사피엔스

최재붕

문명을 읽는 공학자.
비즈니스 모델 디자인과 인문학 바탕의 동물행동학, 기계공학 등
학문 간 경계를 뛰어넘어 맹활약 중인 명실공히 국내 최고의 4차 산업혁명 권위자다.
성균관대 기계공학과 학부와 대학원을 졸업하고,
캐나다 워털루대학교에서 기계공학 석사와 박사학위를 마쳤다.

포노 사피엔스는 누구인가

포노 사피엔스는 지금 우리의 모습을 의미하는 말입니다. 포노와 사피엔스는 라틴어예요. 포노는 스마트폰을 라틴어로 표현한 것이죠. 매일같이 스마트폰을 들고 다니는 새로운 인류, 스마트폰이 신체의 일부처럼 진화한 인종이 되었다는 것을 의미합니다.

차클 호모 사피엔스가 아니라 포노 사피엔스라니 무슨 뜻인가요?

최 포노 사피엔스는 지금 우리의 모습을 의미하는 말입니다. 포노(Phono)와 사피엔스(Sapiens)는 라틴어예요. 포노는 스마트폰을 라틴어로 표현한 것이죠. 매일같이 스마트폰을 들고 다니는 새로운 인류, 스마트폰이 신체의 일부처럼 진화한 인종이 되었다는 것을 의미합니다.

차클 그 정도로 지금의 인류가 스마트폰을 많이 사용하고 있다는 얘기죠?

최 우리나라도 10대에서 60대까지 1인당 1대 이상의 스마트폰을 쓰고 있어요. 전 세계적으로도 개통된 스마트폰 숫자가 이미 2018년에 30억 대를 넘었고요. 앞으로 2020년까지는 전 세계 소비자의 80퍼센트 이상이 스마트폰을 쓰게 된다고 합니다. 바야흐로 연령과 상관없이 포노 사피엔스의 시대가 된 것입니다.

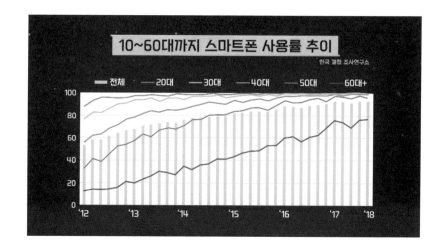

차클	인류 역사에서 스마트폰처럼 문명을 획기적으로 바꾼 사건들은 어떤 게 있었나요?
최	인류 문명을 변화시킨 리더들을 한번 살펴볼까요? 진나라의 진시황, 자동차 왕 헨리 포드, 마이크로소프트의 빌 게이츠… 이들에게는 어떤 공통점이 있을까요?
차클	큰 나라나 기업을 일으킨 사람들이란 점인가요?
최	이들은 새로운 표준을 만들어서 세계를 지배한 사람들입니다. 진시황은 통화와 도량을 통일해서 드넓은 중국 대륙에 표준화된 문명을 정착시켰죠. 헨리 포드는 컨베이어 벨트라는 표준 시스템으로 자동차를 대량 생산할 수 있는 길을 열었습니다. 빌 게이츠는 표준 운영 체제를 개발해서 컴퓨터 문명 시대를 개막했고요.
차클	세 사람 모두 표준을 만들었다고 하셨는데, 도대체 표준이란 무엇인가요?
최	각국엔 그 나라에서 사용하는 표준들이 있어요. 미국에만 가도 그들이

사용하는 변기의 높이가 우리나라의 변기보다 상당히 높다는 것을 알수 있습니다. 그래서 동양인들이 미국의 변기를 사용할 때 다리가 공중에 떠 있는 경우도 많아요. 하지만 미국인들에게는 딱 맞겠죠. 표준이란 게 이런 겁니다. 보통 각 나라 사람들의 평균 신장이나 생활 방식에 따라서 자신들의 표준을 정하죠.

차클   그런데 표준이 무척 중요한 모양이죠?

최   표준은 예전부터 굉장히 중요한 역할을 했어요. 심지어 미국의 남북전쟁에서 북군이 승리할 수 있었던 요인 중 하나가 표준이라고 합니다. 북군은 무기를 표준화해서 생산했다고 해요. 모두 표준화된 부품을 갖고 있어서 고장이 나더라도 금방 교체해서 사용할 수 있었죠. 그런데 남군은 그런 표준을 만들지 않았어요. 서로 호환이 되지 않는 부품을 갖고 있으니 수리하는 데 애를 먹었죠. 그래서 전쟁에서 남군이 패했다는 얘기도 있어요.

차클   요즘 우리 일상에 쓰이는 표준은 어떤 게 있을까요?

최	여러분 주변에도 표준화된 제품들이 많아요. 요즘 많이 사용하는 USB 단자도 모두 똑같이 생겼죠. 이것은 인텔이라는 기업에서 표준을 만들어서 무료로 사용하게 해준 거예요. 그래서 전 세계 기업들이 표준화된 디자인을 따르기로 한 것이죠. 와이파이도 마찬가지예요. 지금 우리 눈에 보이지는 않지만 기기 간에 표준이 맞아야 와이파이를 쓸 수 있거든요. 그래서 전 세계 어디를 가든 와이파이를 공용으로 쓸 수 있는 겁니다.
차클	그럼 블루투스도 일종의 표준 제품인 건가요?
최	그렇죠. 사람들이 새로운 제품을 사용해보고 편리하게 느끼면 너도나도 그 제품을 쓰기 시작하겠죠. 그러면 전 세계 많은 기관과 국가들이 모여서 표준을 제정해요. 2018년에 국제표준회의(IEC)가 부산에서 열렸어요. 그만큼 우리나라도 표준 전쟁에서 인정을 받는 국가가 된 것 같습니다. 이러한 새로운 표준이 많이 등장할 때, 문명이 바뀝니다.
차클	요즘 4차 산업혁명을 맞이하고 있는데 그럼 새로운 표준이 많이 등장하겠네요?
최	그렇죠. 농경사회에서 1차 산업혁명을 맞이하며 증기기관이 등장했죠. 이때 새로운 기계들이 만들어지면서 이 기계들의 표준이 생겼죠. 그리고 2차 산업혁명을 거치면서 전기가 등장했어요. 이때에도 전기와 관련된 표준들이 대거 확립됐습니다. 3차 산업혁명은 정보화 혁명이었기 때문에 전기·전자·정보에 관한 표준이 많이 등장했어요. 이처럼 문명의 교체기인 산업혁명의 시기에는 새로운 표준이 많이 나타나요. 현재도 4차 산업혁명을 맞이하면서 새로운 표준들이 엄청나게 들어서고 있어요. 최근에 가장 주목을 받는 것이 자율주행차의 표준인데요. 이를 위해서 수많은 기업들과 연구자들이 모여서 협의를 하는 중

차이나는 클라스

입니다. 앞으로는 인공지능 로봇도 표준을 정해야 한다는 말도 나오고
있어요.

차클   지금 새로운 산업혁명을 이끄는 리더들은 누구인가요?

최   현재 세계를 이끄는 기업이 어디인지를 보면 됩니다. 세계 10대 기업
순위를 살펴볼게요. 2019년 기준 시가총액 1위는 애플입니다. 1위부
터 10위까지 기업 중 애플·아마존·구글·마이크로소프트·페이스북·
알리바바·텐센트가 스마트폰을 든 인류, 즉 포노 사피엔스라는 새로
운 문명을 만든 곳입니다.

차클   IT기업들이 새로운 문명을 만들고 있는 것이군요?

최   그렇습니다. 기업별로 살펴보죠. 애플은 2013년에 처음으로 시가총
액 1등을 차지했어요. 아이폰이 탄생한 지 불과 7년 만이었습니다. 그
리고 최초로 시가총액이 1조 달러를 넘은 기업이기도 합니다.

차클   아마존도 성장세가 가팔랐던 것 같아요.

최   흔히 유통업체라고 하면 어떤 기업이 떠오르나요? 주로 백화점이나
대형 오프라인 매장을 가진 기업이라고 생각할 수 있죠. 그런데 세계

현재 10대 기업

순위	기업	시가총액(원)
1	애플	1,138조
2	아마존	1,004조
3	구글	960조
4	마이크로소프트	934조
5	페이스북	609조
6	버크셔 해서웨이	574조
7	알리바바	521조
8	텐센트	484조
9	JP 모건 체이스	447조
10	존슨 앤 존슨	399조

최고 유통기업인 아마존은 PC·스마트폰 등 온라인 플랫폼에서 엄청난 매출을 올리고 있어요. 혹시 TV에서 아마존의 물류센터를 보신 적이 있으신가요? 소비자가 스마트폰으로 게임을 하듯이 물건을 골라 주문하면 물류센터에서 로봇들이 움직여서 물건을 분류하고 포장한 뒤 배송을 하죠. 아마존은 앞으로 상품을 드론으로 배송하는 계획도 세우고 있어요.

차클 흥미롭네요. 구글과 페이스북은 어떻게 세계 10대 기업이 될 수 있었나요?

최 두 회사는 광고로 수익을 올려요. 구글의 매출 중 86퍼센트가 광고 수익이라고 해요. 페이스북의 경우엔 매출 중 광고 수익 비중이 99퍼센트나 된다고 합니다. 그런데 생각해보세요. 원래 어떤 기업들이 주로 광고로 매출을 올렸죠?

차클 TV나 신문 같은 미디어 기업들 아니었나요?

최 네, 그걸 구글과 페이스북이 다 뺏은 거예요. 그래서 일각에서는 파괴적 혁신을 했다고도 말을 해요. 인류의 일상을 바꿔가면서 기업이 성장한 것이니까요.

차클   알리바바와 텐센트는 중국 기업 아닌가요? 10대 기업에 중국 기업이 두 개나 들어갔다니 놀랍네요.

최   10년 전의 상황을 한번 돌아볼까요? 10년 전에는 세계 10대 기업 중 1위가 석유 기업인 엑손모빌이었어요. 가스프롬이나 페트로차이나 등 다른 에너지 관련 기업들도 순위에 올랐죠. 당시에 인류가 가장 중요하게 생각하던 게 에너지라는 걸 보여줍니다. 에너지 외에 금융과 제조업도 자리를 꿰차고 있죠. 그런데 10년이 지나자 상황이 완전히 바뀝니다.

차클   10년 전 10대 기업 순위와 현재 순위를 비교해보니 유일하게 겹치는 게 마이크로소프트예요. 이 회사는 어떻게 살아남은 것인가요?

최   혹시 요즘도 시디롬을 사용하는 분들이 계신가요? 아니죠? 웬만한 프로그램들은 모두 인터넷에서 다운로드받아서 사용하시죠? 그런데 얼

10년 전 10대 기업		현재 10대 기업	
순위	기업	순위	기업
1	엑손모빌	1	애플
2	GE	2	아마존
3	마이크로소프트	3	구글
4	씨티그룹	4	마이크로소프트
5	가스프롬	5	페이스북
6	페트로차이나	6	버크셔 해서웨이
7	뱅크오브아메리카	7	알리바바
8	도요타	8	텐센트
9	IND&COMM뱅크	9	JP 모건 체이스
10	로열더치셸	10	존슨 앤 존슨

마 전까지만 해도 윈도우를 다운받으려고 해도 설치용 CD가 들어 있는 박스킷을 구입해야 했어요. 윈도우 CD를 판매하러 다니는 영업조직들이 있을 정도였어요. 마이크로소프트는 그런 오프라인 요소를 전부 없애버리는 혁신을 단행해서 살아남은 것입니다.

차클   그 과정에서 실직자가 엄청 많이 생기지 않았나요?

최   물론입니다. 대량 실직이 일어났어요. 그런데 그런 사람들이 또 새로운 조직에 들어가서 새로운 변화를 이끌어냈어요. 대표적인 기업이 스타벅스입니다. 스타벅스는 마이크로소프트 출신의 고급 인력을 영입해서 플랫폼을 혁신합니다. 여러분이 많이 사용하는 스타벅스 앱이 바로 그런 케이스예요. 2016년 이후 스타벅스 앱이 등장하면서 전 세계 커피 시장을 다시 한번 휩쓸어버리는 계기가 되죠. 그런데 사이렌 오더(Siren Order·모바일 주문결제 시스템)는 사실 우리나라에서 먼저 개발을 해서 미국에 퍼져나가게 된 기술이기도 합니다.

차클   클라우드 서비스도 IT 기업에 많은 수익을 올려주고 있지 않나요?

최   네, 클라우드 서비스가 마이크로소프트의 매출을 가장 많이 올려주는 서비스입니다. 기업들은 많은 데이터를 사용하기 때문에 서버를 구축해서 데이터를 관리하죠. 그런데 이런 서버를 관리하는 데에는 많은 위험과 비용이 뒤따릅니다. 그래서 마이크로소프트와 아마존은 일정 수준의 비용을 받고 다른 기업이나 기관들의 데이터를 관리해주고 있습니다. 이것이 바로 클라우드 서비스예요. 클라우드 서비스 분야에선 2019년 기준으로 마이크로소프트가 1위, 아마존이 2위를 달리고 있습니다.

누가 디지털 세계의
소비를 이끄는가

대기업 가운데 디지털 플랫폼을 도입하지 않고 살아남은 기업이 없습니다. 그런데 디지털 플랫폼의 생태계에서는 소비자가 조금이라도 불만이 생기면 순식간에 마음을 바꿔서 떠나버려요. 반대로 소비자들의 마음에 든다고 하면 자기들끼리 발 빠르게 소문을 내서 붐을 일으키죠.

차클   앞서 얘기한 기업들은 새로운 변화에 적응하면서 혁신적으로 움직였다는 공통점을 지닌 것 같아요.

최   혁신의 바람을 주도한 사람이 바로 애플의 공동 창업자이자 전 CEO인 스티브 잡스입니다. 스티브 잡스는 21세기 최고의 혁명가라고 할 수 있어요. 전 세계 모든 사람들이 스마트폰을 사용하게 만들었죠. 늘 뭔가를 즐기고 싶어 하는 인류의 욕망을 스마트폰을 통해 해결해준 것이에요.

차클   스마트폰 이전에 등장한 인터넷이 더 혁신적이라고 할 수 있지 않나요?

최   인터넷을 통해 사람들이 새로운 문명을 누리게 된 건 맞죠. 그런데 사람들의 손에 들린 스마트폰을 통해 우리는 좀 더 촘촘한 연결망으로 이어지고 더 새로운 방식의 문명을 창출하게 됐습니다.

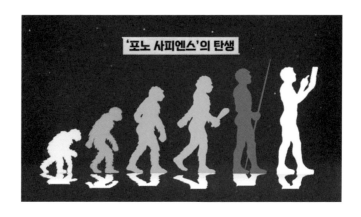

차클   스마트폰이 가져온 변화가 그렇게 대단하군요.

최   스마트폰이 등장하고 나서 사람들이 정보를 보는 방식이 달라졌어요. 과거에는 신문이나 TV를 통해서 모두 같은 정보를 봤죠. 하지만 스마트폰을 사용하게 되면서 정보의 선택권이 소비자에게 넘어갔어요. 그런 변화에 따라 IT 기업들도 진화한 것이죠.

차클   정보의 선택권이 소비자에게 넘어가며 생긴 변화를 좀 더 구체적으로 설명해주세요.

최   개개인의 소비자가 정보의 선택권을 가지게 되면 소비문화에서 큰 변화가 나타납니다. 포털 사이트에서 여러분이 검색했던 데이터와 연령, 성별 등을 분석할 수 있는 빅데이터를 토대로 맞춤형 광고를 하는 걸 예로 들 수 있겠죠. 이런 디지털 소비문화가 활성화가 되면 기존의 소비 생태계가 파괴됩니다.

차클   기존 소비문화를 파괴하면서 새롭게 등장한 서비스가 무엇인가요?

최   대표적인 서비스 중에 우버가 있습니다. 우버가 등장하면서 미국의 택시 회사들이 사라지기 시작했어요. 우버를 한 번이라도 타본 사람들이 기존 택시를 외면하기 시작했기 때문이죠. 금융 분야에서도 변화가 많이 일어났죠. 요즘에는 누구나 스마트폰으로 송금을 합니다. 스마트뱅킹으로 돈을 보낼 수 있는데, 굳이 은행에 가서 송금할 사람이 있을까요?

차클 그런데 기업이 아니라 소비자가 이러한 변화를 주도한다는 말씀이죠?

최 네, 맞습니다. 확실히 과거의 기업 생태계와는 달라진 것 같아요. 대기업 가운데 디지털 플랫폼을 도입하지 않고 살아남은 기업이 없습니다. 그런데 디지털 플랫폼의 생태계에서는 소비자가 조금이라도 불만이 생기면 순식간에 마음을 바꿔서 떠나버려요. 반대로 소비자들의 마음에 든다고 하면 자기들끼리 발 빠르게 소문을 내서 붐을 일으키죠.

차클 소비자들이 기업을 변화시키고 있는 게 맞네요.

최 과거에는 기업들이 많은 돈을 들여 TV를 비롯한 매체에 광고를 하거나 다양한 방식의 홍보 활동을 벌여서 브랜드 인지도나 매출을 확장했었죠. 그런데 디지털 플랫폼이 등장하자 모든 것이 바뀌었습니다. 소비자들이 순식간에 들어왔다가도 순식간에 빠져버리는 현상이 일어나기 시작했으니까요.

차클 소비자들의 변화에 적응하는 기업만이 살아남겠군요.

최 맞습니다. 기업 간의 경쟁이 치열해지면서 소비자들의 마음에 드는 기업만이 살아남게 됩니다. 이전의 문명과는 확연한 차이를 보이기 시작한 것이죠. 다양한 디지털 소비문화가 등장하고 거대 자본이 축적되고 있는 것입니다. 이러한 변화들이 4차 산업혁명이라 불리는 시장 혁명의 본질이라 할 수 있습니다.

차클 그런데 사회주의 국가인 중국의 기업들이 디지털 소비문화에 발 빠르게 적응했다는 게 참 놀랍네요.

최 그렇죠? 중국의 시장이 어마어마하다 보니 알리바바와 텐센트가 시가

총액이 500조 원대인 기업으로 성장했어요. 아시아에서 1, 2등의 자리에 있죠.

차클   텐센트는 어떤 기업인가요?

최   위챗(WeChat)이라는 메신저 서비스로 돈을 벌기 시작한 기업입니다. 위챗은 우리나라의 카카오톡 같은 메신저예요. 위챗으로 엄청난 돈을 벌어들인 뒤 게임 산업에 투자를 많이 했습니다. 현재 전 세계 게임 기업 중에서 넘버원이에요. 리그 오브 레전드나 클래시 오브 클랜도 텐센트가 사들였어요. 세계 최고의 게임은 다 가지고 있다고 보시면 되고요. 우리나라의 잘나가는 게임 기업의 지분도 대략 40퍼센트씩 보유하고 있어요. 그렇게 벌어들인 돈으로 방송업이나 금융업에도 진출했습니다. 지금 알리바바와 텐센트는 중국의 모든 디지털 소비문화에 관여하고 있다고 보면 됩니다.

차클   중국은 공산당이 인터넷을 검열하는 걸로 악명 높잖아요. 그런데 어떻게 IT 기업이 고속 성장할 수 있었나요?

Ten*ent

텐*트의 한국 주요 IT 게임 기업 투자 현황

기업명	지분율
넷*블	17.70%
블*홀	10% 추정
카*오	7.34%
카*오게임즈	6.00%
카*오뱅크	4.00%
네*삼십삼분	비공개

차이나는 클라스

최 저도 놀라는 부분인데요. 2012년에 중국의 공산당이 우버를 전격적으로 도입했습니다. 그런데 아까 다른 나라들에 우버가 도입되고서 영세한 택시업체들이 많이 망했다고 했잖아요. 그런데 어떻게 중국에서 별다른 잡음 없이 도입됐는지 궁금했어요. 중국 학생에게 물어보았더니 '우리는 공산당이 결정해서 지령을 내리면 따를 수밖에 없다'고 대답하는 거예요. 4차 산업혁명도 중국식으로 추진한다는 거죠. 사실 중국이 디지털 소비문화 면에서 전 세계적으로 가장 발달했습니다. 2012년 이후부터 공산당이 스마트폰 결제나 핀테크를 활성화하고, 인터넷 방송 규제를 풀어주고, 개인정보도 다 풀어주자 엄청난 자본이 디지털 문명 기업에 모이게 된 것이죠.

차클 실제로 중국에서는 길거리 상점에서도 스마트폰으로 결제를 하고 있었어요.

최 네, 맞습니다. 실제로 중국 상하이에 가면 걸인들이 QR코드를 인쇄한 목걸이를 걸고 다니면서 구걸을 한다고도 해요. 그만큼 모든 경제 활동이 스마트폰을 통해 이루어지고 있어요. 중국의 인구가 15억 명이나 되니까 얼마나 많은 데이터들이 모이겠어요. 그런 데이터를 기반으로 혁신을 시작한 지가 벌써 6~7년이나 된 것이죠.

차클 소비문화가 바뀐 대표적인 사례는 무엇인가요?

최 알리바바가 만든 허마셴성이라는 스마트 상점의 경우에는 QR코드로 물건을 사서 주문하기만 하면 오토바이로 배달 창고에 도착하는 데 9분밖에 걸리지 않는다고 해요. 그리고 오토바이로 주문자의 집까지 20분 내로 배달 완료하는 시스템을 갖추고 있어요. 총 30분 이내에 주문에서부터 배달까지 완료됩니다. 그래서 허마셴성 인근 3킬로미터 반경 내의 집값이 두 배가 되었다고 해요. 소비문화가 부동산 시장까지도 움직인 것이죠. 게다가 허마셴성은 반드시 앱으로만 결제해야 해요. 현금도 카드도 받지 않아요. 오로지 자신들의 디지털 플랫폼으로 모든 소비 활동을 하게 만든 것입니다.

차클 결제를 자사 플랫폼으로만 하게 만든 건 소비자들의 소비 패턴 데이터를 확보하기 위한 것인가요?

최 맞습니다. 그렇게 확보한 데이터를 가지고 계속 혁신을 하는 거죠. 그래서 다른 경쟁 회사보다 네 배의 매출을 올리고 있다고 해요. 그만큼 많은 소비자들의 선택을 받은 것이죠. 소비문화가 바뀌니 새로운 문명이 등장한 사례라고 할 수 있습니다.

왜 새로운 문명에
주목해야 하는가

새로운 문명이 교체되는 상황에서 자신이 무슨 일을 할 수 있는지를 예의주시해야 할 필요가 있습니다. 자동차가 등장하기 전에는 마차가 있었죠. 마차, 마부, 말을 먹이는 사람, 말을 관리하는 사람이 공존하는 생태계가 형성되어 있었어요. 그런데 자동차가 나오면서 이런 생태계가 사라졌어요. 하지만 이러한 생태계의 변화에 촉각을 곤두세우고 있기만 한다면 내가 좋아하는 것을 즐기면서 살아가도 된다는 얘기입니다.

차클   문명의 전환이라고 말씀하시니 요즘 성장세가 대단한 유튜브가 떠오르네요.

최   CBS의 전 CEO 앤드루 헤이워드가 "이제 모든 기업은 미디어 기업이다"라는 말을 했어요. 그만큼 미디어와 소비 시장이 밀접한 관계를 갖게 됐다는 것이죠. 2016년의 네이버 광고 수익을 보면 신문 3736개와 지상파 방송 3사의 광고 수익 합계를 뛰어넘었어요. 2018년에는 1분기에 이미 1조 원을 돌파했고요. 연간으론 4조 원인 셈이죠. 그래서 사람들은 네이버의 시대가 열릴 거라고 생각했어요. 그런데 갑자기 유튜브가 네이버를 앞지르기 시작했습니다. 2년 사이에 대한민국에서 유튜브 앱 사용 시간이 네이버 앱 사용 시간의 두 배가 된 거예요.

차클   유튜브의 급성장은 어떻게 가능했나요?

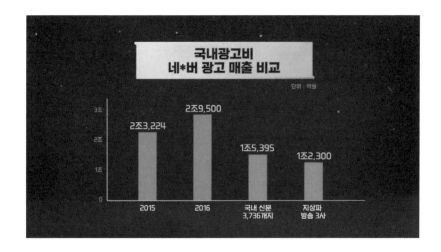

국내광고비
네*버 광고 매출 비교

단위 : 억원

2015: 2조3,224
2016: 2조9,500
국내 신문 3,736개지: 1조5,395
지상파 방송 3사: 1조2,300

최 유튜버들이 알려지기 시작한 과정을 보면 쉽게 이해할 수 있어요. 아
  이들에게 인기가 많은 한 유튜버의 경우에는 대학교 3학년 때 부업으
  로 유튜브 동영상을 찍었다고 해요. 그런데 놀랍게도 그 영상을 본 네
  다섯 살짜리 아이들이 어린이집에서 서로 그 얘길하며 영상을 퍼트린
  거예요.

차클 유튜브에 아이들이 일찍 노출되면 너무 어린 나이부터 자극적인 광고
  나 뉴스를 보게 되어서 위험하지 않나요?

최 어른들이 보통 그런 이야기들을 하죠. 그런데 유튜브 같은 곳에 이상
  한 콘텐츠가 돌아다니면 자기들끼리 자정작용을 하면서 걸러내는 경
  향이 있어요. 예를 들어 유튜브에서 굉장히 평판이 좋은 크리에이터였
  었는데 실제로 알고 보니 나쁜 사람이었다는 식으로 입소문이 나기도
  하죠. 대체로 사람들은 어떤 일이든 초기에 부작용이 발생하는 것만
  주목해요. 어떤 문명이든 정착을 하기 시작하면 새로운 기준과 규칙이
  생기며 자기들끼리 자정하려고 노력합니다. 그렇게 새로운 문명이 정

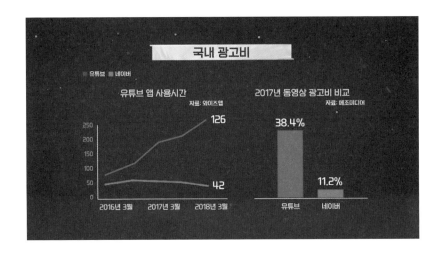

착해가는 거죠.

차클 유튜브에 광고가 몰리게 된 게 단지 이용자들이 많기 때문인가요?

최 우선 이용자가 많은 것은 중요합니다. 이용자들의 자발적인 참여를 통해 유튜브가 성장하면 광고비도 자연스럽게 점점 더 올라가죠. 이게 유튜브 시장의 특성입니다. 아까 소비자들이 전부 개인화되었다고 했었죠. 기성 방송들은 이렇게 개인화된 소비자들을 쉽게 만족시키지 못해요. 그래서 각 소비자는 수많은 유튜버 중에서 자신이 좋아하는 방송, 좀 더 재미있는 방송을 찾아가게 됩니다. 자연스럽게 유튜브를 통해 크리에이터들은 돈을 벌 수 있는 환경을 갖게 되어 새로운 직업이 생겨나고요. 또 유튜브는 광고비를 벌 수 있는 것이죠.

차클 중국도 유튜브 같은 인터넷 방송이 발달했나요?

최 중국도 인터넷 방송이 매우 빠르게 성장했어요. 대표적인 것이 인터넷 방송과 유통을 결합시킨 왕홍(网红·온라인에서 유명해진 인물) 문화입니다. 왕홍은 인터넷 방송과 전자상거래를 결합했어요. 광고비로 수입을

벌어들이는 것에 그치지 않고 아예 대놓고 물건을 팔아요. 장다이(张大
弈)라는 사람이 대표적이에요. 이 사람은 단 2시간 만에 33억 원어치
를 완판하기도 했다고 해요. 2017년에만 약 500억 원의 수입을 벌어
들였답니다. 이들 왕홍은 매장에 찾아가서 인터넷 방송을 통해 물건을
대신 팔아줄 테니 마진의 30퍼센트를 달라는 식으로 활동을 한다고
해요. 장다이의 경우 그런 수입을 합친 게 500억 원에 이른 거예요.

차클   남의 물건을 대신 파느니 본인이 직접 상품을 개발해도 되지 않나요?

최   실제로 요즘에는 그런 움직임이 있어요. 미스터 백(Mr. Bag)이라는 왕
홍이 대표적입니다. 2017년 밸런타인데이 때 지방시라는 브랜드와
함께 협업했어요. 한정판 가방을 만들면서 온라인에서 다양한 소비자
들과 소통을 해 그들의 의견을 반영해 디자인한 가방을 80개 제작했
는데, 단 12분 만에 완판이 되었다고 해요. 우리 돈으로 따져 2억 원
어치라고 합니다.

차클   온라인으로 시청자들과 직접 소통을 하니 왕홍들의 팬덤이 훨씬 더 커
지는 것인가요?

차이나는
클라스

최	맞습니다. 이런 새로운 소비자 문명이 정말 소비자가 왕인 문명을 만드는 거예요. 미디어를 통해 소비를 주도하는 거죠. 최근에는 왕홍이 우리나라 동대문에 진출하기도 했어요. 동대문에서 생방송으로 시청자들과 소통을 하면서 옷을 판매하기도 합니다.
차클	중국판 블랙 프라이데이(Black Friday·미국에서 추수감사절 다음 날 대규모 할인 행사를 하는 이벤트)라고 할 수 있는 일명 '광군제(光棍節)'도 중국에서 큰 이슈가 되고 있다고 들었어요.
최	맞습니다. 광군제는 알리바바가 만든 중국판 블랙 프라이데이예요. 중국에서는 11월 11일을 솔로들의 날이라고 부르는데요. 솔로들을 위한 선물을 하라고 그날 하루 대폭 세일을 해주는 것이죠. 기업들이 광군제를 위해서 1년 내내 준비를 할 정도라고 합니다. 이 또한 소비 문명의 새로운 현상이죠. 광군제가 2009년부터 시작되었는데, 2017년에는 28조 원의 매출을 올렸다고 해요. 딱 하루 만에요.
차클	우리나라에 미치는 영향은 없나요?
최	광군제와 왕홍을 통해서 성공한 우리나라 기업들이 있어요. '스타일난다'라는 기업이 대표적이죠. 1983년생 CEO가 만든 동대문 브랜드인데요. 이 회사는 광군제와 왕홍 마케팅 이벤트가 터지면서 급성장을 한 결과, 회사를 로레알에 6000억 원에 팔 수 있었습니다.
차클	로레알에서는 왜 6000억 원이나 주고 이 회사를 인수한 것인가요?
최	디지털 시장에서는 팬덤이 엄청나게 큰 무기입니다. 스타일난다를 좋아하는 사람들의 수, 그 사람들이 일으키는 구매량, 그 방송을 보고 있는 사람의 수가 데이터로 쫙 나오겠죠. 로레알의 입장에서는 그 데이터를 보면 6000억 원을 줘도 아깝지 않다고 판단한 것이죠.
차클	인터넷 방송이 대세인 것을 보면 너도나도 뛰어들어서 큰 수익을 챙겨

야겠다는 생각이 누구나 들 것 같아요. 하지만 위험 요소도 있지 않을까요?

최 그런 점도 분명 있을 겁니다. 2017년 왕훙이 올린 매출이 15조 7000억 원, 왕훙의 방송을 보고 있는 사람이 4억 6000만 명입니다. 왕훙 시장은 매년 30~40퍼센트씩 성장하고 있어요. 그만큼 새로운 생태계가 새롭게 생겨나고 있는 것입니다. 굳이 스스로 인터넷 방송을 하지 않더라도 관련된 새로운 직업이 생길 수 있고, 돈도 벌 수 있다는 말이 됩니다. 새롭게 펼쳐진 시장에서 다른 방식으로 자기 꿈을 실현할 기회가 생길 수 있다는 것이죠.

차클 어마어마한 숫자를 들으면 왠지 나도 인터넷 방송이나 크리에이터 같은 새로운 직업을 가져야 할 것 같지만 자기가 원래 하던 일을 계속해도 괜찮다는 말씀이신가요?

최 그렇죠. 다만 새로운 문명이 교체되는 상황 속에서 자신이 무슨 일을 할 수 있는지를 예의주시해야 할 필요가 있습니다. 예를 들어보죠. 자동차가 등장하기 전에는 마차가 있었죠. 마차, 마부, 말을 먹이는 사람, 말을 관리하는 사람이 공존하는 생태계가 형성되어 있었어요. 그런데 자동차가 나오면서 이런 생태계가 사라졌어요. 이러한 생태계의 변화에 촉각을 곤두세우고 있기만 한다면 내가 좋아하는 것을 즐기면서 살아가도 된다는 얘기입니다.

차클 소비문화 외에도 새로운 문명이 등장한 분야가 있나요?

최 국내 아이돌 그룹인 BTS가 얼마 전에 빌보드 200 차트 1위를 했죠. 메인 앨범 차트에서도 1위를 차지했어요. 빌보드에서 이렇게 외국 곡이 1위를 차지하는 것은 불가능하다고 알려져 있었습니다. 그런가 하면 라이브 공연에서 3만~4만 명이나 되는 팬들이 전부 한국어로 노래를 따라 부르기도 했고요. 지금도 전 세계 65개국에서 BTS 때문에 한글 학습 열풍이 불고 있다고 합니다.

차클 BTS 같은 아이돌도 새로운 문명의 상징으로 보시는 건가요?

최 성장 배경을 보면 수긍이 될 겁니다. BTS는 유명한 3대 기획사만큼 돈도 많고 네트워크도 훌륭한 기획사 소속이 아닙니다. 출발할 때부터 소속사가 벤처기업이라 자금도 부족했고 충분히 지원을 받을 수 있는 환경도 아니었어요. 그 대신 10대들이 좋아할 만한 킬러 콘텐츠를 만들어서 퍼뜨리면 팬들이 알아보고 자연스럽게 팬덤이 생길 거라고 생각했어요. 그래서 유튜브로 '방탄TV'를 찍기 시작한 것이죠. 그러자 온라인을 통해서 팬들이 생기기 시작했습니다. 그 유명한 팬클럽 '아미'가 탄생한 것이죠. 지금은 아미 숫자가 천만 명 정도가 된다고 해요.

차클 팬덤도 새로운 문명의 한 축이라고 볼 수 있는 것이죠?

최 팬클럽 아미가 활동하는 것을 보면 정말 당의 지령을 받은 당원들 같아요. 말하자면 무보수로 일하는 온라인 전략 마케터 역할을 해주는 셈이죠. 하지만 무엇보다 중요한 건 킬러 콘텐츠예요. 콘텐츠가 확보되면 고객에게 감동을 선사하게 되어 팬덤이 형성되고, 순식간에 막강한 힘이 되는 것이죠.

차클 또 다른 팬덤의 예가 있을까요?

최 여러분들은 중국에서 사드 사태 이후 한국 드라마를 못 보게 한 것을 알고 계신가요? 중국 정부는 이전에도 한국 드라마 같은 외국의 문화 상품을 민감하게 규제해왔어요. 그런데 2013년에 방송된 〈별에서 온 그대〉가 중국에서 큰 이슈가 되었었죠. 중국 당국에서 못 보게 하자 인터넷 전용 방송 같은 데서 이 드라마를 방영했어요. 그때 37억 명이 그 드라마를 봤다고 해요. 더 놀라운 것은 37억 명 중 80퍼센트가 스마트폰으로 봤다는 것이죠. 저는 당시에 중국에서 포노 사피엔스의 시대가 활짝 열렸다고 생각했어요.

차클   요즘은 게임도 새로운 문화 상품으로 등장했는데요.

최   롤드컵이라고 들어보셨죠? 리그 오브 레전드는 라이엇게임즈라는 회사에서 만든 게임인데 전 세계적으로 대유행을 했었죠. 롤드컵은 마치 월드컵처럼 각 국가별로 선발된 팀들이 세계 최정상을 가리는 대회예요. 2017년에 롤드컵 결승전이 베이징에서 열렸어요. 그걸 인터넷TV로 시청한 사람의 수가 8000만 명이나 되었다고 해요. 그리고 이 게임이 2018년에 아시안게임 시범 종목으로 선정이 되어서 방송을 탔는데 다른 경기들보다 트래픽이 10배 이상 뛰었다고도 해요.

차클   아까 텐센트가 라이엇게임즈의 지분을 갖고 있다고 하셨죠. 이런 인기를 확인한 이후 더 적극적으로 나서지 않았나요?

최   텐센트에서는 8000만 명이 게임을 시청하는 것을 보고 아예 방송국을 차렸어요. 또 광고 기획사를 세워 아예 사업화에 나섰죠. 일반인들의 상식으로는 아무리 게임을 잘하는 사람이 참여한다 해도 연습 경기하는 것을 누가 보겠느냐고 생각할 수 있어요. 그런데 첫 방송에서 500만 명이 봤다고 해요. 광고료가 어마어마하겠죠. 그런데 안타까운 것은 우리나라에서 저렇게 게임 방송 시청자가 어마어마하다고 하면 게임 때문에 청소년들이 공부를 안 한다고 야단치기 일쑤예요. 막연하게 게임은 마약이라는 생각을 여전히 하고 있는 것이죠. 그런데 중국은 이런 것을 사업화하잖아요. 접근법이 다른 것이죠.

차클   그럼 청소년들이 유튜브를 하고 게임을 하는 것에 대한 규제를 풀어줘야 한다고 생각하시나요?

최   실제로 저는 학부모님들에게 이런 이야기를 해드려요. 우리 아이들을 절대로 시험에서 틀리지 않는 암기의 왕, 시험의 기계로 만들어서 좋은 학교에 진학을 시키면 절대로 세계 7대 기업에 들어가지 못한다고요. 그 기업들은 시험으로 들어가는 곳이 아니에요. 새로운 문명으로 만들어진 생태계를 기반으로 하는 기업이잖아요.

차클 좀 혼란스럽네요. 그렇다면 우리 아이들을 앞으로 어떻게 교육시켜야 할까요?

최 새로운 문명 속에서 찾을 수 있는 기회에 대해 함께 이야기하는 시간을 더 많이 가져야겠죠. 앞으로는 모든 상품을 기획하는 데 있어서 공감 능력이 가장 중요해질 겁니다. 킬러 콘텐츠를 디자인할 수 있는 능력이 필요해요. 그래서 다양한 경험을 해야 이 생태계에 대한 근본적인 이해를 할 수 있어요.

새로운 질서에
어떻게 적응해야 하는가

스마트폰을 든 인류가 새로운 문명의 표준이 되었다면 이제 우리가 만들어놓은 규제라는 것도 다시 살펴봐야 할 겁니다. 그리고 문명의 새로운 울타리도 다시 설정해야 하지 않는지를 생각해야 할 시기예요. 경제학자 존 메이너드 케인스는 "변화에서 가장 힘든 것은 새로운 것을 생각해내는 것이 아니라 내가 갖고 있던 틀에서 벗어나는 것"이라고 했어요.

차클 지금 우리나라는 새로운 소비 문명에 어느 정도 적응을 했다고 생각하시나요?

최 여러분, 택시가 언제 등장한지 아세요? 1896년에 처음 등장을 했어요. 그런데 스마트폰을 든 인류가 차량 공유 서비스인 우버를 이용하면서 택시를 잊어버리기 시작했죠. 중국의 디디추싱, 동남아의 그랩처럼 우버와 유사한 서비스들이 등장했어요. 그런데 우리는 여전히 차량 공유 서비스가 불법이에요. 우리나라에서도 이러한 서비스를 합법으로 보장해주면 얼마든지 경쟁력 있는 서비스를 내놓을 수 있다고 생각합니다.

차클 현재 우리나라는 법률에 막혀 제대로 된 차량 공유 서비스를 이용하지 못하고 있잖아요.

최　　네, 맞아요. 최근에 신도시들이 많이 생기고 있죠. 이런 신도시에 대중
　　　교통이 뚫리지 않아서 출퇴근이 불편한 사람들을 위해 벤처에서 앱을
　　　만들어 관광버스로 운송을 해주는 서비스를 만들었다고 가정해보죠. 그
　　　러면 공무원들이 나타나서 버스를 막아서고는 허가를 받지 않은 서비스
　　　라면서 더 이상 운행을 하지 못하게 할 거예요. 규제 때문에 새로운 서
　　　비스가 답답하게 막혀 있는 우리나라의 현실을 보여주는 예입니다.

차클　그래도 기존 서비스 산업에 종사하는 사람들을 보호하기 위해선 불가
　　　피한 것 아닌가요?

최　　물론 그런 측면도 있지만 함께 발전할 수 있는 방도를 생각지 않고 기
　　　존 방식에만 얽매여 있는 게 문제예요. 외국계 대기업이 들어오면 기
　　　존의 택시회사들이 다 망하는 것만 생각하는데요. 문제는 언제까지나
　　　우리가 이런 변화의 흐름을 막을 수는 없다는 것입니다. 새로운 문명
　　　이 우리나라에 스며들고 있는 상황에서 적시에 대비하지 않는다면 나
　　　중에 더 큰 위기를 맞을 수도 있어요.

차클   외국의 경우 새로운 문명의 서비스와 기존의 서비스가 상생하는 사례들이 있나요?

최   예를 들어 우버를 보죠. 지금 사회적으로 굉장히 많은 연구가 이루어지고 있어요. 캘리포니아 전체를 보면 택시 비즈니스 자체는 매출 규모가 1.5배로 성장했습니다. 기존 택시 기사들은 처음에는 좀 수입이 떨어지다가 다시 수입이 올라가서 전체적으로 늘었다고 해요. 기사들이 기존의 택시도 몰고 추가로 우버도 활용하면서요. 법적으로 고객을 확보해준 것이죠. 대신 택시 회사를 경영하던 기업들은 어려워졌어요. 수수료를 우버가 가져가게 됐으니까요.

차클   정부 입장에서도 새로운 문명의 시대를 맞아 기존 규제를 풀어야 할지, 말아야 할지 고민스러울 것 같아요.

최   규제나 법을 만들 때는 전체 인류가 발전해가는 문명의 틀에서 어떤 것들이 등장하고 있는지 면밀히 살펴봐야 한다고 생각해요. 나중에 새로운 문명이 밀려와서 우리를 망하게 할 수도 있으니까요. 서구의 과

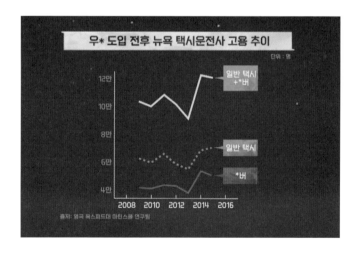

학기술 문명이 발달하고 있을 때 조선 왕조는 그저 외면하다가 결국 나라가 망하고 말았죠. 문명의 변화를 지켜보고만 있을 것이냐 아니냐가 매우 중요합니다.

차클 그렇다면 정부가 4차 산업혁명 시대에 어떻게 대응해야 한다고 조언 해주시겠어요?

최 우리나라에서 모바일뱅킹이 쓰이고 있는 통계를 보면 어느 정도 답을 유추할 수 있을 것 같아요. 20대는 74퍼센트가, 30대는 72퍼센트가, 40대는 61퍼센트가 모바일뱅킹을 사용한다고 하죠. 그런데 50대로 넘어가면 33퍼센트로 떨어져요. 60대는 5퍼센트밖에 되지 않아요. 문제는 우리나라에서 입법하거나 행정을 하는 분, 회사의 사장님 등 사회의 문명을 결정하는 힘을 가진 사람들이 50대나 60대 이상인 경우가 많다는 겁니다. 그분들의 상식을 기준으로 법을 만드는 거예요. 자신들이 사용하지 않으니 만들 필요도 없다고 생각하시는 거죠.

차클 전 세계적으로 허용되는 서비스가 우리나라에선 불법인 경우가 우버

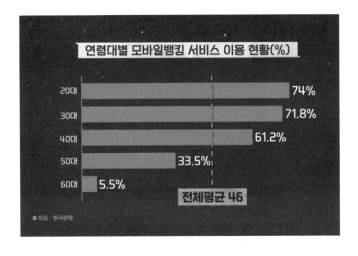

말고 또 있나요?

최 우리나라에선 빅데이터를 모으고 고객 정보를 모아서 클라우드 서비스에 저장하는 것이 다 불법입니다. 그런데 미국 연방정부는 1500개의 데이터 중 1000개를 아마존의 클라우드 서비스로 넘겼어요. 아마존의 보안 환경이 워낙 좋으니까 비용을 줄이고 활용도를 높이는 방향으로 바꾼 것이죠. 하지만 우리나라에서는 어떤 기업도 개인정보를 회사 외부에 저장하면 안 돼요.

차클 그런데 그렇게 규제해도 개인정보 유출 사고가 자주 일어나고 사고를 내도 강력하게 처벌도 안 하잖아요.

최 미국에서 그런 일이 일어나면 아마 난리가 났겠죠. 그 기업은 아마 살아남기가 힘들 거예요. 예를 들어 개인정보가 아마존에서 유출돼서 고객이 손해를 보면 엄청난 규모의 소송이 걸리기 때문이에요. 그러니까 우리나라도 이렇게 새로운 변화의 바람에 맞춰서 법도 규제도 바뀌어야 합니다.

차클 우리나라의 규제가 유독 심각한 건 왜일까요?

최 어쩌면 현재 존재하는 대한민국의 법은 우리 국민들이 합의한 수준이
아닐까 생각해요. 문명을 바라보는 시각의 수준을 나타내는 것이죠.
앞으로는 점점 바뀌겠죠. 최근에 카카오뱅크에서 3개월 만에 500만
계좌를 모았다고 해요. 그래서 시중 은행들이 원인을 분석해보았는데,
그 결과를 각 은행장에게 보고하기가 힘들었다고 하죠. 왜냐하면 카카
오뱅크의 캐릭터가 귀여워서 가입했다는 대답이 절대적으로 많았기
때문이에요. 근엄한 은행장들이 이런 결과를 쉽게 납득하지 못할 거라
고 본 거죠. 이처럼 문명에서 성공을 거두려면 상식을 깨야 합니다. 상
식이 깨지면서 새로운 문명도 탄생하는 것이죠.

차클 새로운 문명 앞에서 우리는 어떤 마음가짐을 가져야 할까요?

최 스마트폰을 든 인류가 새로운 문명의 표준이 되었다면 이제 우리가 만
들어놓은 규제라는 것도 다시 살펴봐야 할 겁니다. 그리고 문명의 새
로운 울타리도 다시 설정해야 하지 않는지를 생각해야 할 시기예요.
경제학자 존 메이너드 케인스는 "변화에서 가장 힘든 것은 새로운 것
을 생각해내는 것이 아니라 내가 갖고 있던 틀에서 벗어나는 것"이라

고 했어요.

차클 다른 나라들은 어떤 대비를 하고 있나요?

최 디지털 전환이라는 분야에서 미국과 중국이 전 세계를 선도하고 있어요. 이미 수천 조 달러의 자본이 모여서 혁신의 에너지를 더하고 있죠. 그리고 독일에서도 '인더스트리 4.0'이라는 것을 선언하면서 제조업의 혁신을 부르짖고 규제를 없애면서 디지털 전환의 흐름에 합류하고 있어요. 우리도 지금 가만히 있을 때는 아닌 거 같아요.

차클 그럼 한국은 어디쯤 있나요?

최 한국은 굉장히 특이합니다. 유튜브 생태계에서 가장 많이 사용하는 언어는 영어와 스페인어예요. 그럼 그 생태계 속에서 해당 언어권의 스타가 나오는 게 자연스럽겠죠. 그런데 한국의 아이돌 그룹 BTS가 유튜브 생태계에서 전 세계를 압도하는 킬러 콘텐츠가 되었어요. 게다가 우리나라는 노벨화학상이나 노벨물리학상을 하나도 받지 않았으면서 나노 기술의 반도체 산업 분야에서 1위를 계속 차지하고 있어요. 우리 어른들은 이런 것들을 해냈죠. 그리고 지금 우리 아이들은 새로운 생태계에서 킬러 콘텐츠를 만들어내면 팬덤을 형성할 수 있다고 알려주니 금방 그런 콘텐츠를 만들어내고 있어요. 그런 것들이 우리의 잠재력이라고 생각해요. 새로운 생각을 찾아내면 대한민국은 앞으로 새로운 문명에 대한 코어 콘텐츠, 한류와 같은 매력 있는 콘텐츠들을 충분히 만들어낼 수 있어요. 어른들이 만들어놓은 인프라와 아이들이 만들어내는 콘텐츠가 합해지면 진짜 대한민국이 전 세계에서 가장 매력적인 나라 중 하나가 되지 않을까요? 그리고 그게 우리를 살게 하는 가장 큰 힘이 되지 않을까요? 저는 그렇게 생각합니다.

시청자의
질문 있습니다!

이한승   최근 베트남으로 여행을 가서 '그랩'이라는 앱을 사용해 편리하게 이동하는 경험을 했습니다. 이렇게 편리한 기술을 왜 한국에서 불법으로 규제하고 있는지 궁금했는데, 교수님 말씀을 들으니 새로운 기술이나 정책이 도입되면서 편리함을 누릴 수도 있지만, 반대로 기존의 기술로 생계를 유지하는 사람들에게 지장이 생긴다는 것이 신경 쓰였습니다. 하지만 교수님 말씀대로 단지 누군가의 생계유지를 위해서 신기술을 언제까지 막을 수는 없는 것이 현실입니다. 우버나 그랩 같은 신(新)산업을 시장에 도입하면서 택시 기사도 살아남을 방법이 있을까요?

최   우버가 도입되면 택시를 타는 방식이 달라지는 것입니다. 우리가 스마트폰을 통한 송금을 경험하고 나면 그 편리함으로 인해 은행이나 ATM에 가서 송금하던 방식을 잊게 되는 것과 같은 이치이지요. 그렇다고 은행이 필요 없어지는 것은 아닌 것처럼 '택시'라는 서비스가 없어지는 것은 아닙니다. 실제로 샌프란시스코에서는 우버 도입 후 기존 택시 기사의 수입은 조금 감소했지만, 우버 기사의 수입이 늘어나면서 택시 전체 시장의 규모는 50퍼센트가 성장했습니다. 문제는 하루 수입이 아니라 지금 제도하에서는 택시 회사나 개인택시 기사들이 국가가 보호하는 기득권을 갖고 있는데 이것이 사라지게 되니 반감을 갖게 된 것입니다. 미국 뉴욕에서도 유사한 일이 벌어져 과거에는 100만 달러에 이르던 택시 면허가 이제는 10분의 1까지 그 가치가 하락해버렸습니다. 우리도 개인 면허가 있으면 90세가 넘을 때까지 영업을 할 수 있으니 큰 특권이라고 할 수 있습니다. 결국 이러한 특권을 내려놓아야 하는 문제가 생긴 것이죠. 한편으로는 이분들의 속상한 마음도 이해가 가지만 결국 기술의 발전으로 소비자가 더 나은 서비스를 원한다면 피할 수는 없는 거겠죠. 산업계에서는 아주 흔한 일입니다. 휴대전화에서 스마트폰 시대로 전환하면서 전 세계 휴대전화 업계에서는 휴대전화 제조와 관련된 전문가들의 대량 해고가 일어났습니다. 모토로라·노키아·샤프·LG전자·삼성전자 등 엄청나게 많은 대기업과 협력 중소기업들에서 휴대전화 전문가들이 새로운 일자리를 찾아야 했습니다. 그러나 나라에서는 어떤 도움도 주지 않았죠. 그들은 스스로 길을 찾아 새로운 기술을 익히고 적응해나갔습니다. 우리도 택시 기사들이 우버 방식 서비스를 학습하고 고객에게 더 나은 서비스를 제공함으로써 수입을 늘리는 방안을 찾아야 한다는 게 제 생각입니다. 실제로 우버 서비스는 고객과 기사가 서로를 평가할 수 있는 기능이 있어 서비스가 나은 기사의 수입이 높다고 알려져 있습니다. 맛있고 친절한 식당일수록 고객이 많이 몰리는 것과 같은 이치입니다. 정부에서는 우버와 같은 택시 서비스 회사로부터 걷은 세금을 기존 택시 회사나 개인택시 면허의 정리 방안에 활용해야 합니다. 이미 여러 도시에서 이러한 변화가 현실이 되고 있는 만큼 사례를 찾아 해결 방안을 마련해야 합니다. 대한민국 모든 국민은 디지털 문명의 변화로 고통을 겪고 있습니다. 안타깝지만 택시라고 예외일 수는 없습니다.

이한승 전통시장 역시 복합쇼핑몰이 생기면서 점점 사람들이 가지 않고 있습니다. 과거의 산업 영역도 새로운 문명과 공존할 수 있는 방법은 없을까요?

최 저는 전통시장 문제도 마찬가지라고 생각합니다. 상생을 위해 보호하

차이나는
클라스

는 것도 중요하지만 소비자의 선택이 달라졌다면 이것을 거스를 방법이 없습니다. 대형마트에 가지 말고 전통시장을 이용하라고 아무리 계몽을 해도 소비자들이 선택하지 않는다면 방법은 없습니다. 전통시장이 변해야지요. 선진국에서는 전통시장에서 특별한 문화 체험, 전통의 맛, 특별한 관광 상품들을 즐길 수 있게 해서 소비자 경험을 대형마트와 차별화하고 있는데 이런 부분이 배울 점이라고 생각합니다. 물론 정부가 많은 도움을 주어야겠죠. 현재 여러 가지 노력을 하고 있지만 그 성과가 미미한 것은 소비자 중심의 변화가 미흡한 탓이 아닐까 생각합니다. 개인적으로는 선진국 성공 사례를 벤치마킹하는 한편, 전통시장 상품을 온라인몰로 확대하고 배달 서비스를 체계화하는 등 포노 사피엔스 마켓에 대응하는 자세도 필요하지 않나 생각합니다.

로봇,
너도 인간이니?

김상배

세계적인 로봇 권위자이자 미국 MIT 기계공학부 교수로
'치타(cheetah)' 로봇을 개발한 MIT 생체모방 로봇연구소를 이끌고 있으며,
누적 논문 인용 건수가 6000건에 이른다.
〈타임〉이 지난 2006년 '올해 최고의 발명품'으로 선정했던
'스티키봇(Stickybot)'도 그의 연구 결과다.

로봇이란 무엇인가

로봇이란 어떤 것을 감지한 뒤 계산·판단·제어 같은 과정을 거쳐 이에 반응하는 행동을 해야 합니다. 이 세 가지 기준을 모두 충족시킬 때 로봇으로 완성된다고 할 수 있어요.

차클 교수님은 처음에 어떻게 로봇에 관심을 갖게 되셨나요?

김 어릴 적에 장난감을 직접 만들고 놀기를 좋아했어요. 특히 조립식 프라모델을 굉장히 많이 만들었는데, 움직이지 않는다는 점에 항상 답답함을 느꼈습니다. 그때부터 내가 만든 장난감이 움직이면 좋겠다는 바람을 품은 것 같아요. 하지만 처음부터 로봇에 특별히 관심을 가졌던 것은 아니었어요. 그보다는 제품 디자인에 관심이 많았어요. 특히 기계적인 특성이 있는 제품들이요. 그런데 공부를 해보니 전화기, 프린터 등 많은 제품들의 기계 장치들이 전자 부품으로 바뀌고 있었죠. 그런데 로봇은 움직이고 일을 해야 하는 제품이니까 기계 디자인이 계속 중요하겠다는 생각이 들었어요. 그래서 로봇으로 눈길을 돌린 거죠. 사실 로봇은 소프트웨어만으로 구현되질 않아요. 사람에게 도움을 주거나 개를 구출하려면 실질적인 움직임이 필요하죠. 그래서 더 제가 가진 기계공학적인 지식을 로봇을 만드는 데 활용해보자고 생각하게 됐습니다.

차클   어릴 때의 흥미가 그렇게 연결되었네요. 교수님은 주로 재난 구조 로봇에 관심을 갖고 계시다고 들었어요. 재난 구조 로봇은 다른 로봇과 어떤 차이점이 있나요?

김   실제로 재난 구조를 할 수 있는 로봇은 만들기가 어렵습니다. 굉장히 다양한 기능을 갖춰야 하고, 돌발 상황에도 많이 노출되기 때문이죠. 제가 재난 구조에 관심을 갖는 이유는 저의 로봇에 대한 철학과도 관련이 있습니다. 저는 로봇이라면 사람이 못 하는 일을 해야 된다고 생각해요. 사람이 잘하고 있는 분야를 굳이 로봇이 대체하도록 만들 필요는 없겠죠. 사람을 보낼 수 없는 곳, 사람이 투입되기에 너무 위험하고 지저분한 곳에 로봇을 보낼 수 있도록 개발해야 한다고 생각합니다. 궁극적인 목표는 사람이 들어갈 수 없는 화재 현장을 진압하기 위한 로봇을 만드는 것입니다. 실제로 화재 현장을 사람이 직접 훑어보는 건 위험해요. 그러니까 사람들의 생사를 확인하거나 화재 현장의 심각성을 파악하려면 사람 대신 들어갈 수 있는 무언가가 필요하겠죠. 그게 바로 로봇이 될 가능성이 큽니다.

차클   어떤 사람들은 로봇이 사람들의 일자리를 빼앗아 갈 거라고 걱정하는데요. 교수님은 어떻게 생각하시나요?

김   로봇이란 단어로는 뭐든지 만들 수 있을 것 같아요. 사람이 하는 일도 다 할 수 있을 것 같고요. 공상과학 영화나 소설을 보면 한계가 없죠. 그래서 오늘 제가 로봇의 본질에 관해 강의하려 합니다. 로봇이 어떤 것을 할 수 있고, 어떤 것을 할 수 없는지에 대해 우리는 잘 모르고 있

차이나는 클라스

거든요. 사람들이 로봇에 대해 막연한 두려움을 갖는 것도 그래서인 것 같아요.

차클 　로봇이 못 하는 일도 있다는 말씀이신가요?

김 　네, 그 얘기를 하기 전에 먼저 미래에 어떤 로봇들이 실제로 쓰일 수 있는지를 살펴보려고 합니다. 여기서 미래란 30년이나 40년 후처럼 먼 미래를 뜻하지 않아요. 바로 5년 후, 10년 후를 의미합니다. 어떤 산업 분야에서 어떤 로봇이 등장해 쓰일 수 있는지, 사람을 어떻게 도울 수 있을지에 대해 알아보도록 하죠. 그전에 짚고 넘어가야 할 포인트가 있습니다. 바로 로봇이란 무엇인가 하는 겁니다.

차클 　로봇이 무엇이냐… 당연히 안다고 생각했는데 일목요연하게 설명하진 못하겠네요.

김 　로봇이라는 개념은 사실 너무 모호해요. 사람마다 로봇이라는 단어에 대해 다 다르게 이해하고 정의하죠.

차클 　맞아요. 어떤 사람들은 공장의 자동화 기계들을 로봇이라고 하고, 또 어떤 사람들은 사람처럼 말을 하고 의사소통하는 기계를 로봇이라고 하기도 하죠.

김 　사실 로봇에 대한 이해는 문화와 깊은 관계가 있어요. 자신들이 살아오면서 무엇을 봤는지에 따라서 로봇의 개념이 만들어지거든요. 예를 들어 진공청소기 룸바가 등장하기 전까지 미국에서는 대다수의 사람들이 로봇이라고 하면 터미네이터를 먼저 떠올렸어요. 소설이나 영화를 통해서 로봇이 사람을 지배하거나 해를 끼치고 심지어 전쟁을 일으킨다는 이야기들을 너무 많이 접했던 거예요. 그래서 로봇이라고 하면 두려운 존재라고 느끼게 됐죠. 그렇다면 일본의 애니메이션을 많이 보고 살았던 사람들과 비교해보면 어떨까요. 아톰이나 건담은 지구의 평화를 지키는 영웅들이잖아요. 그렇게 문화에 따라 로봇에 대한 이미지가 달라지는 것이죠.

차클　그럼 로봇 공학에선 로봇을 어떻게 정의하나요?

김　정확하게 정의가 되어 있지는 않아요. 다만 감각(sense)·사고(think)·행동(act)이라는 요소를 주로 사용하긴 합니다. 그러니까 로봇이란 어떤 것을 감지한 뒤 계산·판단·제어 같은 과정을 거쳐 이에 반응하는 행동을 해야 합니다. 이 세 가지 기준을 모두 충족시킬 때 로봇으로 완성된다고 할 수 있어요.

차클　그럼 컴퓨터나 AI 스피커도 로봇이라고 볼 수 있나요?

김　그렇죠. 사람의 목소리를 듣고 TV나 음악을 켤 수도 있고 대답도 하잖아요.

차클　사람들이 로봇을 만들려고 했던 건 언제부터일까요?

김　원래 인간은 동물이나 사람처럼 생긴 것을 움직이게 하려는 생각을 많이 했었어요. 항상 조물주가 되고 싶다는 로망이 있었던 것 같아요. 저도 약간 그런 축에 속해요. 레오나르도 다 빈치의 과학적 기록을 모은

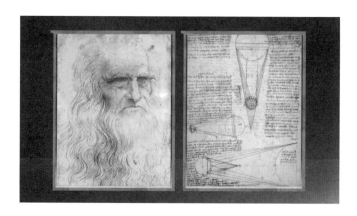

차이나는
클라스

'코덱스'만 봐도 새처럼 날아다니는 기구에 대한 설계도들이 엄청 많이 남아 있습니다.

차클   로봇이라는 말이 처음 등장한 것은 언제인가요?

김   로봇은 체코어인 로보타에서 유래했는데, 그 의미는 '노동' 또는 '노예'라고 해요. 체코의 극작가 차펙이 쓴 〈로섬의 만능 로봇〉이라는 연극에서 처음으로 썼다고 해요. 인간같이 생긴 존재가 사람을 죽이는 내용을 다룬 연극이죠. 또 로봇의 3요소를 정의한 유명 작가 아이작 아시모프도 《아이 로봇》 같은 소설을 썼습니다.

차클   그렇다면 인류 역사상 최초로 만들어진 로봇은 무엇인가요?

김   1961년에 미국에서 세계 최초의 산업용 로봇인 유니메이트가 상용화되었어요. 당시에는 굉장히 훌륭한 로봇이었지만 아주 단순한 일밖에 하지 못했어요. 모든 부위가 직선으로만 움직일 수 있어서 짐을 옮기는 정도만 할 수 있었죠. 장애물이 나타나면 넘어가거나 돌아가는 식의 운동은 하지 못했습니다.

차클   그래도 공장에서 쓰기에는 제격 아닌가요?

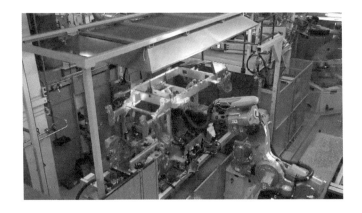

김	그렇죠. 지금도 공장에서 사용하고 있는 로봇은 대부분 단순한 작업을 하는 형태예요.
차클	그 같은 공장의 기계들은 계산을 해서 움직이는 것이 아니니까 로봇이라고 분류할 수 없는 게 아닌가요?
김	엄격한 의미에서는 로봇이 아니라고 할 수 있죠. 판단하고 제어하는 과정이 없으니까요. 지금 사용되고 있는 대부분의 산업용 로봇은 판단과 제어의 과정이 없습니다.

차이나는
클라스

인공지능이 인간을 지배할 것인가

인간보다 인공지능이 똑똑해질 거라고 말하는 사람들이 있어요. 그런데 그런 생각 자체가 큰 오류예요. 지능이라는 걸 어떻게 하나의 잣대로 판단할 수 있겠어요? 계산이나 연산력에선 컴퓨터가 이미 인간을 앞서 나간 지 몇십 년이 되었어요. 하지만 여전히 인간이 너무나 쉽게 하는 것들을 인공지능이 못 하고 있잖아요.

차클   로봇의 첫 등장 이후 어떤 변화가 이루어졌나요?

김   1961년 유니메이트가 상용화된 이후 40~50년 동안에는 산업용 로봇을 중심으로 발전이 이루어졌어요. 그러다 2000년대 들어서 본격적으로 일상생활에 도움을 주는 서비스 로봇이 등장하기 시작했죠. 2002년에 아이로봇(Irobot)이 룸바를, 소프트뱅크-알데바란(Softbank-Aldebaran)이 페퍼를 각각 내놓아요. 아이로봇은 MIT의 로드니 브룩스 교수가 창립한 곳인데 여기서 로봇 청소기 룸바를 출시했을 때 큰 파란을 일으켰죠. 앞서 말한 것처럼 미국인들의 로봇에 대한 개념을 바꾸는 데 일조했습니다. 그리고 일본의 소프트뱅크가 알데바란이란 프랑스 회사를 인수해서 만든 서비스 로봇이 바로 페퍼예요. 현재 계획으로는 2020년 도쿄올림픽에서 외국인들을 안내하는 통역

로봇으로 사용할 계획을 세우고 있다고 해요.

차클 산업용 로봇에서 서비스 로봇으로… 우리 일상으로 로봇이 훨씬 가까이 다가온 것 같네요.

김 네. 서비스 로봇들은 엄청나게 복잡한 일을 하는 건 아녜요. 사람이 항상 있을 수 없는 곳을 돌아다니며 다른 사람들을 도와주는 역할을 하죠. 지금은 그 수가 조금 부족한데, 점차 늘어날 겁니다.

차클 이세돌 기사와 바둑 대결을 했던 인공지능 알파고도 로봇이라고 할 수 있나요?

김 알파고는 팔과 다리를 비롯해 눈에 보이는 실체라고는 하나도 없죠. 지능만 있는 셈이에요. 하지만 알파고도 로봇이라고 말할 수 있습니다. 그러고 보면 로봇의 범위가 참 넓죠? 그런데 알파고와 관련해 많이 알려지지 않은 점이 있어요. 눈에 보이지 않는 알파고를 운용하기 위해 CPU를 1202개, 서버를 1000대 이상 돌렸다는 겁니다. 사용한 전력을 따져보면 거의 메가와트급인 거죠.

차클 그렇다면 애초에 너무 불공정한 게임이었던 것 아닌가요?

차이나는 클라스

김	그렇다고 할 수 있죠. 게다가 이세돌 기사가 바둑을 두기 위해 생각하는 방식과 컴퓨터가 바둑을 두기 위해 의사 결정을 하는 방식은 완전히 달라요. 사실 바둑은 컴퓨터에게 굉장히 쉬운 일이에요. 목적이 분명하고 정량화를 할 수 있는 작업이기 때문이죠.
차클	일설에 의하면 바둑판이 두 배 정도 커지면 컴퓨터가 사람을 이길 수 없다고 하던데, 사실인가요?
김	예를 들어서 이세돌 기사와 알파고가 대국한 다음 날에 바둑 칸을 한 칸씩 늘린 뒤 다시 대국한다면 이세돌 기사가 무조건 이길 거예요. 알파고에겐 그런 경우에 대한 데이터가 없으니까, 쉽게 말해서 백지상태가 돼버리는 거예요. 하지만 바둑을 이해하고 두는 인간은 상관이 없죠. 바둑판이 한 줄 늘어도 아마 꽤 잘할 거예요. 그런 점에서 알파고는 완벽한 인공지능과는 조금 거리가 있다고 봐요.
차클	현재 인공지능은 인간에 비해 어느 정도 수준까지 와 있는 건가요?
김	인공지능의 현재 나이가 두 살인데 인간의 5000년 바둑의 역사를 넘었다거나, 세 살 수준이었던 인공지능이 스무 살 수준으로 뛰어올랐다는 식의 말들을 해요. 또 앞으로 인간보다 인공지능이 똑똑해질 거라고 말하는 사람들도 있어요. 그런데 그런 생각 자체가 큰 오류예요. 지능이라는 걸 어떻게 하나의 잣대로 판단할 수 있겠어요? 계산이나 연산력에선 컴퓨터가 이미 인간을 앞서 나간 지 몇십 년이 되었어요. 하지만 여전히 인간이 너무나 쉽게 하는 것들을 인공지능이 못하고 있잖아요.
차클	알파고 같은 인공지능 말고 움직이는 로봇 얘기로 돌아가볼게요. 산업용 로봇과 서비스 로봇 외에 또 어떤 로봇이 있나요?
김	보스턴 다이내믹스가 세계 최고이자 거의 유일한 스팟미니(SpotMini)

라는 로봇을 만들었어요. 저렇게 다리를 이용해 달리고 빠르게 돌아다니는 로봇을 만드는 곳이 없거든요. 게다가 넘어져도 팔처럼 생긴 부위를 활용해서 일어날 수 있어요. 그런데 이 로봇을 양산하는 것은 현실적으로 어려울 수 있어요. 굉장히 복잡한 시스템이거든요. 게다가 현장에서 저 로봇을 가지고 사람이 무언가를 할 수 있을지는 아직 확실치 않은 상황인 것 같아요.

차클 　로봇을 군사용으로 쓸 수 있다는 얘기도 있지 않나요?

김 　사실 저 로봇을 개발하게 된 과정 자체가 군사용을 염두에 둔 것입니다. 군인들이 이동할 때 무거운 장비를 대신 들고 가게 할 목적으로 로봇을 만들자고 했던 거예요. 그런데 아이디어는 좋았지만, 결국 중단되고 말았어요. 소음이 너무 심하다는 문제도 있었고, 실제로 군인들이 실험해보니 생각만큼 유용하지 않았던 것이죠. 짐을 덜기 위해서 도입을 했는데 오히려 짐이 돼버린 거예요. 그래서 미국 군인들 사이에서 베이비 시팅(babysitting·아기 돌보기)을 하는 것 같다는 말도 돌았어요.

차클 아직은 로봇 기술이 그만큼 정교하지 못하기 때문인가요?

김 실제로 로봇의 지능이 떨어지는 거죠. 현재 로봇에게 탑재된 지능의 단계로는 자기 앞에 주어진 환경을 분석해서 앞으로 나아가도 되는지의 여부를 잘 판단하지 못해요. 장애물이 나타나면 바로 걸리거나 헤맬 때도 있어요. 제가 만든 로봇도 마찬가지예요. 로봇이 잘하는 것, 멋있는 것만 보여주는 건 쉬운데, 정작 모든 상황에 맞춰서 로봇이 제대로 대응하는 것은 어려워요. 쉽게 말해서 상식이 없는 거예요. 예를 들어 알파고에게 상식이 있을까요? 아니죠, 알파고는 그저 계산만 잘하는 컴퓨터입니다.

차클 그럼 앞으로도 로봇이 인간의 영역을 침범하지 못할 거라고 보시는 건가요?

김 로봇공학자 로드니 브룩스와 함께 아마존에서 주최하는 '국제 로봇 콘퍼런스'에 참여한 적이 있어요. 당시에 한 미래학자와 인공지능의 미래에 대해 논쟁을 하게 되었어요. 그 미래학자는 "인공지능이 언젠가는 인간보다 똑똑해지지 않겠냐"고 말했죠. 그러자 브룩스가 이렇게 말했어요. "그건 뒷동산 언덕을 오르다 보면 언젠가는 달에 닿는다고 하는 격이다." 저는 그 말이 굉장히 인상적이었어요.

차클 현재 로봇 시장의 규모는 얼마나 되나요?

김 최근에는 산업용 로봇보다 앞서 얘기했던 서비스 로봇 등 비산업용 로봇들이 더 큰 폭으로 늘어나고 있는 추세입니다.

차클 로봇 시장의 규모가 앞으로도 커질 텐데, 사람들의 일자리에는 어떤 영향을 줄까요? 어떤 사람들은 로봇 때문에 일자리가 줄어들 거라고 걱정하던데요.

김 제가 볼 때 로봇으로 인해 일자리가 빼앗길 곳들은 대부분 이미 일자

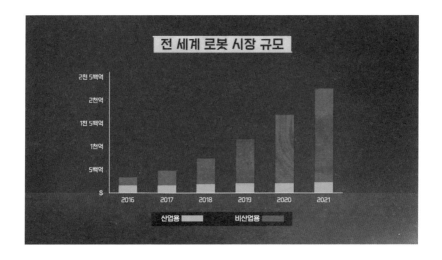

리가 없어졌다고 생각해요. 가까운 예로 공장에 산업용 로봇이 등장하면서 사람들의 일자리가 확 줄었죠. 그런데 앞으로 그렇게 일자리를 빼앗길 곳이 얼마나 많이 남아 있을지는 잘 모르겠어요. 제 강연을 통해서 로봇이 어떤 일을 잘하고 어떤 일을 못하는지 알게 되면 어떤 일자리는 없어지고 어떤 일자리는 없어지지 않으리라는 예측을 하실 수 있을 거예요.

차클   우리가 그동안 로봇을 과대평가한 것일까요?

김   우리가 진화해온 방식대로 로봇을 똑같이 바라보기 때문인 것 같아요. 인간에게는 미러 뉴런(mirror neuron·거울 신경세포)이라는 것이 있어요. 누군가를 관찰하거나 간접 경험하는 것만으로도 자기가 직접 경험하는 것처럼 반응하는 신경 작용을 뜻하죠. 이 미러 뉴런은 인간이 어떤 대상을 보고 배우는 데 중요한 역할을 합니다. 어린아이가 부모의 행동을 보고 따라 하는 것을 연상하면 돼요. 제가 제 팔을 꼬집는 것만 봐도 여러분이 아픔을 상상하고 느낄 수 있잖아요. 마찬가지로 우리가 농구나 축구 같은 스포츠를 보면서 열광하는 것도 다 미러 뉴런의 작용 때문이에요. 로봇이 인간만큼 진화할 수 있을 거라고 잘못 판단하는 것도 미러 뉴런의 영향 탓이라고 생각합니다.

차클 로봇을 살아 있는 생명처럼 여긴다는 말인가요?

김 맞습니다. 보스턴 다이내믹스에서 만든 로봇을 일부러 발로 차는 영상을 보신 적 있으신가요? 그 영상을 본 대부분의 사람이 로봇을 차는 행동이 잔인하다고 말해요. 그런데 사실 그 로봇은 생물체가 아니라 아픔을 느끼지 못하는 기계에 불과한데 말이죠.

차클 그렇긴 한데, 그래도 비틀거리는 게 너무 불쌍해 보여요.

김 머릿속에서 어떤 특정 행동의 패턴을 인식해서 '저런 것은 잔인한 행동'이라고 신호를 내보내서 그런 거예요. 이성적 판단에 의한 신호가 아니에요. 사람을 닮은 대상에게 특정 행동을 하는 것을 보면 직관적으로 사람에게 하는 것과 똑같이 느끼는 것이죠. 알파고가 이세돌 기사를 이겼을 때도 '이세돌을 이겼어 → 이세돌을 이길 만큼 똑똑하구나'라고 판단을 해버리는 거예요. 이렇게 미러 뉴런이 모든 것을 의인화하도록 만든다는 겁니다.

차클 알파고 대신 실제로 사람처럼 생긴 로봇이 바둑을 둔다면 더 그렇게 생각할 수도 있을 것 같아요. 그런데 교수님은 앞으로 로봇 기술이 아무리 발전하더라도 절대로 인간을 대체할 수 있는 로봇이 나올 수 없다고 보시는 입장인가요?

김 지금 당장 대답을 해야 한다면 그렇다고 대답하겠어요.

차클 안심이 되기도 하고 실망도 되고 묘한 심정이네요. 그렇다면 미래에 인간은 로봇과 함께 공존할 수 있을까요?

김 좋은 예시가 있어요. BMW에서 제가 소속된 연구소에 특수한 옷을 제작할 수 있냐고 문의를 해온 적이 있는데요. 50대 후반에서 60대인 노동자들이 차량을 조립할 때 목이나 어깨에 부담이 되는 것을 줄여주기 위해서 입을 수 있는 일종의 기계 장치였어요. 이렇게 로봇 공학계에서는 인간이 좀 더 편하게 일하고, 오래 일할 수 있는 쪽으로 집중적인 연구를 하고 있어요. 저도 개인적으로 그쪽이 옳은 방향이라고 생각합니다.

로봇은 인간을 꼭 닮아야 하는가

동물은 자연에서 살아남기 위해서 진화된 디자인이라는 것을 깨닫게 되었어요. 하지만 우리는 오로지 잘 뛰는 로봇만을 원한 것이었죠. 그렇다면 동물을 어디까지 모방해야 하는지에 대한 의문이 남게 됩니다. 무턱대고 동물의 모든 기능을 그냥 베끼는 건 굉장히 위험해요. 베낄 수 있다 해도 베끼지 말아야 할 것들이 더 많아요.

차클　왜 사람들은 인간을 닮은 로봇을 만들려고 하는 걸까요?

김　아무래도 지금 인간의 생활 방식에 근거해서 만들다 보니 그런 것 같아요. 게다가 우리의 모습을 닮은 로봇을 보면 친근하게 느끼게 되는 것도 어느 정도 작용을 하겠죠. 인간을 닮은 로봇은 기능적인 면에서도 장점이 있어요. 인간의 신체는 무게에 비해서 다리가 꽤 길어요. 그래서 이동성이 굉장히 좋죠. 좁은 공간에서도 쉽게 움직일 수 있고요. 평소 우리가 사용하는 선반만 봐도 동물들이 사용하기에는 적합하지 않은 구조로 되어 있죠.

차클　인간을 기준으로 생각하고, 인간에게 맞춰진 환경을 생각하면 인간형 로봇을 만들려고 할 수밖에 없겠네요.

김　네, 하지만 앞으로는 로봇이 해야 할 일에 맞게 로봇을 만드는 것이 정답인 것 같아요. 꼭 인간을 닮을 필요는 없어요. 설거지에 필요한 로봇 대신 식기세척기를 만들었고, 빨래를 하는 로봇 대신에 세탁기를 만든 것처럼 말이죠. 꼭 인간을 닮은 로봇에 집착하지 않고 자연에서 원리를 배워보자는 것이 제 생각입니다. 이런 연구를 바이오미메틱스(Biomimetics), 즉 생체모방공학이라고 해요. 사실 학문이라기보다는 방법론에 가까운 분야입니다.

차클   자연의 원리를 응용한 대표적인 사례들은 무엇이 있나요?

김   독일의 한 자동차 부품회사에서 다양한 동물들을 닮은 로봇을 만들었어요. 이런 로봇들에게는 스스로 판단하고 제어하는 기능은 없습니다.

차클   왜 저런 로봇들을 만든 건가요?

김   이 회사는 공장 자동화 부품을 만들어 파는 곳이에요. 그런데 교육 차원에서 신입사원들이 로봇들을 만들면서 자신이 좋아하는 분야를 찾을 수 있도록 유도한 것이죠. 그런가 하면 일본 로봇공학의 권위자인 히로세 교수팀은 1972년부터 뱀을 모방해서 다양한 로봇을 만들었어요. 수륙양용 뱀 로봇이 아주 유명하죠. 저 역시 동물을 모방한 로봇을 만든 적이 있는데요. 2006년에 〈타임〉이 선정한 '올해 최고의 발명품'에도 선정된 적 있는 '스티키봇'이에요.

차클   유리 벽을 타고 오른다는 그 로봇인가요? 정말 신기하네요. 이건 어떤 동물을 모방한 것인가요?

김   스티키봇은 게코 도마뱀의 발을 연구해서 만든 것입니다.

차클   그렇군요. 그럼 게코 도마뱀은 벽 위를 걸어다니겠네요?

김   네, 스파이더맨처럼 벽을 탈 수 있어요. 그 비밀은 게코 도마뱀 발바닥의 굉장히 복잡한 수십억 개의 미세한 털에 숨어 있어요. 마치 브로콜리 같죠. 이 털 덕분에 게코 도마뱀은 벽에서 미끄러지지 않은 채로 붙

어 있을 수 있어요. 그런데 신기하게 발바닥이 끈적이지는 않아요. 만약 끈적이는 발을 가졌다면 한 번 벽에 붙인 발을 떼기 어려울 겁니다. 그런데 게코 도마뱀의 발에는 방향성(方向性)이라는 특징도 있어요. 그래서 1초에 15번 정도 발을 떼었다 붙였다 하면서 벽을 타고 올라갈 수 있어요. 그런 방향성을 모방한 거예요.

차클   얼마나 세부적으로 모방을 했나요?

김   게코 도마뱀의 세부적인 모든 것을 구현하는 건 거의 불가능합니다. 단, 게코 도마뱀의 발에서 찾아낸 특징만을 단순화시켜서 모방하는 것은 가능해요. 게코 도마뱀의 발이 2센티미터 정도 되는데요. 그 발에 지문처럼 생긴 털을 확대하면 바둑판처럼 생긴 네모난 털들이 보여요. 그런 털 하나하나가 5미크론(0.0005센티미터) 정도 됩니다. 그리고 더 확대해서 살펴보면 100나노미터 크기의 물질들이 있는데, 그게 우리의 손톱과 같은 물질이에요. 딱딱하지만 매우 가늘지요.

차클   그렇게 미세하고 복잡한 것을 어떻게 재현할 수 있나요?

김   너무 복잡하고 작으니까 원리만을 파악하는 것이 중요해요. 게코 도마

뱀 발바닥의 원리를 이용해서 방향성이 있는 테이프를 개발했는데요. 일반적인 테이프라면 눌러서 붙여야 하겠지만, 제가 개발한 테이프는 살짝 대기만 해도 떨어지지 않아요. 동시에 살짝 들어주기만 해도 쉽게 떨어지죠. 확대해보면 원리를 쉽게 알 수 있어요. 잡아당기면 더 붙고, 힘을 줄이면 오히려 떨어집니다. 바로 게코 도마뱀의 발에서 모방한 원리를 이용한 것이죠.

차클   어쩌다 이런 흥미로운 작업을 하게 되신 건가요?

김   사실 이 프로젝트는 미국 국방성이 어떤 곳이든 갈 수 있는 로봇을 만들어달라고 의뢰해서 진행한 것입니다. 그러면 벽을 제일 잘 올라가는 동물은 무엇일까를 고민하다가 게코 도마뱀을 찾게 된 거죠.

차클   또 다른 동물 모방 로봇도 만드신 적이 있나요?

김   바퀴벌레의 다리 기능을 단순화시켜서 모터 하나에 연결한 로봇이 있어요. 2002년 당시로선 세계에서 가장 빠른 로봇이었어요. 그것도 리모트컨트롤로 작동하기 때문에 로봇이라고 보기에는 조금 부족하긴 했죠. 또 지렁이를 닮은 로봇도 있었어요. 딱딱한 부품을 하나도 사용

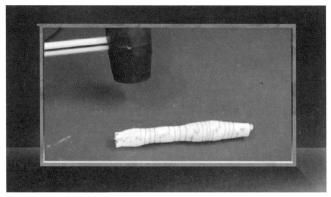

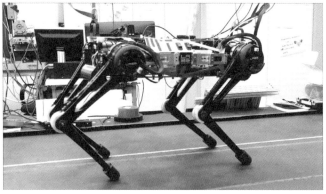

하지 않은 로봇이에요. 그래서 아무리 때려도 부서지질 않았죠.

차클 재미있네요. 지금은 어떤 로봇을 만들고 계신가요?

김 처음에는 작은 로봇들로 시작을 했는데 바람이 불면 로봇이 날아가버리기도 하고, 센서 하나를 달려 해도 공간이 부족하다는 문제가 있었어요. 그래서 조금 더 큰 로봇을 만들기로 했습니다. 그러면서 점점 실용적인 디자인을 위해 외형적인 면은 포기하게 되었죠. 그렇게 2012년부터 로봇 '치타'를 개발하기 시작했어요. 외형은 동물을 닮지 않았어도 치타처럼 걷고 뛰어다닐 수 있도록 동작을 모방한 로봇이에요.

차클	앞으로도 동물의 특성을 살린 로봇을 계속 개발하실 생각이신가요?
김	계속 노력은 하는데 하면 할수록 어려워요. 막상 동물의 행동 원리를 모방하려고 해도 인간과 너무 다르기도 하고요. 실제로 우리의 몸이 어떻게 움직이는지를 잘 모르기도 해요.
차클	우리 몸에서 우리가 모르는 것들이 있다고요?
김	자, 눈부터 한번 살펴볼까요. 우리 눈에 보이는 전체적인 상의 해상도가 구석구석까지 좋을 것 같지만 그렇지 않아요. 실제로는 손가락 두 개 정도에 해당하는 만큼만 좋을 뿐이고 나머지는 흐릿하게 보이죠. 눈을 정면으로 고정하고 손가락 두 개를 펴서 좌에서 우로 이동시켜보세요. 그럼 정면으로 고정된 곳에서만 손가락이 확실하게 보일 겁니다. 그럼 이제부터 눈의 뒤에 얼마나 많은 프로세스가 숨어 있는지를 알려드릴게요.
차클	우리 눈에 어떤 비밀이 숨어 있나요?
김	이 그림을 보시죠. 이 그림은 분명 동영상이 아니에요. 그런데 동영상처럼 움직이는 것으로 보이죠. 그 이유는 인간의 눈이 항상 흔들리고

차이나는 클라스

있기 때문이에요. 상당히 빠르게 움직이고 있어요. 그런데 사람의 눈은 변화를 측정하는 데만 민감하고 변화가 없으면 둔해져요. 그래서 해를 쳐다보고 나면 해의 잔상이 남는 거예요. 그런데 그 잔상이 움직이는 것처럼 보일 때가 있죠. 눈이 자꾸 움직이니까 밝았던 부분의 잔상을 보면서 대뇌가 '저것은 움직이고 있다'고 판단하는 거예요. 이렇게 눈이 흔들리는 게 어떤 현상을 일으키는지, 동물이 어떻게 반응하는지를 이해해야 앞으로 로봇을 만들 때 응용할 수 있어요.

차클　원리를 알지 못하면 응용을 할 수 없다는 것이군요?

김　그렇습니다. 우리 자신은 스스로 근육을 쓰기 때문에 정확하게 어떻게 움직일지를 알고 있는 거예요. 우리에겐 너무나 당연한 것들인데, 그런 당연한 행위들이 사실은 당연하지 않다는 사실을 알아야 그 원리를 응용해 로봇을 만드는 것도 가능해집니다. 인간의 지능이 얼마나 뛰어난지 감을 잡아야 어떤 것은 가능하고 어떤 것은 가능하지 않다는 것을 알 수 있겠죠.

차클　인간이 운동을 하는 원리도 이해하면 응용할 수 있을 것 같아요.

김　근육에 대해 이야기를 해보죠. 로봇이 사람처럼 움직이려면 근육 같은 모터를 만들어주어야 해요. 그런데 근육이 정말 골치 아픈 존재더라고요. 근육을 공부하다 보니 투수가 공을 던지기 위해서 얼마나 많은 노력을 해야 하는지를 알게 되었습니다. 투수판에 디딘 발을 축으로 삼아서 앞발을 뻗고 동시에 견관절을 이용해 외회전을 준 다음 어깨 근육을 가속해서 공을 던지게 됩니다. 이렇게 해야 하는 이유가 근육 때문에 그래요. 근육이 복잡해서죠.

차클　과연 로봇이 인간의 복잡한 근육의 운동성을 재현할 수 있을까요?

김　글쎄요. 정말 어려울 거예요. 공을 100마일로 던지기 위해서 야구선

수는 근육 700개를 써야 하지만, 모터는 하나만 있으면 가능하죠. 스피드를 마음대로 조절할 수 있으니까요. 그런데 근육은 그렇게 마음대로 안 돼요. 그래서 누가 근육 같은 것을 가져다준다고 해도 저는 복잡하고 까다로워서 사용하지 못할 것 같습니다.

차클 그러고 보니 뇌가 발목과 허벅지에 일일이 명령을 내리지 않는데도 완벽하게 동작을 수행한다는 것이 너무 놀랍네요.

김 그런데 문제는 이러한 동작들이 자연에서 살아가는 데 필요한 동작들이 아니라는 것이에요. 대부분의 동작은 온몸의 힘을 같이 주는 것들이 훨씬 많아요. 무거운 것을 들 때도 그렇고 무언가를 잡아당길 때도 마찬가지예요. 대부분 힘을 같이 주는 동작이 많기 때문에 배우기가 어려워요.

차클 인간의 몸이 생각보다 엄청 복잡하네요.

김 또 재미있는 예를 들어볼게요. 식사할 때 혀가 어떤 역할을 하는지 생각해보세요. 위턱과 아래턱이 위아래로 맞물리면서 음식물을 쪼개죠. 그럼 혀는 무엇을 하고 있을까요? 음식물을 치아 쪽으로 밀어주고, 덩어리가 작은 것은 뒤로 넘기고, 또 음식을 먹으면서 우리가 옆 사람과 대화도 하잖아요. 이렇게 우리가 의식하지도 못하는 행동을 혀가 하고 있는 거예요.

차클	그건 로봇이 절대로 따라 하지 못할 것 같은데요?
김	물론입니다. 게다가 인간을 똑같이 모방해서는 안 되고, 로봇에 필요한 방법으로 만들어내야겠죠. 저 같은 경우는 인간이 아닌 동물을 모방한 로봇 '치타'를 만들어야 하니까 동물을 많이 모방해야 했어요. 그런데 연구를 할수록 동물은 자연에서 살아남기 위해서 진화된 디자인이라는 것을 깨닫게 되었어요. 하지만 우리는 오로지 잘 뛰는 로봇만을 원하는 것이었죠. 그렇다면 동물을 어디까지 모방해야 하는지에 대한 의문이 남게 됩니다. 무턱대고 동물의 모든 기능을 그냥 베끼는 건 굉장히 위험해요. 베낄 수 있다 해도 베끼지 말아야 할 것들이 더 많아요. 꼭 필요한 원리에 집중해서 원리를 재구성하는 것이 굉장히 중요합니다.

로봇의 한계는 어디까지인가

가장 큰 문제가 로봇 산업에 대해 너무나 많은 오해를 하고 있다는 점입니다. 로봇 개발에 제재를 가하려면 로봇들에게 어떤 가능성이 있고 어떤 한계가 있는지를 정확하게 알아야 하거든요. 인류 전체가 맞닥뜨려야 할 문제이기 때문에 함께 고민해야 합니다.

차클   앞으로 본격적인 로봇의 시대가 열릴까요?

김   지금껏 많은 과학자나 기업들은 정보를 어떻게 하면 최대한 빨리 주고받을 것인가에 대한 연구를 많이 했어요. 그런데 제가 보기에 이 분야는 금방 포화가 될 것 같아요. 2017년 한 해에만 225만여 개의 앱이 등장했고, 얼굴만 봐도 스마트폰의 잠금 해제를 할 수 있는 시스템까지 나왔습니다. 과연 이런 세상에서 정보를 빨리 처리하는 것만으로 얼마나 큰 가치를 창출할 수 있을까요? 제가 볼 때는 물리적인 서비스, 즉 하드웨어의 기술이 앞으로 본격적인 로봇 시대를 여는 데 더 중요해질 거라고 생각합니다.

차클   주로 어떤 분야에서 로봇이 인간을 돕게 될까요?

김   노동형 로봇으로 많이 활용될 수 있을 거예요. 배달, 노인 돌보미, 농업, 건설, 조선 등의 분야에서 매우 많은 노동력이 필요한 상황이잖아요. 그런데 아직 기술력이 많이 부족해요.

차클 　로봇에게 야외 활동을 시킨다면 내구성에는 문제가 없을까요?

김 　사람에 비하면 훨씬 관리하기 쉬워요. 예를 들어서 제가 개발한 치타 로봇의 경우 어깨 밑으로는 그냥 쇳덩어리거든요. 섭씨 300도 정도에서도 문제없이 버텨냅니다.

차클 　로봇에게 인간을 돕는 일을 시키자면 어떤 조건을 갖춰야 할까요?

김 　이동성과 힘, 속도를 갖춰야 해요. 인간을 돕기 위해서는 매우 많은 움직임이 필요합니다. 또 큰 힘을 써야 하고, 일을 빠르게 해내야 할 겁니다. 그런데 우리가 현재 쓰고 있는 로봇들을 보면 이들 조건을 충족하지 않는 경우도 있어요. 공장용 로봇은 크기가 크니까 무거운 물건을 쉽게 들겠죠. 항상 똑같은 일을 하는데 지치지도 않고 정확히 해내고요. 그런데 로봇들이 굉장히 딱딱해요. 그래서 자동차의 마감 처리를 하는 작업은 아직도 사람이 직접 손으로 해야만 하죠. 딱딱한 로봇은 충격 흡수를 하지 못하기 때문입니다.

차클	충격 흡수를 하지 못하면 어떤 문제가 생기나요?
김	미국 국방성에서 재난 로봇을 만드는 대회를 개최한 적이 있습니다. 세계 각국에서 수많은 훌륭한 엔지니어들이 참가해서 자신들의 로봇을 선보였어요. 그런데 그렇게 훌륭한 엔지니어들이 정말 좋은 프로그램을 활용해서 만든 로봇들이 제대로 움직이지 못했어요. 하드웨어가 제대로 작동하지 않았기 때문이죠. 로봇의 디자인을 잘못한 거예요. 그런 경험을 토대로 로봇이 딱딱하기만 하면 안 된다는 것을 깨닫게 되었죠.
차클	로봇 엔지니어들이 뭘 놓치고 있었던 건가요?
김	지금까지는 주로 공장에서 쓰기 위한 로봇을 개발했었어요. 그런데 사람을 구하기 위한 목적으로 로봇을 개발하는 움직임이 생기기 시작했어요. 그렇다면 새로운 목적에 맞는 새로운 로봇을 개발해야 합니다. 하지만 기존의 공장용 로봇들을 그대로 재난 현장에 쓰려고 했으니 잘 맞지 않을 수밖에 없었던 것이죠. 그렇게 실패를 거듭하면서 원인을 분석해보니 로봇의 목적에 따라서 필요한 조건이 다르다는 것을 알게 됐습니다.
차클	구체적으로 조건이 어떻게 다른가요?
김	공장에 있는 로봇들은 모든 정보를 이미 가지고 있어요. 자동차가 어디에 있고, 어디를 용접하면 되는지에 대한 데이터가 모두 입력이 되어 있죠. 로봇이 정교하기만 하면 모든 일이 끝나는 거예요. 그런데 공장과 달리 모든 게 정해져 있지 않은 상황이라면 어떨까요. 로봇에겐 홍수·화재 현장뿐만 아니라 정돈돼 있지 않고 어지럽혀진 집 안도 일종의 재난 현장이라고 할 수 있을 겁니다. 언제 어디서 어떤 돌발 상황이 벌어질지 모르니까요. 따라서 딱딱하고 정교한 공장의 로봇 디자인

과 부드럽고 복잡한 이동형 로봇의 디자인은 완전히 달라야 해요. 이런 점을 모르고 그냥 로봇을 만들다 보면 아무리 훌륭한 알고리즘을 탑재해도 로봇들이 제대로 움직이지를 못하는 겁니다.

차클 　로봇의 형태에 따라 기능이 달라진다고 이해하면 될까요?

김 　네, 그렇습니다. 지금까지의 연구에 따르면 지상에서 힘과 이동성을 갖추고 마음대로 돌아다닐 수 있는 형태로는 다리가 최적인 것 같아요. 실제로 카메라 센서 없이 다리의 감각만으로 로봇이 계단을 오르게 만드는 데 성공한 케이스가 있습니다. 76센티미터 높이의 책상으로 점프를 하는 데 성공한 경우도 있고요. 그런데 다리가 아닌 바퀴 형태로는 계단을 오르는 데 성공한 케이스가 나오기 힘들어요. 책상 높이를 올라가려면 바퀴가 얼마나 커야 하겠어요. 지프 차 바퀴로도 안되죠. 그래서 다리가 달린 로봇이 왜 바퀴가 달린 것보다 훨씬 더 좋은지 알게 된 겁니다.

차클 　교수님께서 다리 달린 치타 로봇을 만드신 것도 이 때문이군요?

김 　네. 지금까지 얻은 결론은 로봇이 딱딱하면 걷기 어렵고, 돌발 상황에 적응하기 어렵다는 것이었어요. 그래서 치타를 만들 때는 다리의 구동기가 탄력을 갖도록 했어요. 기존의 방식과는 완전히 다른 반응을 끌어낸 것입니다. 예를 들면 다리에 충격이 주어지면 동물의 다리가 통통 튀는 것처럼 움직이기도 하고, 다리를 완전히 접은 것처럼 가만히 있게도 했어요. 이런 과정들을 모두 프로그램화했습니다.

차클 　다리가 충격을 흡수하고 반사하게 되면 어떤 장점이 있나요?

김 　시각 센서가 없어도 모터가 감각을 느낄 수 있어요. 로봇이 딱딱하면 모터가 뭐에 부딪혔는지 모르는데 충격 흡수를 하는 기능이 더해지면 알아차릴 수 있습니다. 그러면 발에 굳이 센서를 달지 않아도 움직임을 조절할 수 있어요. 기존의 딱딱한 로봇은 발에 시각 센서를 달아서 움직임을 조절해야 하는데, 그렇게 할 경우 대부분 부서지고 말았어요.

차클　교수님은 카메라 센서가 없는 로봇만 연구하실 예정인가요?

김　지금까지는 카메라의 도움 없이도 작동할 수 있는 기능 개발에 집중했어요. 앞으로는 카메라에서 얻는 데이터를 이용할 수 있는 기능을 개발하려고 해요. 예를 들면 알아서 사람이나 벽을 피해서 걸어 다니거나 작은 장애물은 점프해서 넘어가는 기능이죠. 자동으로 문을 인식해서 열 수도 있고요.

차클　혹시 살아 있는 동물과 기계를 결합하는 것도 가능할까요?

김　물리적으로 결합하는 것은 어려울 겁니다. 그보다는 사람이 원격으로 로봇을 조종하는 형태는 가능하겠죠. 사람의 뛰어난 직관을 사용해 로봇이 단순하고 위험한 일을 대신하도록 하는 것이죠. 제가 연구하고 있는 것 중 하나가 로봇 팔을 원격 조종할 때 로봇 팔에서 느껴지는 힘을 사람도 느낄 수 있도록 만드는 기능입니다.

차클　신기하네요. 그런 원격 조종 기능을 어떤 곳에 활용할 수 있을까요?

김　노인들은 움직이기가 힘들죠. 만약 거동이 불편한 노인들이 자신에게 필요한 서비스를 버튼 하나 눌러서 사용할 수 있다면 얼마나 좋겠어요. 그러면 관리인들이 원격 조종으로 로봇에 로그인해서 노인들이 원하는 서비스를 제공할 수도 있겠죠. 이런 일들은 아주 간단해요. 이보다 조금 더 복잡한 로봇을 앞으로 만들려고 하고 있습니다.

차클　원격 조종 기능이 실현된다면 경험 많은 소방수들이 재난 구조를 원격으로 할 수도 있겠네요.

김　미래에는 그렇게 될 수 있겠죠. 현재도 로봇이 스스로 계단을 걸어가고 장소를 찾아가는 것은 가능해요. 반면 발 하나하나를 원격으로 컨

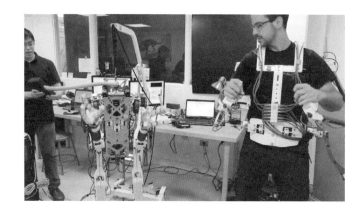

트롤하는 것은 굉장히 어렵죠. 따라서 그런 기본적인 동작들은 로봇의 기능에 맡기는 대신 복잡한 일을 할 때는 원격 조종으로 로봇이 인간의 손을 대신하도록 작업할 수 있을 겁니다.

차클 영화에서처럼 사람과 로봇이 원격으로 일체화되는 것도 가능한가요?

김 실제로 그런 연구를 하는 사람이 있습니다. 균형을 맞추는 것은 로봇에게 맡겨두고 사람이 논리적인 명령을 지시하는 알고리즘을 연구하고 있어요. 또 로봇에게 카메라를 달아주고 사람이 VR 고글을 쓴 채로 함께 연동해서 움직이는 연구도 진행하고 있습니다. 위험한 지역에 로봇을 대신 보낸 뒤 사람이 명령을 내릴 수 있는 알고리즘을 만들고 있기도 하죠.

차클 이런 기술들이 악한 의도로 사용되면 어쩌나 하는 걱정도 드네요. 그걸 막는 합의가 학계에서 이뤄져 있나요?

김 사실 학계 내에서는 크게 우려하지 않아요. 로봇 산업이 아직 우리가 걱정하는 것만큼 발달하지 않았기 때문이에요. 그런데 외부에서는 상당히 큰 우려를 하고 있죠. 로봇 산업에 대해 너무나 많은 오해를 하고 있다는 게 문제입니다. 로봇 개발에 제재를 가하려면 로봇들에게 어떤 가능성이 있고 어떤 한계가 있는지를 정확하게 알아야 하거든요. 인류 전체가 맞닥뜨려야 할 문제이기 때문에 함께 고민해야 합니다. 예를 들어서 화약을 발명한 경우를 생각해보죠. 화약을 발명한 사람은 총이 만들어질지 모르고 발명한 거예요. 그럼 화약을 발명한 사람이 욕을 먹어야 할까요, 아니면 총으로 누군가를 죽인 사람이 욕을 먹어야 할까요? 그런 딜레마가 있는 것이죠.

차클 하지만 로봇이 전쟁 무기로 쓰이게 될 가능성도 있으니 걱정을 안 할 수가 없을 것 같아요.

김 실제로 전쟁에 쓰이는 드론이 있어요. 우리가 흔히 보는 프로펠러가 달린 드론이 아니라 전투기처럼 생겨서 사람을 죽이는 드론이죠. 그것을 군인들이 조종하거든요. 과연 그런 드론들을 로봇으로 봐야 할 것인가 하는 고민이 있어요.

차클 교수님께서는 앞으로 로봇 산업을 바라보는 시각이 어떻게 바뀌어야 한다고 생각하시나요?

김 제가 개발한 로봇 치타처럼 뛰어난 보행 능력과 원격 조종을 할 수 있는 장치를 잘 합치면 사람을 대신해 온도가 굉장히 높은 곳이나 방사선이 누출된 곳 등 위험한 상황에서 일할 수 있는 로봇을 개발할 수 있어요. 고령화 사회에 로봇이 노동력 감소 문제를 해결하고 고령자를 돌보는 역할을 함으로써 인간의 문제를 함께 해결할 수 있다고도 생각해요. 따라서 우리가 로봇을 막연하게 두려워하거나 직업을 뺏길 거라고 우려하는 대신 궁극적으로 로봇이 사람을 더욱 사람답게 살도록 도와주는 역할을 할 거라 생각해야 하지 않을까요. 로봇 연구자들도 좀 더 사람을 중심으로 생각하면서 연구를 진행해야 한다고 봅니다.

hrudgns 저는 사람 곁에 언제나 있을 수 있는 인공지능 비서 로봇을 만들고 싶습니다. 그런데 로봇이 워낙 다양한 분야들의 집합체라서 어느 학문을 공부해야 할지 잘 모르겠습니다. 로봇을 개발하려면 어떤 학문을 공부해야 할까요?

김 알고 계신 것처럼 여러 가지를 공부하고 이해해야 로봇을 구현하는 게 좀 더 쉬워집니다. 비서 같은 로봇은 사람의 음성을 인식해야 하고 그 의미를 해석한 뒤 원하는 결과를 찾아내야 하지요. 이런 고등의 인공지능을 구현하기 위해선 수학이 필수이고 컴퓨터도 잘 알아야 합니다. 덧붙여 사람을 이해하는 심리학, 뇌과학, 사회학 같은 학문에 대한 지식도 매우 중요합니다. 현재 컴퓨터 공학자나 인공지능 연구자들에게 부족한 부분이 이런 면입니다. 모든 걸 다 잘할 수는 없지만, 다양한 분야를 이해하는 것은 매우 중요합니다. 우선 이처럼 다양한 분야를 공부하다가 가장 마음에 끌리는 분야를 선택하길 권합니다.

민족과 국민이란 무엇인가

정병호

미국 일리노이대학교에서 일본·소수민족 교육에 대한 현장연구로
인류학 박사 학위를 받았고, 현재 한양대 문화인류학과 교수로 재직 중이다.
북한 기근 구호활동을 위해 여러 차례 방북했고,
조·중 접경 지역에서 피해 상황을 연구했다.
하나원 내에 '하나둘학교'를 설립하는 등 탈북 청소년을 교육했고,
남북문화 통합, 이주와 다문화, 민족과 국민 정체성 등의 주제를 연구하고 있다.

민족과 국민은 어떻게 다른가

민족이라는 게 신화적으로 같은 조상이 있다고 생각한다든지, 함께 경험한 역사와 함께 쓰는 언어가 있다든지 하는 식으로 공통된 문화 요소들을 가진 문화적 집단을 얘기하는 거라면, 국민이라고 하는 건 그보다 훨씬 정치적인 집단을 의미하지요.

차클   문화인류학이란 어떤 학문인가요?

정   인간이라는 동물은 지구상에서 살아오면서 다양한 삶의 방식을 개발했습니다. 우리가 문화라고 부르는 것이죠. 그런데 인간들이 온 세상을 폭넓게 다니게 되면서 다른 방식으로 생활하는 여러 인간 집단들을 직접 만나게 되었습니다. 그때 저들과 우리는 얼마나 다르고 얼마나 비슷할까, 왜 같은 인간들이 이렇게 다르게 살게 되었을까 같은 궁금증을 품게 됐어요. 그런 궁금증에서 출발해 인류의 역사와 오늘날의 다양한 문화에 대해 공부하게 된 학문이 문화인류학입니다. 전 세계의 문화를 직접 찾아보고 비교할 수 있게 되었을 때 시작한 학문이라 역사학이나 철학에 비해선 나중에 등장한 신생 학문이죠.

차클   우리가 한민족이라는 말은 많이 하는데, 한국민이라는 말은 잘 하지 않잖아요. 강연 주제가 민족과 국민인데, 둘 사이에는 어떤 차이가 있나요?

정 둘 사이에는 분명한 차이가 있습니다. 그런데 우리는 그동안 민족과 국민을 그냥 혼용해서 썼어요. 혹시 예전에 교과서 앞부분에 실려 있던 국민교육헌장을 기억하시나요? 그 헌장 내용을 보면 '우리는 민족 중흥의 역사적 사명을 띠고 이 땅에 태어났다'라거나, '나라의 발전이 나의 발전의 근본임을 깨달아 스스로 국가 건설에 참여하고 봉사하는 국민정신을 드높인다'는 식의 말들이 나오지요.

차클 국민교육헌장을 봤던 기억은 가물가물하네요. 그런데 국기에 대한 맹세에도 비슷한 표현이 들어 있었던 것 같아요.

정 그렇죠. '조국과 민족의 무궁한 영광을 위해서 몸과 마음을 다 바친다'고 맹세를 하죠. 여기서 얘기하는 민족이 뭘까요? 여러분은 우리 민족이라는 말에서 어떤 것들이 떠오르나요?

차클 백의민족이나 단군의 후예, 한 핏줄 등이 떠오르는데요. 단일 민족이란 말도 많이 들었고요.

정 우리나라는 한민족(韓民族), 단일 민족이라는 개념을 많이 내세워왔죠. 민족은 혈통이라거나 혈연같이 자연적으로 유전되는 그런 집단으로 생각하기 쉬운데 아시다시피 순수 혈통이라는 것이 과연 가능할까요? 생물학적으로도 유전학적으로도 불가능하지 않겠어요? 따라서 단군의 자손과 같은 한 민족이라는 개념은 상상 또는 믿음에 근거했다는 걸 알 수 있습니다.

차클 당연히 한 민족이려니 했는데 말씀을 듣고 보니 아닐 수 있겠네요.

정 문화인류학에선 민족이나 국민이나 모두 상상의 공동체라고 보고 있어요. 서로 다른 사람들이 함께 공동 운명체라고 이야기하고, 서로 같은 집단의 사람들이라고 상상한다는 것이죠.

차클 　혹시 국가도 상상의 개념이라는 얘기인가요?

정 　그렇죠. 그렇긴 한데 상상이라고 해서 그냥 허구라고 볼 수는 없어요. 민족이나 국민, 국가가 자연물처럼 실재하는 것은 아니지만 실재 이상의 실체가 되었다는 게 문화인류학에서 바라보는 관점입니다. 자연 질서보다도 더 강한 힘으로 사람들을 묶어주고 움직이게 하는 것이 바로 그런 믿음이자 상상이죠. 사람들이 죽음을 불사하면서까지 조국과 민족을 지키게 만드는 게 바로 민족·국민·국가와 같은 개념들이잖아요. 민족이라는 게 신화적으로 같은 조상이 있다고 생각한다든지, 함께 경험한 역사와 함께 쓰는 언어가 있다든지 하는 식으로 공통된 문화 요소들을 가진 문화적 집단을 얘기하는 거라면, 국민이라고 하는 건 그보다 훨씬 정치적인 집단을 의미하지요.

차클 　국민이라는 개념은 언제부터 등장하게 되었나요?

정 　국민은 사실 아주 근대적인 발명품이에요. 이전에는 사람들이 왕이나 영주에게 속해 있었죠. 비주체적인 상태, 주권이 없는 사람들이었던 거죠. 한 지역에 사는 사람들이 주권을 가진 국민이 되어야겠다고 생각하게 된 역사는 그리 오래되지 않습니다. 미국의 독립선언을 시작으로 그런 주장을 하는 사람들이 등장했어요. 아메리카 대륙으로 이주한 영국 사람들이 더 이상 영국 국왕의 지배를 받지 않겠다며 아메리카에 사는 다른 나라 출신들과 함께 미국이란 새로운 공화국을 만들어서 평등한 미국인, 즉 미국 국민으로 살겠다는 선언을 한 것이죠.

차클 　프랑스혁명도 마찬가지 아닌가요?

정 　프랑스는 자유·평등·우애라는 이상을 표방한 시민 개념, 국민 개념을 만들었어요. 프랑스 국민들은 출신 배경과 관계없이 누구나 평등하고

자유롭게 형제자매처럼 사랑하며 함께 살아가자는 의미에서죠. 미국과 프랑스처럼 먼저 국민국가를 만든 나라들은 출신 민족보다 시민으로서의 평등을 강조하는 시민적 국민국가를 만들게 됩니다. 그런데 독일이나 일본 같은 후발 국민국가들은 주류 민족을 강조하는 민족적 국민국가를 만드는 데 주력해요. 그렇게 민족적 우월감을 더 내세우다 보니 다른 민족을 차별하고 전쟁을 일으키기도 했던 것이죠. 그런 일본으로부터 민족차별적인 지배를 받게 된 우리는 그에 대한 저항으로 다시 민족을 강조하는 국민국가 선언을 하게 되었고요. 그래서 오늘날 우리는 민족과 국민을 동일시하는 개념을 갖게 되었습니다.

차클   민족이나 국민이라는 개념이 바뀔 수도 있나요?

정   그럴 수 있죠. 상상의 공동체이기 때문에 한 사회의 주류 집단의 입장과 이해관계에 따라서 민족이나 국민 기준과 범위를 마구 변화시킬 수 있습니다. 때에 따라서는 폭력적인 모습으로 강요되기도 하지요.

차클	민족과 국민을 구분해야 하는 이유가 있나요?
정	민족과 국민을 같은 것으로 생각하면 혼란이 생기게 됩니다. 한 민족은 꼭 한 나라 국민이어야 한다거나 한 민족이나 국민은 반드시 공통된 특징을 가져야 한다는 고정관념이 많은 사람들을 괴롭히기도 하죠. 현재 대한민국만 봐도 민족과 국민 사이에 있는 경계인 소수자가 무려 1000만 명에 이르기도 해요.
차클	1000만 명이 소외되다니 어떤 사람들을 말씀하시는 건가요?
정	대표적으로 재외 동포가 있겠죠. 외교부에서 추정하는 재외 동포는 무려 194개국에 걸쳐 740만 명에 이른다고 합니다. 또한 우리나라에 들어와 사는 외국인이 158개국 출신에 224만 명 정도 된다고 해요. 우리는 스스로 생각하는 것보다 훨씬 글로벌한 민족이고, 글로벌한 국가에서 살고 있는 거예요. 그 외에도 대한민국 국민이면서 외국인인 사람들이 있어요. 조선민주주의인민공화국 국민이지만 대한민국 헌법상 우리 국민인 사람들이 2500만 명이죠. 이렇게 우리 민족과 국민이라는 개념에 완전히 속하지 못한 채 경계 밖에서 살아가는 사람들이 많아요. 민족과 국민이 하나여야 된다는 생각은 정말 많은 사람들을 힘들게 하는 인위적 장애를 만들어내고 있는 것이죠.
차클	분명히 문제가 있네요. 민족과 국민에 관한 틀에 박힌 생각을 바꾸기 위한 움직임도 이뤄지고 있나요?
정	국기에 대한 맹세가 대표적입니다. 과거에는 '조국과 민족의 무궁한 영광을 위하여'라는 문구가 있었는데, 최근 들어 '자유롭고 정의로운 대한민국의 무궁한 영광을 위하여'라는 문구로 바뀌었죠. 즉, 혈연적 민족이라는 개념을 삭제한 것입니다. 지금 우리가 살고 있는 세상은 다문화, 다민족 사회라는 점에 대한 자각이 반영된 변화라고 봅니다.

우리는 어떻게
초국가적인 민족이 되었나

남한만 따져도 재일 동포들이 없었다면 지금 우리가 누리고 있는 경제성장이나 산업화를 달성할 수 없었을 겁니다. 재일 동포들이 일본에서 축적한 기술과 자본을 가져와 산업화의 동력을 만들었죠. 그 외에도 광부와 간호사로 독일에 파견된 분들, 중동 건설 현장의 기술자 근로자들, 해외 거주 사업가들도 이전에 우리가 갖지 못했던 글로벌 감각과 네트워크를 만들어준 주체들이었습니다.

차클 국가나 국경이라는 개념은 언제부터 확립됐나요?

정 실제로 조선 시대에 쇄국하기 전까진 국경이 그렇게 엄격한 경계선이 아니었습니다. 오히려 고려 시대까지는 많은 사람들이 국경을 넘나들며 교류했어요. 그 후 동아시아 각국은 엄격한 쇄국의 국제 질서를 구축하고 사람들이 자기 영토 밖으로 나가거나 들어오지 못하도록 했습니다. 일본에서는 도쿠가와 시대, 중국에서는 청나라 시대죠.

차클 결국 쇄국 정책은 무너지지 않았나요?

정 아편전쟁이라는 세계사적인 사건이 터지면서 동아시아 국가들의 쇄국 균형이 깨지기 시작했습니다. 동아시아 문명의 큰 울타리라고 할 수 있는 중국이 서양 오랑캐에게 한순간에 무너져버렸죠. 이를 계기로 중국이 개방되고, 일본이 개방되고, 조선은 일본에 의해서 강제로 개방이 되었습니다. 이렇게 조선 왕조가 쇠약하게 되자, 살기 어려워진 조선의 백성들이 국경을 넘어 연해주나 만주로 들어가면서 우리 민족의 초국가적 이산의 역사가 시작됩니다.

차클 나라가 어지러워지자 조선의 백성들이 고향을 떠나 다른 나라 땅으로 넘어갔다는 건가요?

정 백두산을 비롯한 만주 지역은 청나라를 세운 만주족의 발상지로 여기며 성지처럼 생각하는 지역이었습니다. 그래서 중국 사람들을 들어가지 못하게 하고 땅을 비워두었는데 그 빈 땅에 조선 사람들이 들어가서 개간하기 시작한 거예요. 나라를 세운 것은 아니고, 유민이 되어 정착한 것이죠. 러시아 연해주도 마찬가지예요. 러시아 사람들이 아직 들어와 살지 않았던 빈 땅에 조선 사람들이 들어가서 경작을 하기 시작했습니다.

차클 하와이로 이주하신 분들도 마찬가지인가요?

정 미국이 하와이를 차지하고 사탕수수와 파인애플 농장을 많이 만들었는데 노동력이 필요해 처음에는 일본인들을 데려갔어요. 그런데 일본인들이 임금이 낮다고 노동쟁의를 하니까 그들을 견제하기 위해서 더 싼 노동력인 조선인들을 데리고 들어간 것이죠. 그렇게 하와이 이주의 역사가 시작됩니다. 인천의 인하대학이 바로 하와이로 간 분들이 돈을 모아서 고국에 세운 대학교입니다. 자신들이 떠난 인천과 도착한 하와이의 앞글자를 따서 만든 이름이에요.

차클 그 옛날에 낯선 땅에 가서 새로운 삶의 터전을 개척하다니 얼마나 힘드셨을까요.

정 정말 대단한 분들이죠. 하와이 이주의 경우 겉보기엔 자발적인 이주 같겠지만, 구조적으로는 제국주의 시대의 민족별 노동력 착취의 흐름에 얽힌 이주였습니다. 하와이 이주만 그런 게 아니에요. 멕시코로 가신 분들은 더 억울한 사정이 있어요. 인천에서 배에 태울 때는 하와이로 간다고 해놓고 멕시코로 팔려 간 거예요. 그곳 선인장밭에서 이루 말할 수 없는 고생을 했습니다. 전혀 생각지도 못했던 일을 하면서 거의 노예 취급을 받았고 계약에 얽매여 벗어나지도 못하는 생활을 하셨어요. 그곳에서 다시 쿠바로 들어가기도 했습니다. 그들의 후손 중에는 쿠바혁명에 참여해서 카스트로 혁명정부의 장관을 지낸 사람까지 있었습니다. 그렇게 이주를 했던 사람들의 생존력은 놀라운 것이지요.

차클   일제강점기에 접어들면서 더 많은 분들이 강제 이주를 당했다고 들었어요.

정   맞습니다. 일제강점기에 더 본격적이고, 더 체계적인 강제 이주가 시작됩니다. 일본이 만주를 침략하면서 그 넓은 땅을 개간할 사람들이 필요했어요. 그래서 일본의 가난한 농민들을 조선 땅으로 이주하도록 하고, 그 바람에 땅을 빼앗기게 된 조선의 농민들은 만주로 이주시켜서 황무지를 개간하게 했죠.《토지》같은 소설에도 당시 모습이 잘 그려져 있는데 본디 사람들은 자기가 익숙한 환경을 떠나려 하지 않아요. 그 당시에 조선을 떠난 사람들은 자발적으로 가는 것처럼 보이지만, 구조적으로 떠밀려갈 수밖에 없는 상황이었어요. 그러다가 태평양전쟁 막바지에는 강제 노역과 징병, 일본군 위안부까지 수백만 명의 사람들을 강제로 동원해서 일본과 동남아, 태평양 섬들에까지 보냈습니다.

차클   독립운동을 위해 해외로 나가신 분들도 매우 많다고 알고 있는데요.

정   우리가 해외에서 독립 투쟁을 하신 분들에 대해서 잘 모르는 게 많습니다. 수없이 많은 분들이 해외에서 망명객 또는 난민으로 살면서 투쟁을 했습니다. 상해임시정부에서 조직한 광복군이나 중국 혁명에 가담한 조선의용군도 있었고, 중국공산당과 함께 빨치산 투쟁을 했던 동북항일연군도 있었고, 소련으로 넘어가 독립 투쟁하신 분들도 있었습니다. 그 모든 분이 우리가 잊어서는 안 되는 초국가적인 한민족 역사의 주역들입니다.

차클　해방되었을 때 얼마나 많은 조선 사람들이 해외에 있었던 건가요?

정　전쟁 말기에 일제가 대규모로 끌고 나간 사람들까지 포함해서 해방 당시 조선 민족의 약 5분의 1이 해외에 있었습니다. 그런데 해방을 맞이하면서 우리는 또 다른 문제에 봉착하게 됩니다. 해외에 있는 조선 사람 중 많은 수가 고향으로 돌아오지 못하게 된 것입니다.

차클　왜 조국으로 돌아오지 못했나요?

정　해방 직후 분단 상황에서 전쟁이 발발하고 냉전이 장기화되면서 새롭게 엄중한 경계선들이 만들어졌기 때문이죠. 고향으로 돌아갈 배를 기다리다 포기한 사람들도 있고, 까다로운 귀국 조건으로 인해 포기한

사람들도 많았다고 합니다. 여기서부터 역사가 안타까운 방향으로 흘러가기 시작합니다. 당시 일본 땅이었던 사할린 남부에 조선 사람들이 많이 있었습니다. 그런데 전쟁이 끝나고 소련이 사할린을 자기 영토로 만들었어요. 이때 일본은 소련과 조약을 맺어서 일본인만 자국민이라 인정해 모두 데려오면서 식민지 시대에 일본 국민으로 끌고 갔던 조선인들은 그냥 남겨뒀어요. 당시 대한민국은 힘이 없어서 주로 경상도, 전라도, 충청도 출신인 그분들을 고향으로 데려오지 못했습니다.

차클 그럼 이후에라도 정부 차원에서 우리 동포를 보내달라고 요청한 적도 없나요?

정 제대로 한 적이 없어요. 게다가 소련과는 국교가 맺어져 있지 않아서 외교 채널이 없었어요. 사실상 일본이 해야 했던 일인데, 일본이 안 한 거죠.

차클 필요하니 데려가 놓곤 헌신짝처럼 내팽개친 거네요.

정 그렇죠. 전쟁에서 지자 일본제국의 국민으로, 병사로, 노동자로 데려가서 일본에서 살게 된 조선 사람들을 갑자기 다른 민족이라고 국적을 박탈해요. 그래서 재일 동포들 중에는 지금도 무국적자로 살고 계신 분도 있어요. 대한민국 국적도, 조선민주주의인민공화국의 국적도 택하지 않고 자신들이 떠나 온 조선처럼 조국이 하나로 통일되면 돌아가겠다는 재일 동포들입니다. 이런 분들은 조선인이란 표기로 '조선적'이라고 해요. 지금까지도 그냥 난민 자격으로 살아가는 분들이에요.

차클 일제강점기를 전후해 만주로 이주한 분들은 어떻게 되었나요?

정 중국이 인민공화국으로 바뀌면서 조선족들을 중국 국민으로 삼아버렸습니다. 중국 국민이 되었으니 중국의 소수민족으로서 중국 법에 의한 통제를 받게 된 것입니다. 함부로 국경을 넘어갈 수가 없었어요. 게다가 냉전이 시작되고 한국에서 전쟁이 벌어지면서 중국과 대한민국이 적국이 되었죠. 국경에도 걸려 있고, 냉전의 경계선에도 걸려 있는 존재가 돼버린 겁니다. 강대국들이 자기들 편의에 따라 조선인들에게 국적을 주기도 하고 뺏기도 한 거죠.

차클　연해주로 넘어갔던 분들은 나중에 중앙아시아로 강제 이주돼 큰 고초를 겪었다고 들었어요.

정　네. 아마 그 사건이 한민족 강제 이주의 역사에서 제일 큰 비극일 겁니다. 연해주에 정착했던 조선인들은 최대의 소수민족 집단이었어요. 상당히 터전을 잘 닦아서 번성했습니다. 그런데 옛 소련의 독재자 스탈린은 조선인들이 일본인과 비슷하게 생겼기 때문에 일본 편을 들지 모른다고 의심했어요. 그래서 불과 일주일 전에 통보하곤 연해주에 살던 조선인 18만 명을 화물열차에 실어서 중앙아시아 사막으로 강제 이주시킵니다. 게다가 강제 이주 명령에 반발할지 모른다는 이유로 연해주 사회의 조선인 민족 지도자 2500명을 체포해서 미리 처형하기까지

했습니다.

차클   어처구니가 없네요. 근거 없는 편견으로 그렇게 많은 사람들에게 고통을 가해도 되는 건가요?

정   당시는 광기에 가까운 민족주의, 인종주의가 팽배했던 시기입니다. 나치가 민족 말살 정책을 펴서 유대인 피가 섞였다고 학살하고 그런 시기였죠. 민족이나 혈연적 연결 관계가 별 의미 없다고들 하지만 이렇게 누군가를 차별할 때에는 무서운 경계선이 될 수 있는 것입니다.

차클   그렇게 힘겨운 세월을 겪어낸 우리 동포들은 지금은 어떻게 지내고 계신가요?

정   그들은 강대국의 소수민족으로서 주어진 환경에서 살아남기 위해 생소한 땅, 생소한 사회에서 다른 언어를 익혀가면서 지독한 노력을 했습니다. 국가의 돌봄 없이도 개인적인 차원에서 하나씩 성공 사례를 만들어나갔지요. 그렇게 국경을 초월한 삶을 구축해나가는 사람들이 많이 나타나기 시작했어요. 이런 초국가적 한민족 동포들은 단순히 역사의 희생자라기보다 쇄국에 묶여 있던 한민족의 삶의 터전을 글로벌하게 펼쳐나간 개척자들이라고 볼 수 있습니다.

차클   강인한 민족성이라는 말이 떠오르네요.

정   강인하게 될 수밖에 없었던 것이죠. 원래 농경시대의 조선 사람들은 온유하고 느리게 살았죠. 그런데 지금 우리나라 사람들을 보면 세계적으로 강인하고 '빨리빨리' 사는 민족이 되었잖아요? 그것은 역설적으로 고난의 역사 속에서 생존 투쟁을 겪으며 문화적 속성이 바뀐 것이라고 볼 수 있어요. 이처럼 민족성이란 고정적인 것이 아닙니다. 민족성은 역사적 경험을 통해서 한두 세대 만에 완전히 바뀔 수도 있는 것이에요.

차클	우리나라를 '초국가적인 한민족'이 함께 만들었다고 하셨는데, 강인한 생명력을 발휘한 해외 동포들을 염두에 두고 하신 얘기인가요?
정	질문에 답하기에 앞서 해외에서 우리나라 독립을 위해 싸우신 분들을 떠올려볼 필요가 있습니다. 김구 선생이나 윤봉길 의사 같은 분들은 망명자 신분이었어요. 1930~1940년대 중국 사회에서는 조선인들을 가장 극렬한 테러리스트라고 생각했어요. 테러리스트라는 표현이 굉장히 섬뜩하게 들릴지 모르지만, 해방 직후 미 군정에서도 김구 선생을 테러리스트라고 규정하고 경계했습니다. 연해주로 건너갔던 홍범도 장군은 워낙 국제적으로 유명한 사람이라 스탈린도 함부로 죽이지 못했어요. 이런 분들뿐만 아니라 전 세계에 걸쳐 해외에 거주하고 있던 여러 동포가 한국이라는 나라를 세우는 데 결정적 기여를 합니다.
차클	건국 이후에도 재외 동포들의 기여가 이어졌나요?
정	남한만 따져도 재일 동포들이 없었다면 지금 우리가 누리고 있는 경제 성장이나 산업화를 달성할 수 없었을 겁니다. 재일 동포들이 일본에서 축적한 기술과 자본을 가져와 산업화의 동력을 만들었죠. 그 외에도 광부와 간호사로 독일에 파견된 분들, 중동 건설 현장의 기술자 근로자들, 해외 거주 사업가들도 이전에 우리가 갖지 못했던 글로벌 감각과 네트워크를 만들어준 주체들이었습니다. 현재 제1의 경제 파트너이자 무역 파트너인 중국에 있는 조선족도 빠뜨릴 수 없습니다. 통역자, 안내자, 현지 코디네이터 역할을 해주는 200만 명에 달하는 조선족이 없었다면 남한의 경제력만으로 이토록 짧은 시간에 중국 시장과 중국 사회에 깊이 들어갈 수 없었을 겁니다.

왜 우리는 서로를 차별하는가

차별을 흔히 인종차별, 민족차별이라고 생각하지만, 저소득 국가 출신이면 백인도 차별받고 같은 민족도 차별받고 있어요. 중국의 경제력이 커지면서 조선족에 대한 차별 의식이 덜해지는 현상도 있어요. 그렇게 차별은 경제 문제, 계급 문제와 깊은 관련이 있어요.

차클   최근 들어 일본에서 혐한 시위가 벌어지고 한국인 차별에 관한 뉴스도 많이 등장합니다. 이 문제는 어떻게 보세요?

정   저도 예전에 일본에 갔을 때 부동산 업자를 통해 아파트를 빌리려 했는데 한국 사람이라서 못 빌려주겠다며 거절당한 경험이 있습니다. 다른 외국인한테는 빌려주면서 한국인에게만 유독 빌려주지 않는 경우가 많았어요. 이런 식의 차별이 분명 존재합니다. 그런데 그들이 우리를 차별하는 기준이 무엇일까요? 외모적으로 보면 우리가 그들과 크게 구별이 되나요? 생물학적으로는 그들과 우리를 구분하기가 쉽지 않아요. 대개는 언어, 억양, 몸짓, 표정, 분위기처럼 문화적인 꾸밈의 모습을 보고 판단을 하죠.

차클   차별의 근거가 문화적인 차이란 말씀이죠?

정	맞아요. 그런데 외모나 문화로 그런 구별이 불가능한 사람을 차별할 때 등장하는 것이 바로 도덕적이고 윤리적인 편견입니다. '저 사람 믿지 마' '우리랑 똑같은 사람이 아니야' '나중에 끝이 안 좋을 거야' '배신할 거야' 처럼 당장 증명할 수 없는 말로 선을 긋는 것이죠. 사실 외모나 문화로 독일인과 유대인을 구별할 수 있었을까요? 여러 세대 함께 살고 많이 혼혈이 돼서 구분할 수 없었어요. 그런데 나치는 출생기록을 보고 어머니, 아버지 양쪽 조상 중에 한 명이라도 유대인이 있으면 오염된 사람으로 구별해서 악마화시키고 학살을 했죠.
차클	일본인들이 관동대지진 당시에 조선인이 우물에 독을 넣었다는 소문을 내서 학살한 것과 같은 맥락이겠군요?
정	그렇죠. 일본에서 태어나서 3대, 4대째 살고 있는 재일 동포들을 보면 일본 사람처럼 보이나요? 한국 사람처럼 보이나요? 그들의 표정이나 말투를 보면 일본 사람과 정말 비슷하지요. 그런데 부모나 할아버지, 할머니, 심지어 증조할아버지나 증조할머니가 조선인이라는 이유로 하루아침에 친구가 등을 돌린다거나 결혼이나 취직이 안 된다거나 하는 일을 겪으면 얼마나 충격이 크겠어요? 이런 두려움 속에 살아야 한다는 것은 이루 다 헤아릴 수 없는 고통이겠죠. 거기다 최근 일본에서 '한국 사람은 한국으로 돌아가라' '한국은 적이니 모두 죽여야 한다' 같은 피켓을 들고 코리아타운 앞에서 혐한 시위들을 한다니 재일 동포들이 얼마나 두려움에 떨고 있겠어요.
차클	일본이 아닌 지역에서도 한국 사람들이 차별을 받는 경우가 많이 있지 않나요?
정	미국에서도 인종차별이 두드러지게 나타나는 편이지요. 그런데 인종차별, 민족차별, 계급차별, 성차별 같은 차별은 문화적으로 서로 연동

되어 있어요.

차클   맞아요. 미국 유학을 다녀온 사람들을 보면 똑같은 교육을 받고 똑같은 언어를 써도 절대로 주류가 될 수 없었다고 입을 모아요. 절대 주류사회로 진입할 수 없다는 벽을 만난 순간, 미국을 떠나고 싶었다고 해요.

정   그럴 수 있을 거예요. 그런데 우리나라 사람들도 아주 심하게 인종차별주의적이라는 말을 들어보셨죠?

차클   네, 맞아요. 주변에 혼혈인 친구들을 보면 피부색이 다르다는 이유만으로 놀림을 당하고, 도난 사건같이 안 좋은 일이 생기면 무조건 색안경을 끼고 자신들을 의심하는 경우를 종종 겪었다고 해요.

정   우리 민족이 아픈 역사, 차별당한 역사를 경험했으면서도 우리 역시남들에게 똑같은 차별의 시선을 보내고 있는 거예요. 우리도 모르게남들에게 아픔을 주고 있는 것은 아닌지 돌아볼 필요가 있어요.

차클   정말 공감이 가는 말씀입니다.

정   우리가 누군가를 차별할 때는 민족에 대한 기준과 경계까지도 바꿔요. 예컨대 해외에서 한국 사람이라고 차별을 받게 되면 한국으로 다시 돌아오고 싶은 마음이 들지 않겠어요? 그런데 그런 분들이 한국으로 돌아올 생각을 포기하기도 해요. 한국에서도 똑같은 한국인이 아니라며 그분들을 차별하는 경우가 있기 때문이죠. 같은 민족으로부터도 배척을 당하는 겁니다. 재일 동포들이 한국에 들어왔는데 가장 많이 충격을 받는 게 조금 억양이 다른 우리말을 한다고 '반쪽발이'라는 말을 들었을 때라고 해요. 그러니까 조국이라고 찾아왔는데 '너는 완전한 우리가 아니야'라는 시선으로 쳐다보는 것 때문에 더욱 큰 상처를 받는다는 거죠.

차클 　재일 동포뿐만 아니라 중국에서 온 조선족에게도 그런 시선을 품는 것 같아요.

정 　그렇죠. 한국 사회가 조선족에게 허락한 직종은 3D 직종에 속하는 제조업이나 서비스업같이 힘들고 더럽고 위험한 직종이거나 심하면 아무 일도 하지 못하게 하는 경우도 있었어요.

차클 　아예 한국에서 일을 못 하게 한다고요?

정 　정말 여러 종류의 차별이 있어요. 일례로 다른 나라에서 몇 세대에 걸쳐 살아온 사람들에게 한국어 언어 능력 시험을 봐야만 비자를 발급해줬어요. 그래서 연변에서 살던 사람이 시험을 보기 위해 선양이나 베이징 같은 대도시로 시험을 보러 가야 한다고 해요. 또 카자흐스탄처럼 넓은 땅에서 한국 비자를 받으려면 며칠씩 차를 타고 가서 시험을 봐야 하는데, 만약 시험에 떨어지기라도 하면 또 그 고생을 해야 하는 것이죠.

차클 　특수한 경우가 아닐까요?

정 　정말 그럴까요? 미국이나 캐나다, 일본처럼 선진국 출신의 동포들은 어떤 직종이든지 다 선택할 수 있었어요. 건강보험 혜택도 주어지고 한국 국민으로서 누릴 수 있는 권리가 모두 주어졌죠. 그런데 고려인이나 조선족들은 간신히 비자를 받고서도 그저 단순 노무직 같은 일밖에 할 수 없었어요.

차클　거주 국가에 따라 동포들을 다르게 처우했다고요?

정　네. 출신국에 따라서 출입국관리법 기준이 아주 달랐습니다. 중국, 러시아, 중앙아시아 국가에서 온 동포들은 아예 취업 가능 직종도 제한되고 체류 기간도 정해져 있었어요. 실제로 우리 제도가 그랬습니다.

차클　대체 무슨 이유 때문에 그런 차별을 한 것인가요?

정　단 하나의 이유입니다. 우리 국민의 노동시장을 지킨다는 경제적인 이유 때문이죠.

차클　그럼 재미 동포든 조선족이든 똑같이 법적으로 막아야 하는 것 아닌가요?

정　그렇죠. 모두 똑같이 해야 하는데 돈 많은 나라에서 온 사람들에게는 일종의 특혜를 주는 거예요. 그러면서 모두 같은 한민족이라는 개념을 내세우고 있었으니 얼마나 모순적인가요. 차별을 흔히 인종차별, 민족차별이라고 생각하지만, 저소득 국가 출신이면 백인도 차별받고 같은 민족도 차별받고 있어요. 중국의 경제력이 커지면서 조선족에 대한 차별 의식이 덜해지는 현상도 있어요. 그렇게 차별은 경제 문제, 계급 문제와 깊은 관련이 있어요.

차클　최근에 정부에서 내세운 다문화 정책들도 또 다른 차별이 되고 있다는데, 사실인가요?

정　한 나라의 정책이라는 것이 사회 상식보다 앞서가면 문제가 되는 경우가 있어요. 우리나라에서도 일찍부터 다문화 정책을 내세웠지만, 소위 관에서 주도하는 다문화주의가 되었다고 볼 수 있어요. 행정 편의적으로만 생각한 것이죠. 그래서 다문화라고 하면 결혼이주 여성을 가장 먼저 떠올리게 됐고, 그게 차별의 원인으로 작용하게 된 거죠. 그보다는 한민족이라고 부르는 우리 민족 안의 다양한 문화부터 인식할 필요가 있어요. 또 우리 사회 구성원 간에도 문화 차이가 크지요. 지금 부모 세대와 자식 세대 간에도 소통이 제대로 되고 있지 않잖아요?

차클 　맞아요. 세대 간 문화조차도 아주 달라요.

정 　농경 시대에 살았던 할아버지, 할머니들과 탈산업화 시대에 태어난 우리 젊은이들 사이에는 정말 많은 차이가 있어요. 그만큼 다양한 문화 속에 살고 있는데 서로 다른 가치관과 서로 다른 삶의 방식을 존중하고 함께 사는 법을 익히는 게 다문화인 거죠. 다문화라는 것이 반드시 민족적 배경에 따른 것이어야 할 필요는 없는 겁니다. 게다가 우리나라의 주류 집단은 자기들 중심의 민족과 국민 개념만을 강조해왔어요. 그런 이기적인 기준으로 경계를 바꿔가면서 편 가르기를 하고 서열화하는 것입니다. 그래서 조선족을 보면서 국적이 다르다고 차별하다가, 어렵게 국적을 지켜온 재일 동포에게는 우리말을 못 한다고 일본인 취급을 하기도 해요. 너무나 이기적인 기준이죠.

초국가적인 세계에서
어떻게 살아가야 하는가

백범 선생은 사람이 사람을 사랑과 정의로 대하는 법 그리고 인류가 서로 돕고 함께 살아가는 법, 그 새로운 방법을 만들어내는 아름다운 문화의 나라를 꿈꾸셨던 것입니다. 그게 백범 김구 선생이 꿈꾸던 인류 사회에 희망을 주는 창조적인 문화의 나라입니다.

차클　　조선족의 안 좋은 이미지를 만든 것은 언론과 대중문화의 역할이 가장 큰 것 같아요. 조선족이 실제로 그렇지 않은데 극소수의 부정적 면모를 과장해서 드러내는 것이 아닌가 싶습니다.

정　　우리가 모두 조금씩 그런 편견을 가진 것은 아닌지 생각해볼 필요가 있습니다. 중국 조선족 중엔 한국 사람들에게 조선족이라고 차별을 받느니 차라리 중국인으로 살겠다고 말하는 경우가 많다고 해요. 재일 동포 중에는 일본인으로 귀화하지 않고 한국인으로서 일본에서 4대째 살고 있는 경우도 많이 있는데요. 그들은 분명 한국 여권을 가지고 사는 대한민국 국민인데도 한국에 오면 한국인들의 차별적인 시선과 언어폭력과 마주치게 된다고 하죠.

차클　　북한에서 탈출한 탈북민들은 어떤가요?

정	사실 가장 심한 차별의 대상이 탈북민이에요. 엄연히 헌법상 대한민국 국민인데도 말이죠. 저는 오랜 시간 탈북 청소년들을 교육하면서 그 아이들이 남한 학교생활에 쉽게 적응하지 못하는 것을 지켜봤습니다. 아이들에게 이유를 물어봤더니 주변에서 말투가 왜 그러냐고 많이들 물어본다는 거예요. 그 질문에 자신이 북한에서 왔다고 말을 하지 못하고 중국에서 온 조선족이라고 둘러댄다는 아이들이 많았습니다.
차클	조선족이 탈북민보다 차별을 덜 받기 때문인가요?
정	북한보다는 그나마 중국이 잘사는 나라라 차별이 덜하다는 거예요. 아이가 북한에서 왔다고 말하는 순간 얼마나 굶었는지, 어떻게 힘들게 살았는지, 주변에서 총살당하는 사람을 봤는지 캐묻는다고 해요. 우리들이 가지고 있는 북한에 대한 고정관념을 어린 청소년들에게까지 뒤집어씌우는 거죠.
차클	그게 정말 사실이라고 해도 아이들에게 물어본다는 건 해선 안 될 일이죠.
정	너무 안타까운 노력을 하던 함경도 출신의 아이가 지금도 기억나네요. 그 아이는 자신의 함경도 말투가 드러날까 봐 학교에서는 말을 잘 안 했어요. 책을 읽어보라고 해도 안 읽었지요. 끝까지 버티다가 꼭 말을 해야 할 때는 서울 말투로 몇 마디만 하곤 했지요. 그런데 알고 보니 서울 말투 비슷하게 말을 하려고 연필을 입에 물고 연습했다고 그러더라고요. 더 심한 경우는 운동회를 하는 날, 부모님에게 학교에 오지 말라고 부탁을 했다고 해요. 다른 아이들에게 자기가 북한에서 온 사람인지 들킬까 봐요.
차클	아이들이 그런 편견에 고통받는다니 충격적이네요.
정	최근 남북 관계가 풀리면서 북한과의 만남이 우리에게 중요한 과제가

되었습니다. 하지만 남북 간에 교류가 빈번해진다고 해서 곧 통일의 길이 열리리라 생각지는 않습니다. 서로 만나고 접촉하는 방식에 따라서는 오히려 조선족의 경우처럼 편견과 고정관념이 강화될 수 있어요.

차클   그럼 우리는 탈북민을 어떻게 대해야 할까요?

정   그분들이 겪었던 고난을 생각하면 사람들은 동정하는 마음이 앞서죠. 동시에 냉전 시대에 총칼을 겨누었던 적대국의 국민이라는 점에서 경계심도 있어요. 심지어 간첩일지 어떻게 알겠느냐면서 위험인물로 인식하기도 해요. 그런가 하면 탈북민을 패널로 출연시키는 방송들을 보면 북한 정권의 문제점을 증언하는 용도로만 활용하는 듯해요.

차클   그런 사람들의 말을 통해 '우리가 최고야'라고 생각하고 위안 삼는 게 아닐까요?

정   그런 것이 바로 오리엔탈리즘과 맞닿아 있는 시각입니다. 과거 제국주의 시대에 서구인들은 아시아나 아프리카 사람들을 신비화하기도 하고, 야만적으로 그리기도 하면서 열등하고 엽기적인 존재로 만들었어요. 자신들이 얼마나 문명적이고 우월한 존재인지를 비춰보는 굴절된

차이나는 클라스

거울로 타자를 이용한 것이 바로 오리엔탈리즘이죠. 실제로 그런 시각에서 만들어진 방송 프로그램을 싫어하는 탈북민이 상당히 많아요.

차클   안타깝네요. 탈북 청소년들이 상처받지 않고 잘 적응하도록 좋은 교육의 기회를 주는 게 중요할 것 같아요.

정   제가 2001년부터 탈북 아동 청소년들을 교육했습니다. 그때 제가 세운 학교 이름이 하나둘학교예요. 우리 민족은 하나지만 두 개의 다른 국가에서 다른 국민교육을 받고 다른 국민으로 살면서 조금 다른 문화적 특징을 갖게 되었으니 따로 또 함께, 서로 다름을 존중하며 살자는 의미에서 지은 이름입니다.

차클   한국엔 대략 몇 명 정도의 탈북민이 있나요?

정   약 3만 명 정도가 살고 있어요. 저는 탈북민들이 소수자에 대한 편견과 고정관념 같은 우리 사회의 문제점을 되돌아볼 수 있는 계기를 마련해준 시금석 같은 집단이라고 생각해요. 그래서 그들을 '먼저 온 미래'라고 여깁니다. 같은 민족이지만 조금 문화가 다른 탈북민들과 먼저 함께 살아보는 게 미래에 대한 예방주사를 맞는 계기가 될 것입니다. 바람직하고 평화로운 공존의 방식을 개발할 수 있는 기회로 생각하면 좋겠습니다.

차클   아직까지도 대한민국 국민이 아닌 사람들을 차별하고 배척하는 사람들에게는 어떤 이야기를 하고 싶으신가요?

정   사실 자국민이 아닌 사람들을 받아들이는 건 어려운 일이죠. 그럼에도 난민 같은 이방인들을 마음 열고 받아주는 사회도 분명 존재합니다. 또한 절대로 받아들일 수 없다면서 이미 자국에 들어와 있는 사람들도 내보내려는 사회도 있고요. 다만 기억해야 할 것은 한국에 들어온 다문화 이주민들이 우리 사회에 어마어마한 생산력으로 기여해왔다는

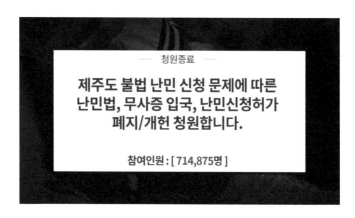

청원종료

제주도 불법 난민 신청 문제에 따른
난민법, 무사증 입국, 난민신청허가
폐지/개헌 청원합니다.

참여인원 : [714,875명]

거예요. 그들이 없었다면 오늘날 한국이 지금과 같이 잘사는 나라가
될 수 없었을 겁니다.

차클 세금으로 이주민이나 난민들을 먹여 살리는 것을 반대하는 여론에 대
해서는 어떻게 생각하세요?

정 이주민들도 국내에서 일하면서 모든 세금을 다 내고 있어요. 지금은
우리가 역지사지의 감수성을 발휘해야 할 때인 것 같아요. 우리나라
에도 이주 노동자로서 자발적으로 해외로 나간 분들이 계셨죠. 독일
로 갔던 광부, 간호사들도 있었고, 중동 사막으로 갔던 건설 노동자들
도 있었지요. 일제강점기에 강제로 끌려갔다가 현지에 남아서 소수민
족이 되기도 했고, 해외에 나가 무장 독립투쟁을 하면서 테러리스트로
규정되었던 분들도 있었습니다. 다른 나라 땅에서 이주 노동자로서 또
난민과 망명자로 살아온 이런 분들을 생각한다면 역지사지가 얼마나
중요한지 깨닫게 되실 거예요. 서로의 입장을 바꿔 생각할 줄 아는 것
이 인권 문제를 바르게 인식하는 첫 번째 단계라고 생각합니다.

차클 우리는 어떤 마음가짐으로 차별 없는 초국가적인 시대를 맞이해야 할까요?

정　　난민들과 같이 궁지에 몰린 사람, 생명의 위기를 겪고 있는 사람은 일단 구해야 하겠죠. 그럼 어떻게 구하느냐가 중요합니다. 이에 대해 분명한 비전을 갖고 계셨던 분이 계십니다. 바로 김구 선생님이에요. 그분의 말씀을 직접 들어보죠.

"나는 우리나라가 세계에서 가장 아름다운 나라가 되기를 원한다. 가장 부강한 나라가 되기를 원하는 것은 아니다. 내가 남의 침략에 가슴이 아팠으니 내 나라가 남을 침략하는 것을 원치 아니한다. 우리의 부력은 우리의 생활을 풍족히 할 만하고 우리의 강력은 남의 침략을 막을 만하면 족하다. 오직 한없이 가지고 싶은 것은 높은 문화의 힘이다. 문화의 힘은 우리 자신을 행복 되게 하고 나아가서 남에게 행복을 주기 때문이다.

지금 인류에게 부족한 것은 무력도 아니요, 경제력도 아니다. 인류가 현재 불행한 근본 이유는 인의가 부족하고 자비가 부족하고 사랑이 부족하기 때문이다. 이 마음만 발달이 되면 현재의 물질력으로 온 인류가 다 편안히 살아갈 수 있을 것이다. 인류의 정신을 배양하는 것은 오직 문화이다.

나는 우리나라가 남의 것을 모방하는 나라가 되지 말고 이러한 높고 새로운 문화의 근원이 되고 목표가 되고 모범이 되기를 원한다. 그래서 진정 전 세계 평화가 우리나라로 말미암아서 세계에 실현되기를 원한다."

정　　2019년은 3·1운동 100주년입니다. 기미년 3월 1일의 독립선언은 한민족이 근대적 국민국가의 국민으로서 스스로 독립을 선언한 국민주권선언이죠. 백범 선생은 사람이 사람을 사랑과 정의로 대하는 법 그리고 인류가 서로 돕고 함께 살아가는 법, 그 새로운 방법을 만들어내는 아름다운 문화의 나라를 꿈꾸셨던 것입니다. 그게 백범 김구 선생이 꿈꾸던 인류 사회에 희망을 주는 창조적인 문화의 나라입니다. 여러분들도 자신을 행복하게 하고 남에게 행복을 줄 수 있는 마음을 키우는 시간이 되셨기를 바랍니다. 감사합니다.

시청자의
질문 있습니다!

loveto5   우리 민족이 앞으로 가야 할 길은 어떤 길이며 행복한 민족상은 어떤 것인가요?

정   우리 민족은 외세 침략과 식민, 전쟁과 오랜 냉전의 역사적 아픔을 온몸으로 체험한 사람들입니다. 아직도 계속되고 있는 남과 북을 비롯한 국가 간 갈등과 대립 속에서 서로 경계하고, 차별하며 살고 있습니다. 국가 권력과 체제 이념에 의해 단절되고 굴절된 삶을 살아온 우리 민족은 그동안 서로 적대적 관계로 살아온 민족 구성원들 간의 평화와 상호 이해를 위한 다양한 노력이 필요합니다. 한민족의 다국가적, 다문화적 현실에 대한 성찰과 이해를 바탕으로 '초국가적인 한민족'의 화해와 공존의 길을 걸어가야 할 것입니다.

또 김구 선생님의 말씀대로, 우리 민족은 가치 있고 품격 있는 '삶의 방식'을 만들고 누리는 행복한 문화공동체가 되어야 할 것입니다. 전란으로 어려움을 겪어온 우리 민족은 무엇보다도 '평화'를 만들고 지킬 수 있는 지혜와 역량이 필요합니다. 국경과 이념에 의한 단절과 이산의 아픔을 경험한 우리 민족은 '초국가적'인 만남과 나눔을 통한 '치유의 탈근대사'를 시작해야 할 것입니다.

식민지 지배와 민족 차별의 억울함을 아는 우리 민족은 우리와 다른 사람을 계급·성별·민족·인종 등으로 차별하지 않는 '평등'한 문화를 만들어야 할 것입니다. 우리 민족의 아픈 역사적 경험을 바탕으로 어려움에 처한 다른 사람과 다른 민족을 이해하고 돕고 나누며 살 수 있는 성숙한 민족이 되어야 품격 있는 행복을 누릴 수 있을 것입니다.

loveto5　그럼 우리 민족이 가져야 할 참된 가치는 무엇이며 그 가치를 갖기 위해 어떤 노력을 해야 할까요?

정　우리 민족의 기원 신화에 나오는 '홍익인간(弘益人間·널리 사람을 이롭게 한다)'이란 가치는 대단히 훌륭한 것입니다. 더 넓은 땅을 차지하고, 더 많은 사람을 지배하고, 더 많은 것을 가지고자 침략과 정복을 추구하는 거대 민족의 제국주의적 가치가 아닙니다. 남들과 비교하고, 경쟁하고, 다투는 것보다 스스로 잘 돌보고 주변을 널리 이롭게 하고자 하는 문화공동체로서의 초심을 읽을 수 있습니다.

그 뜻을 이루기 위해서는 자기중심성을 극복하기 위한 한결같은 노력이 필요합니다. 자민족, 자문화 중심주의를 극복하기 위해서는 열린 마음으로 인류 사회와 폭넓게 교류하면서 늘 새롭게 자기 혁신을 해야 할 것입니다. 한 걸음 더 나아가, 현대 인류 문화가 빚은 지구 생태 위기를 극복하기 위해서 인간 중심주의를 넘어서는 새로운 문화를 앞장서서 만들어나가야 할 것입니다.

<차이나는 클라스>를 만들어가는 사람들

제작 ─────────────────────────────

기획	신예리
책임 연출	송원섭
연출	이상현, 김선희, 김태민, 황지현, 주연희, 윤해양, 조치호, 장주성
작가	서자영, 민경은, 박혜성, 최호연, 김현주, 이승민, 이수아, 안상아, 박유진, 강지영
조연출	엄지수, 차예슬, 김수경, 정문정, 류한길

출연 ─────────────────────────────

연사
(~ 2019년 8월)

유시민, 김형철, 김종대, 장하성, 이국운, 박준영, 전상진, 김상근, 문정인, 정재승, 폴 김, 한명기, 황석영, 조영태, 고미숙, 이정모, 유홍준, 박미랑, 이진우, 이나영, 오찬호, 조한혜정, 이명현, 김병기, 조정구, 정재서, 김준혁, 신의철, 김호, 최열, 김덕수, 호사카 유지, 현기영, 김헌, 정석, 박윤덕, 박현모, 김승주, 이유미, 조영남, 기경량, 임용한, 김광현, 정병호, 이익주, 구수정, 김상배, 박환, 송인한, 조은아, 김원중, 김민형, 김호, 최인철, 강인욱, 최재붕, 정병모, 김웅, 신병주, 전호근, 이상희, 양정무, 주영하, 신동흔, 송기원, 이현숙, 김두식, 강대진, 서희태. 한철호, 김태경, 박종훈, 김석, 박형남, 장이권, 계명찬, 박재근, 조법종, 유명순, 이상욱, 최병일, 전영우, 김문정, 프랭크 와일드혼, 장대익, 정재정, 김이재

불통不通의 시대, 교양을 넘어 생존을 위한 질문을 던져라

차이나는 클라스

과학·문화·미래 편

초판 1쇄 2019년 9월 5일
7쇄 2024년 6월 5일

지은이 JTBC 〈차이나는 클라스〉 제작팀

발행인 박장희
대표이사 겸 제작총괄 정철근
본부장 이정아
편집장 조한별
책임편집 최민경

진행 김승규
디자인 [★]규
삽화 디자인 스튜디오마치

발행처 중앙일보에스(주)
주소 (03909) 서울시 마포구 상암산로 48-6
등록 2008년 1월 25일 제2014-000178호
문의 jbooks@joongang.co.kr
홈페이지 jbooks.joins.com
네이버 포스트 post.naver.com/joongangbooks
인스타그램 @j__books

ⓒ JTBC, 2019

ISBN 978-89-278-1041-4 03110

- 이 책의 출판권은 제이티비씨 스튜디오(주)를 통해 계약을 맺은 중앙일보에스(주)에 있습니다.
- 저작권법에 따라 보호받는 저작물이므로 무단 전재와 무단 복제를 금하며
  책 내용의 전부 혹은 일부를 이용하려면 반드시 저작권자와 중앙일보에스(주)의 서면 동의를 받아야 합니다.
- 책값은 뒤표지에 있습니다.
- 잘못된 책은 구입처에서 바꿔 드립니다.

중앙북스는 중앙일보에스(주)의 단행본 출판 브랜드입니다.